U0679866

B

BLUE BOOK

智 库 成 果 出 版 与 传 播 平 台

民营经济蓝皮书

BLUE BOOK OF PRIVATE ECONOMY

民营经济发展报告
（2023~2024）

ANNUAL REPORT ON THE DEVELOPMENT OF
PRIVATE ECONOMY (2023-2024)

民营企业家健康成长的温州实践

The Wenzhou Practice of Promoting the Healthy Growth of
Private Entrepreneurs

主　编／黄群慧　杜　创
副主编／欧阳耀福

社会科学文献出版社
SOCIAL SCIENCES ACADEMIC PRESS（CHINA）

图书在版编目（CIP）数据

民营经济发展报告.2023-2024：民营企业家健康成
长的温州实践／黄群慧，杜创主编；欧阳耀福副主编.
北京：社会科学文献出版社，2024.10.--（民营经济
蓝皮书）.--ISBN 978-7-5228-4321-6

Ⅰ.F127.553

中国国家版本馆 CIP 数据核字第 2024KB8173 号

民营经济蓝皮书

民营经济发展报告（2023~2024）
——民营企业家健康成长的温州实践

主　　编／黄群慧　杜　创
副 主 编／欧阳耀福

出 版 人／冀祥德
责任编辑／王　展
责任印制／王京美

出　　版／社会科学文献出版社·皮书分社（010）59367127
　　　　　地址：北京市北三环中路甲 29 号院华龙大厦　邮编：100029
　　　　　网址：www.ssap.com.cn
发　　行／社会科学文献出版社（010）59367028
印　　装／三河市东方印刷有限公司

规　　格／开本：787mm×1092mm　1/16
　　　　　印张：16.25　字数：213 千字
版　　次／2024 年 10 月第 1 版　2024 年 10 月第 1 次印刷
书　　号／ISBN 978-7-5228-4321-6
定　　价／158.00 元

读者服务电话：4008918866

主编简介

黄群慧　第十四届全国政协委员、经济委员会委员，中国社会科学院经济研究所研究员、博士生导师，中国社会科学院大学经济学院教授，中国公共经济学会副会长，中国企业改革与发展研究会副会长，国家"十四五""十五五"规划专家委员会委员，国家制造强国建设战略咨询委员会委员，国务院反垄断委员会专家咨询组成员，第八届国务院学位委员会理论经济学学科评议组成员，国家计量战略专家咨询委员会委员，最高人民检察院专家咨询委员。享受国务院政府特殊津贴，入选"百千万人才工程"，荣获"国家级有突出贡献的中青年专家"称号、文化名家暨"四个一批"人才。主要研究领域为发展经济学、制造业发展、企业改革与管理等。曾主持国家社会科学基金重大项目3项及其他研究项目多项。迄今为止，在《中国社会科学》《经济研究》等学术刊物公开发表论文三百余篇，撰写《新时期全面深化国有经济改革研究》《工业化后期的中国工业经济》《企业家激励约束与国有企业改革》《新工业革命：理论逻辑与战略视野》《理解中国制造》《面向制造强国的中国产业政策》《迈向共同富裕之路》等专著30余部，主编"工业化蓝皮书""企业社会责任蓝皮书""国有经济蓝皮书""民营经济蓝皮书"多部。成果曾获孙冶方经济科学奖、张培刚发展经济学奖、蒋一苇企业改革与发展学术基金奖、"三个一百"原创图书奖、中国社科院优秀科研成果二等奖等多项，作品入选国家新闻出版总署优秀通俗理论读物出版工程、国家哲学社会科学成果文库等。

杜　创　经济学博士，中国社会科学院经济研究所微观经济学研究室主任，研究员，中国社会科学院大学经济学院教授、博士生导师，中国社会科学院民营经济研究中心副主任、秘书长，兼任国家市场监管总局反垄断专家库专家、人大复印报刊资料《产业经济》编委、中国微观经济理论论坛学术委员会委员。主要研究方向为数字经济、产业组织、企业理论、中国医疗卫生体制改革等。在《经济研究》、《中国社会科学》、《世界经济》、《经济学》（季刊）等期刊发表论文数十篇，出版《声誉、市场竞争与管制》、《互联网新业态新组织模式研究》、《互联网＋医疗/教育：商业模式、竞争与监管》、"民营经济蓝皮书"等著作多部，获中国社会科学院优秀科研成果奖、中国社会科学院优秀对策信息奖（对策研究类）、青年经济学者论文奖等奖励。拥有丰富的政策研究和实地调研经验，主持国家社会科学基金项目、中国社会科学院国情调研重大项目，以及国家发展改革委等部委政策研究课题多项。

欧阳耀福　经济学博士，中国社会科学院经济研究所副研究员，中国社会科学院大学副教授、硕士研究生导师。主要研究方向为应用产业组织理论、数字经济，研究成果发表于 *International Journal of Industrial Organization*、《经济研究》、《世界经济》等期刊，获中国社会科学院优秀信息对策三等奖，中国社会科学院青年经济学者论文奖三等奖、优秀奖；主持国家自然科学基金项目和中国社会科学院青年启动项目，参与国家社会科学重大项目、后期项目以及国家发改委等委托项目多项。

导　言

党的二十届三中全会指出，改革开放是党和人民事业大踏步赶上时代的重要法宝。改革开放只有进行时，没有完成时。全党必须自觉把改革摆在更加突出位置，紧紧围绕推进中国式现代化进一步全面深化改革。党的十八大以来，以习近平同志为核心的党中央以巨大的政治勇气全面深化改革，把马克思主义基本原理同中国具体实际相结合、同中华优秀传统文化相结合，明确了全面深化改革总目标是完善和发展中国特色社会主义制度、推进国家治理体系和治理能力现代化，推动改革全面发力、多点突破、纵深推进，各领域基础性制度框架基本确立。习近平总书记亲自领导、亲自谋划、亲自推动全面深化改革，将全面深化改革纳入"四个全面"战略布局，构建起制度建设的"四梁八柱"，以"中国之制"推进"中国之治"，为中国式现代化注入了不竭动力源泉，很多领域实现历史性变革、系统性重塑、整体性重构。

温州是中国改革开放的先行区。温州位于浙江省南部，地形以山地和平原为主。改革开放前，温州交通不便，人均耕地面积只有0.52亩，超过三分之二的人口处于贫困线以下。改革开放甫一开始，温州敢为人先，率先开始了社会主义市场经济探索。温州各级政府在党的领导下，解放思想、实事求是，积极支持温州人民发展，鼓励和引导群众创新创业，推出了一系列敢为人先的改革，如允许家庭经营工商业、合同转让和"挂户经营"等。这些举措扫清了温州人民奋斗创业的障碍，激发了广大群众的积极性和创造力。温州通过发展家庭工业和专业化市场，探索出了一条发展非农产业的独特道路，形成了改革开放初期广为人知的"温州模式"。成千上万的温州家庭个体经济，使温州摆脱了由于历史、交通、地理、资源等方面的劣势，经济迅速发展，商品经济繁荣，人民生活水平显著提高。"温州模式"向全国人民展示了市场经济的优势，扭转了农民干事业积极性不足问题，激发了温州与全国家庭和农民投身创新创业、创造财富的热情和良好氛围。

进入21世纪，在改革开放的浪潮中，温州加速推进市场化改革，进一步激活市场主体活力，率先培育了第一家股份合作企业，推行了金融浮动利率改革，特别是自2012年以来，大力优化营商环境，取得了显著成效。自1978年改革开放以来，温州经济总量持续攀升，GDP从1978年的6.06亿元跃升至2022年的8730亿元，增长1400多倍，改革成果惠及全体人民，实现了从贫困到共同富裕的跨越。改革初期，温州的农民人均年收入仅为113元，但到了2023年，温州城乡居民人均可支配收入分别达到7.8万元和4.2万元，增长了数百倍。温州的城乡收入差距逐渐缩小，城乡居民收入比由1978年的2.5∶1缩小到2023年的1.87∶1。

经济体制改革是全面深化改革的牵引。高水平社会主义市场经济体制是中国式现代化的重要保障。高水平社会主义市场经济体制要求坚持和落实"两个毫不动摇"，毫不动摇巩固和发展公有制经济，毫不动摇鼓励、支持、引导非公有制经济发展。坚持和落实"两个毫不动摇"要求发展民营经济，民营经济是推进中国式现代化的生力军，是高质量发展的重要基础，是推动我国全面建成社会主义现代化强国、实现第二个百年奋斗目标的重要力量。近年来，党中央、国务院以及各省区市政府致力于为民营经济发展创造良好环境，出台了一系列支持民营经济发展的政策。2023年7月，《中共中央、国务院关于促进民营经济发展壮大的意见》出台，首次明确提出要促进民营经济发展壮大，成为促进民营经济发展壮大的核心指引。2023 年 8 月，国家发改委会同国家市场监督管理总局、国家税务总局等部门联合印发了《关于实施促进民营经济发展近期若干举措的通知》，全面落实《中共中央、国务院关于促进民营经济发展壮大的意见》，推动破解民营经济发展中面临的突出问题，激发民营经济发展活力，提振民营经济发展信心。2024 年 7 月 18 日，党的二十届三中全会审议通过《中共中央关于进一步全面深化改革 推进中国式现代化的决定》，强调要坚持和落实"两个毫不动摇"，并提出"坚持致力于为非公有制经济发展营造良好环境和提供更多机会的方针政策"，将优化政策设计以服务好民营企业、为民营经济合理运行提供坚实制度保障作为中国式现代化建设的工作重点。

在党的理论创新不断推动下，在一系列政策的鼓励、支持、引导下，民营经济从小到大、从弱到强，蓬勃发展，贡献了 50% 以上的税收，60% 以上的 GDP，70% 以上的技术创新成果，80% 以上的城镇劳动就业岗位，90% 以上的企业数量，在国家级专精特新"小巨人"企业中，数量占比超过 80%，民营经济已经成为推动我国发展不可或缺的力量，是创业就业的主要领域、技术创新的重要主体、国家税收的重要来源。我们用几十年时间走完西方发达国家几百年走过的工业化历程，创造了经济快速发展和社会长期稳定的奇迹，民营经济功不可没！

温州是中国改革开放的先行区、中国民营经济的重要发祥地。2018 年 8 月，经中央统战部同意，全国工商联正式批复温州创新探索新时代促进"两个健康"。"两个健康"是指非公有制经济健康发展和非公有制经济人士健康成长。此后，温州坚持和落实"两个毫不动摇"，贯彻落实党中央、国务院促进民营经济发展壮大的政策方针，探索了一系列促进"两个健康"的政策举措，助力解决民营经济发展面临的诸多困难挑战，促进民营经济健康高质量发展，取得了良好成效。《民营经济发展报告（2021）："两个健康"理论与温州实践》总结梳理了"两个健康"理论和2018~2021年温州在促进"两个健康"方面的探索实践；《民营经济发展报告（2022~2023）：民营经济高质量发展的温州实践》则侧重于民营经济高质量发展，回顾总结了2022~2023年"两个健康"理论在温州的探索实践及其全国推广情况。在这两份报告的基础上，本报告重点从民营企业家健康成长角度，总结梳理"两个健康"理论在温州的最新探索实践。

党的二十届三中全会指出："坚持致力于为非公有制经济发展营造良好环境和提供更多机会的方针政策。制定民营经济促进法。深入破除市场准入壁垒，推进基础设施竞争性领域向经营主体公平开放，完善民营企业参与国家重大项目建设长效机制。支持有能力的民营企业牵头承担国家重大技术攻关任务，向民营企业进一步开放国家重大科研基础设施。完善民营企业融资支持政策制度，破解融资难、融资贵问题。健全涉企收费长效监管和拖欠企业账款清偿法律法规体系。加快建立民营企业信用状况综合评价体系，健全民营中小企业增信制度。支持引导民营企业完善治理结构和管理制度，加强企业合规建设和廉洁风险防控。加强事中事后监管，规范涉民营企业行政检查。"我们相信，随着二十届三中全会精神的深入贯彻，民营经济将在以中国式现代化全面推进强国建设、民族复兴伟业的关键时期发挥更大作用，取得更大发展。

摘　要

　　"毫不动摇巩固和发展公有制经济，毫不动摇鼓励、支持、引导非公有制经济发展"与促进"非公有制经济健康发展和非公有制经济人士健康成长"是党中央国务院关于民营经济发展的方针政策。2023年以来，党中央、国务院高度重视民营经济发展，出台了一系列促进民营经济发展的新的重要论述和新政策，包括发布《中共中央、国务院关于促进民营经济发展壮大的意见》、在国家发展改革委内部成立民营经济发展局等。

　　2018年8月，经中央统战部同意，全国工商联正式批复温州创新探索促进新时代"两个健康"。此后，温州出台了一系列促进民营经济健康发展、民营经济人士健康成长的新政策新措施，取得了良好成效。《民营经济发展报告（2021）："两个健康"理论与温州实践》总结梳理了"两个健康"理论和2018年至2021年温州在促进"两个健康"方面的探索实践；《民营经济发展报告（2022~2023）：民营经济高质量发展的温州实践》则侧重于民营经济高质量发展，回顾总结了2022~2023年"两个健康"理论在温州的探索实践及其全国推广情况。在这两部报告的基础上，本报告重点从民营企业家健康成长角度，总结梳理"两个健康"理论在温州的最新探索实践。

　　在促进民营经济健康发展方面，温州的探索主要分为五个方面：一是提信心、增预期，涉及财税、产业基金、用地、用能、金融、用工等；二是降门槛、扩领域，立足于科创、创业、存量资产、政府采购等；三是真公平、破隐性，从招投标禁令、招标突出问题、招标人自主权利、公平竞争审查制度、"非禁即入"制度等入手；四是拓市场、促升级，立足于市场范畴、境外产业、平台经济、个体户升级、技改投资、数字化改造、企业梯度培育等；五是优氛围、增服务，包含增值化改革、监管优化、社会信用完善、欠薪欠款预防、舆论环境改善等。在促进民营企业家健康成长方面，温州探索全面构建亲清政商关系，依法保护民营企业产权和企业家权益，引导民企守法合规经营，培育弘扬企业家精神。

本书分报告侧重于民营企业家健康成长，针对民营企业家健康成长的三个方面进行了专题研究。"四千精神"专题关注对民营企业家健康成长的引领。"四千精神"指改革开放以来以温商为代表的浙商敢闯敢干、披荆斩棘、开拓创新的创业精神。构建新型政商关系专题关注良好政商关系的打造。2016 年，习总书记在参加全国政协十二届四次会议民建、工商联界委员联组会时将新型政商关系概括为"亲""清"两个字，为公职人员和民营企业家的正常接触交往提供了明确的方向，也提供了政策依据和操作指南。实施"青蓝接力"专题关注民营企业家的传承问题。推动民营企业家的有序代际传承是促进民营企业家健康成长的重要方面。自 2018 年新时代促进"两个健康"创新探索以来，温州在这三个方面进行了有益的探索，取得了良好成效。

关键词： 民营企业家　民营经济　两个健康　温州市

目 录 ⟪

Ⅰ 总报告

Ⅱ 分报告

Ⅲ 专题报告

皮书数据库阅读**使用指南**

总 报 告

B.1
民营企业家健康成长的理论
与温州实践

中国社会科学院民营经济研究中心课题组

摘　要：　　"非公有制经济要健康发展，前提是非公有制经济人士要健康成长"。非公有制经济人士指个体工商户、私营企业主、股份制公司中的自然人股东等群体中的代表性人物或民营企业家。非公有制经济人士健康成长不仅是一般意义上的企业家健康成长，更是在我国社会主义市场经济体制下与社会主义相适应、相匹配的健康成长。促进民营企业家健康成长是坚持和不断完善社会主义市场经济体制、实现高质量发展的必要条件，也是由我国新发展阶段的改革发展形势和企业家所担负的历史使命所决定的。整体而言，促进民营企业家健康成长的政策取向是全面贯彻信任、团结、服务、引导、教育的方针，具体政策可以总结为四类：一是优化营商环境，营造促进企业家公平竞争、诚信经营的市场环境；二是依法保护民营企业产权和企业家权益，营造依法保护企业家合法权益的法治环境；三是构建亲清新型政商关系，营造有利于企业家健康成长的政商环境；四是建立健全民营企业家教育引导体系，引导民营企业家弘扬企业家精神。在2018~2022年促进"两个健康"的既有经验和基础之上，2023年温州在促进"两个健康"方面持续发力，成效明显，尤其是在促进民营企业家健康成长方面进行了有益探索。

关键词： 民营经济　民营企业家　健康成长　温州实践

2018年8月，经中央统战部同意，全国工商联正式批复温州创新探索新时代促进"两个健康"。"两个健康"是指非公有制经济健康发展和非公有制经济人士健康成长。此后，温州探索了一系列促进"两个健康"的政策举措，取得了良好成效。《民营经济发展报告（2021）："两个健康"理论与温州实践》总结梳理了"两个健康"理论和2018年至2021年温州在促进"两个健康"方面的探索实践；《民营经济发展报告（2022~2023）：民营经济高质量发展的温州实践》则侧重于民营经济高质量发展，回顾总结了2022~2023年"两个健康"理论在温州的探索实践及其全国推广情况。在这两部报告的基础上，本报告重点从民营企业家健康成长角度，总结梳理"两个健康"理论在温州的最新探索实践。

一　民营企业家健康成长的理论分析

（一）时代背景

1978年12月，党的十一届三中全会提出改革开放，开始了从计划经济向社会主义市场经济的转变，自此持续推动市场化改革，市场机制在资源配置中的决定性作用不断凸显。随着改革开放的不断深入，我国逐步建立、完善了社会主义市场经济体制，经济持续快速发展，市场体系不断完善，各类市场主体如公司、企业、个体工商户和外资机构如雨后春笋般涌现。截至 2023 年 9 月底，全国登记在册经营主体 1.81 亿户，相比 2012 年底的 5500 万户，净增超 1 亿户，多种所有制企业共同发展态势良好。[①] 特别是，以民营企业和个体工商户为代表的民营经济，从无到有、从小到大、从弱到强，展现出"56789"的特征，即民营经济贡献了 50% 以上的税收、60% 以上的国内生产总值、70% 以上的技术创新成果、80% 以上的城镇劳动就业和 90% 以上的企业数量。

习近平总书记深刻指出："实行公有制为主体、多种所有制经济共同发展的基本经济制度，是中国共产党确立的一项大政方针，是中国特色社会主义制度的重要组成部分，也是完善社会主义市场经济体制的必然要求。"[②] 党的十五大把"公有制为主体、多种所有制经济共同发展"确立为我国的基本经济制度，明确提出"非公有制经济是我国社会主义市场经济的重要组成部分"。党的十六大提出："必须毫不动摇地巩固和发展公有制经济""必须毫不动摇地鼓励、支持和引导非公有制经济发展"。党的十八大进一步提出："毫不动摇鼓励、支持、引导非公有制经济发展，保证各种所有制经济依法平等使用生产要素、公平参与市场竞争、同等受到法律保护。"党的十八届三中全会提出，"公有制经济和非公有制经济都是社会主义市场经济的重要组成部分，都是我国经济社会发展的重要基础。必须毫不动摇巩固和发展公有制经济，坚持公有制主体地位，发挥国有经济主导作用，不断增强国有经济活力、控制力、影响力。必须毫不动摇鼓励、

---

① 数据来源：https：//www. gov. cn/lianbo/bumen/202311/content_ 6914011. htm。

② 习近平：《毫不动摇坚持我国基本经济制度 推动各种所有制经济健康发展》，《人民日报》2016 年 3 月 9 日。

支持、引导非公有制经济发展，激发非公有制经济活力和创造力。"党的十九大报告把"两个毫不动摇"写入新时代坚持和发展中国特色社会主义的基本方略，作为党和国家一项大政方针进一步确定下来。党的二十大再次强调坚持"两个毫不动摇"。进一步，党的二十届三中全会强调要落实"两个毫不动摇"，"保证各种所有制经济依法平等使用生产要素、公平参与市场竞争、同等受到法律保护，促进各种所有制经济优势互补、共同发展"。公有制经济和非公有制经济都是社会主义市场经济的重要组成部分，二者相辅相成、相得益彰。在我国基本经济制度不断完善的过程中，我国公有制经济和非公有制经济都取得了长足发展，成为经济社会发展的重要基础。

"非公有制经济要健康发展，前提是非公有制经济人士要健康成长"。这是习近平总书记关于非公有制经济人士健康成长重要性的重要论断。市场活力来自人，特别是来自企业家，来自企业家精神。伴随着改革开放和各类市场主体的涌现，一大批有胆识、勇创新的企业家茁壮成长，形成了具有鲜明时代特征、民族特色、世界水准的中国企业家队伍。

党的十八大以来，党中央、国务院高度重视非公有制经济人士对国家发展的重要作用，习近平总书记对非公有制经济人士健康成长发表了一系列重要论述，为促进非公有制经济健康成长指明了方向。2013年3月17日，习近平总书记在第十二届全国人民代表大会第一次会议上的讲话中强调："一切非公有制经济人士和其他新的社会阶层人士，要发扬劳动创造精神和创业精神，回馈社会，造福人民，做合格的中国特色社会主义事业的建设者。"2015年5月18日，习近平总书记在中央统战工作会议上的讲话中提出："促进非公有制经济健康发展和非公有制经济人士健康成长是重大经济问题，也是重大政治问题。要坚持团结、服务、引导、教育的方针，一手抓鼓励支持，一手抓教育引导。"2017年10月27日，习近平总书记在十九大报告中指出，要"构建亲清新型政商关系，促进非公有制经济健康发展和非公有制经济人士健康成长"。2018年11月1日，习近平总书记在民营企业座谈会上的讲话强调："希望广大民营经济人士加强自我学习、自我教育、自我提升。民营企业家要珍视自身的社会形象，热爱祖国、热爱人民、热爱中国共产党，践行社会主义核心价值观，弘扬企业家精神，做爱国敬业、守法经营、创业创新、回报社会的典范。"2020年7月21日，习近平总书记在企业家座谈会上重申："企业家要带领企业战胜当前的困难，走向更辉煌的未来，就要在爱国、创新、诚信、社会责任和国际视野等方面不断提升自己，努力成为新时代构建新发展格局、建设现代化经济体系、推动高质量发展的生力军。"2023年3月6日，习近平总书记在看望参加政协会议的民建、工商联界委员时强调，正确引导民营经济健康发展高质量发展。"党中央始终坚持'两个毫不动摇''三个没有变'，始终把民营企业和民营企业家当作自己人"，"在民营企业遇到困难的时候给予支持，在民营企业遇到困惑的时候给予指导"，并提出"要优化民营企业发展环境，破除制约民营企业公平参与市场竞争的制度障碍，依法维护民营企业产权和企业家权益，从制度和法律上把对国企民企平等对待的要求落下来，鼓励和支持民营经济和民营企业发展壮大，提振市场预期和信心"。

当前，世界百年未有之大变局加速演进，逆全球化思潮抬头，局部冲突和动荡频发，外部环境的复杂性、严峻性、不确定性上升。同时，我国经济进入高质量发展阶段，发展优势和发展基础坚实，但经济恢复的基础不牢固，需求收缩、供给冲击、预期转弱三重压力仍然较大，有效需求不足，部分行业产能过剩，社会预期偏弱，风险隐患仍然较多，国内大循环存在堵点。与此同时，以大数据、人工智能、云计算、物联网等为代表的新一轮科技革命和产业变革加速深化，为我国经济发展带来全新的战略机遇。

面对国内外环境发生的深刻变化，我国企业面临不小的冲击和挑战。要在挑战中抢抓机遇，推动民营企业和民营经济实现更好发展，必须推动民营企业家健康成长，进一步激发和弘扬新时代企业家精神，发挥企业家创新带头作用，推动企业发展更上一层楼，建成更多具有全球竞争力的世界一流企业，助力实现第二个百年奋斗目标、实现中华民族伟大复兴的中国梦。广大民营企业家要厚植爱国情怀，带领企业奋力拼搏、力争一流，实现质量更好、效益更高、竞争力更强、影响力更大的发展；要做创新发展的探索者、组织者、引领者，勇于推动生产组织创新、技术创新、市场创新，重视技术研发和人力资本投入，有效调动员工创造力，努力把企业打造成为强大的创新主体；要做诚信守法的表率，带动全社会道德素质和文明程度提升；要真诚回报社会、切实履行社会责任，努力稳定就业岗位，关心关爱员工；要立足中国，放眼世界，提高把握国际市场动向和需求特点的能力，提高把握国际规则能力，提高国际市场开拓能力，提高防范国际市场风险能力，带动企业在更高水平的对外开放中实现更好发展。

（二）理论内涵

"非公有制经济人士"指个体工商户、私营企业主、股份制公司中的自然人股东等群体中的代表性人物。非公有制经济人士是随着我国改革开放以来个体工商户、私营企业的发展而出现的新的社会阶层。"非公有制经济人士"这一词首次出现在我国统战工作文件中。1991年7月，《中共中央批转中央统战部〈关于工商联若干问题的请示〉的通知》中明确："工商联作为党领导下的以统战性为主，兼有经济性、民间性的人民团体，可以配合党和政府承担这方面的任务，成为党和政府联系非公有制经济的一个桥梁。工商联的主要工作对象是私营企业、个体工商户、'三胞'投资企业和部分乡镇企业，而不是国营企业。工商联要配合党和政府工作，对非公有制经济代表人士进行团结、帮助、引导、教育。"这是"非公有制经济代表人士"称谓的首次提出，代替了原来的"个体工商户、私营企业主"等提法。在统一战线工作实践中，非公有制经济人士主要指私营企业主中的代表性人物或民营企业家，一般不包含外国投资者、港澳台侨胞投资者。[①]

因此，非公有制经济人士健康成长不仅是一般意义上的企业家健康成长，更是在我国社会主义经济体制下与社会主义相适应、相匹配的健康成长，具有双重含义。

第一，非公有制经济人士的主体是民营企业家，其关键特征就是企业家精神。民营企业家健康成长就是民营企业家发挥和弘扬新时代企业家精神，进一步解放和发展社会生产力，成为我国社会主义市场经济建设、全面建设社会主义现代化强国的生力军。而且，一般意义上的企业家精神必须根据时代的发展动态调整，体现鲜明的时代特征。历史上中国的企业家精神也呈现阶段性特征。

习近平总书记在企业家座谈会上对新时代企业家精神进行了深入的阐述。"企业家要带领企业战胜当前的困难，走向更辉煌的未来，就要在爱国、创新、诚信、社会责任和国际视野等方面不断提升自己，努力成为新时代构建新发展格局、建设现代化经济体系、推动高质量发展的生力军"。增强爱国情怀、勇于创新、诚信守法、承担社会责任、拓展国际视野是习总书记对企业家的深切希望，也是新时代企业家精神的题中应有之义。一是增强爱国情怀。"企业营销无国界，企业家有祖国。"企业家"必须对国家、对民族怀有崇高使命感和强烈责任感，把企业发展同国家繁荣、民族兴盛、人民幸福紧密结合在一起，主动为国担当、为国分忧"。尤其是在"两个大变局"之下，民营企业家应当实业报国，建设世界一流企业。二是勇于创新。创新是经济发展的第一动力，是企业家精神的核心内涵，也是企业做大做强做优的关键。企业家必须勇于创新，大力弘扬创新精神，尤其

---

① 详见中央统战部研究室编著《统一战线100个由来》，华文出版社出版，2010。

是重视技术研究和开发，攻关突破关键核心技术和"卡脖子"技术，实现可持续发展。三是诚信守法。"社会主义市场经济是信用经济、法治经济。"企业家必须增强诚信意识和法律意识，在生产活动、市场交易等方面严格要求自己，做到诚信守法，否则寸步难行。四是承担社会责任。"任何企业存在于社会之中，都是社会的企业。"企业家的成长和企业的发展都离不开社会各界的支持。企业家应当真诚回报社会，切实履行社会责任。例如，在提供教育、医疗、社会保障等方面，民营企业家都可以发挥积极作用。五是拓展国际视野。当今的世界是开放的世界。虽然近几年经济全球化遭遇逆流，企业"走出去"遇到了一些障碍和困难。但是，企业家必须具备国际视野，立足中国市场，把握国际经济社会动向，推动企业更好地"走出去"，构建以国内大循环为主体、国内国际双循环相互促进的新发展格局。

第二，非公有制经济人士健康成长体现为在我国社会主义经济体制下与社会主义相适应、相匹配的健康成长。具体而言，民营企业家在党的领导下走中国特色社会主义道路，增强"四个意识"、坚定"四个自信"、做到"两个维护"，坚定不移听党话、跟党走，为实现第二个百年奋斗目标、实现中华民族伟大复兴的中国梦做出更大贡献。民营经济是我国社会主义市场经济制度的内在要素，是我国发展中国特色社会主义的重要组成部分。民营经济人士作为我们自己人，始终是我们党长期执政必须团结和依靠的重要力量。从统战工作的角度，促进非公有制经济人士健康成长必须始终坚持党对民营经济和民营经济人士的领导，不断筑牢民营经济人士思想政治工作基础，遵循民营经济人士成长规律，建设高素质民营经济代表人士队伍，使广大民营经济人士更加紧密地团结在党的周围，凝聚起同心共筑中国梦的磅礴力量。

（三）理论逻辑

"非公有制经济要健康发展，前提是非公有制经济人士要健康成长"。促进非公有制经济人士健康成长具有深厚的理论逻辑。

　　理论和实践均证明，市场机制是资源配置的有效方式。改革开放以来，我国实施市场化改革，从计划经济转向发展社会主义市场经济，其本质就是要充分发挥市场机制在资源配置中的决定性作用。企业家和企业家精神是市场活力的源泉。充分发挥市场机制配置资源的决定性作用就是要发挥企业家和企业家精神的作用。企业家作为现代市场经济中的一种特殊要素资源，是企业创新的"领头羊"，对企业发展具有引领作用。没有企业家的带领，企业就难以焕发市场活力，更无法承担改革发展重任。因此，促进非公有制经济人士健康成长，促进民营企业家健康成长，弘扬和培育企业家精神，是我国坚持和完善社会主义市场经济体制、全面深化市场化改革、推动民营经济发展壮大的必然要求。简言之，促进民营企业家健康成长是坚持和不断完善社会主义市场经济体制、实现高质量发展的必要条件。

　　企业家是一种稀缺的社会资源，是企业人格化的象征。企业家精神是识别企业家的重要标志，是对企业家这个特殊群体所具有的独特个人素质、价值取向和思维模式的抽象表达。人们将企业家所具有的某些共同特征概括归纳为企业家精神。一般的企业经理、厂长并不能被称为企业家，只有那些有创新思想和创新业绩并具有"企业家精神特质"的企业领导者才称得上是企业家。大量经验研究表明，在工业化和转型过程中的国家，企业家精神与经济增长正相关①。经济

---

　　① Audretsch, D., *Entrepreneurship, Innovation and Economic Growth.* Edward Elgar Publishing, 2006; Glaeser E., "Entrepreneurship and the City", Working paper, 2007; 李宏彬、李杏、姚先国、张海峰、张俊森：《企业家的创业与创新精神对中国经济增长的影响》，《经济研究》2009 年第 10 期；李杏：《企业家精神对中国经济增长的作用研究——基于 SYS-GMM 的实证研究》，《科研管理》2011 年第 1 期。

转型成败的关键在于企业家的表现①。拥有较多企业家的经济（企业家精神较强）比拥有较少企业家的经济（企业家精神较弱）可以实现更高的增长率②。企业家精神在中国的经济发展过程中发挥了重要积极作用。企业家精神通过优化资源配置、激励劳动投入、推动技术创新、诱导制度变迁以及发挥"干中学"效应等方式，显著地推动经济增长方式转变③。在资本、劳动力以及技术因素不变条件下，企业进入比率每增加 1 个百分点，经济增长率就提高 0.54 个百分点④。平均而言，企业家创业精神每增长 1 个标准差，将提高企业营收年均增长率 2.88 个百分点；企业家创新精神每增长 1 个百分点，将提高企业营收年均增长率 3 个百分点⑤。

自萨伊以来，经济学家普遍将企业家精神视为一类重要的生产要素⑥。特别是 20 世纪 80 年代以来，随着新古典增长理论的技术外生化假定遭遇空前挑战，经济学家对企业家精神的研究愈加重视。内生增长理论的突出贡献是将技术进步内生化，进一步强调企业家创新是

① McMillan, J., & Woodruff, C., "The Central Role of Entre-preneurs in Transition Economies," *Journal of economic Perspectives*, 2002 (3): 153-170.

② 庄子银:《南方模仿、企业家精神和长期增长》,《经济研究》2003 年第 1 期,第 62~70+94 页; 庄子银:《企业家精神、持续技术创新和长期经济增长的微观机制》,《世界经济》2005 年第 12 期,第 32~43、80 页。

③ 何予平:《企业家精神与中国经济增长——基于 C-D 生产函数的实证研究》,《当代财经》2006 年第 7 期,第 95~100、104 页。

④ 曾铖、李元旭:《试论业家精神驱动经济增长方式转变——基于我国省级面板数据的实证研究》,《上海经济研究》2017 年第 10 期,第 81~94 页。

⑤ 李宏彬、李杏、姚先国、张海峰、张俊森:《企业家的创业与创新精神对中国经济增长的影响》,《经济研究》2009 年第 10 期,第 99~108 页。

⑥ Baumol W., "Entrepreneurship in Economic Theory," *American Economic Review*, 1968 (2): 64-71; Schultz T. W., "Investment in Entrepreneurial Ability", *Scandinavian Journal of Economics*, 1980 (82): 437-448.

增长的源泉和动力[①]。企业家精神不仅是投资创业和推动企业持续发展的首要条件，也是整合各种生产要素实现创新的一种极其稀缺的无形资源。企业作为市场主体，要引入新产品、提供新标准、实行新管理、采用新技术、开辟新市场，无不需要创新实干的企业家精神，这也是企业最根本的竞争力[②]。

促进民营企业家健康成长，进一步激发企业家精神，是由我国新发展阶段的改革发展形势和企业家所担负的历史使命决定的。

当今世界正面临百年未有之大变局，新一轮科技革命和产业变革深入发展，逆全球化加速演变，局部冲突和动荡频发。与此同时，我国经济已经从高速增长阶段进入高质量发展阶段，改革进入深水区，不少深层次矛盾躲不开、绕不过。面临国内外深刻变化的复杂形势，党的二十大报告明确提出："中国共产党的中心任务就是团结带领全国各族人民全面建成社会主义现代化强国、实现第二个百年奋斗目标，以中国式现代化全面推进中华民族伟大复兴。"这是党中央基于对我国新发展阶段、新历史任务、新发展环境做出的重大战略部署。

优秀的民营企业家和企业家精神是全面建成社会主义现代化强国、实现第二个百年奋斗目标的重要力量。第一，优秀的民营企业家和企业家精神可以有力应对转型发展的深刻变化。企业家能够对动态变化迅速做出反应，准确识变、科学应变、主动求变，通过资源整合把握和利用机会，以变制变、变中求胜，不断适应新变化、新环境、新形势、新挑战。企业家所具备的过人胆识、魄力、智慧和担当，以及换道超车、灵活应变能力，可以有力应对变局时代发

---

① 李杏：《企业家精神对中国经济增长的作用研究——基于 SYS-GMM 的实证研究》，《科研管理》2011 年第 1 期，第 97~104 页。
② 范黎波：《保护和激发市场主体活力稳住经济基本盘》，《光明日报》2020 年 10 月 5 日。

展过程中的不稳定性、不确定性和复杂化问题。第二，优秀的民营企业家和企业家精神有力推动我国经济发展从要素驱动向创新引领转变，发展新质生产力。实现高质量发展，要求转变经济增长方式，从依靠低成本劳动力、资源等要素投入驱动转向创新驱动，形成新质生产力。企业家精神的核心要义与这一发展目标精准对接。创新创业精神是企业家精神的核心内涵，企业家群体是创新和创业的核心力量，其敢为人先、勇于实践的创新创业精神，能够激发全社会的"双创"热情，营造活跃的"双创"氛围，最大限度地释放全社会的创新活力和创造潜能，形成以创新为引领和支撑的经济体系和发展模式，形成以新质生产力驱动的现代产业体系，实现高质量发展。第三，优秀的民营企业家和企业家精神可以促进全体人民共同富裕。民营企业家带领民营企业发展壮大，能够创造更多的社会财富，激发广大人民群众创新创业热情，不仅可以为共同富裕提供物质基础，还可以帮助人民群众实现勤劳致富。中国式现代化是人口规模巨大的现代化。民营企业家带领民营企业，充分发挥市场机制在资源配置中的决定性作用，激活市场活力，显著提高资源配置效率，增加优质产品供给，满足 14 亿多人民日益增长的美好生活需要。

（四）政策体系

党的十八大以来，党中央高度重视发挥企业家作用，促进民营企业家健康成长，强调培育和弘扬企业家精神，加强企业家队伍建设。2016 年 12 月，习近平总书记在中央经济工作会议上指出，要坚持基本经济制度，坚持社会主义市场经济改革方向，坚持扩大开放，发扬企业家精神，稳定民营企业家信心。2017 年 9 月，中共中央、国务院发布了《关于营造企业家健康成长环境　弘扬优秀企业家精神更好发挥企业家作用的意见》，首次以专门文件明确企业家和企业家精神的地位和价值，并对企业家的环境、企业家的贡献、企业家的精神和作用进行了系统概括。党的十九大报告进一步明确提出："激发和保护企业家精神，鼓励更多社会主体投身创新创业。"2023 年 3 月 6 日，习近平总书记在看望参加政协会议的民建、工商联界委员时提出，"要优化民营企业发展环境，破除制约民营企业公平参与市场竞争的制度障碍，依法维护民营企业产权和企业家权益，从制度和法律上把对国企民企平等对待的要求落下来，鼓励和支持民营经济和民营企业发展壮大，提振市场预期和信心"。

整体而言，促进民营企业家健康成长的政策取向是全面贯彻信任、团结、服务、引导、教育的方针，具体政策可以总结为四类。

第一，优化营商环境，营造促进企业家公平竞争、诚信经营的市场环境。营商环境是企业等市场主体在市场经济活动中所涉及的体制机制性因素和条件，其优劣直接影响市场主体的兴衰、生产要素的聚散、发展动力的强弱。改革开放以来，我国持续优化营商环境。特别是自 2012 年以来，中国全面深化改革，高度重视优化营商环境，持续放宽市场准入，减少行政审批，集中纠正所有制歧视、地方保护等不合理规定和做法，进一步深化公共资源交易平台整合共享改革，为推动要素资源公平高效配置、促进经济平稳运行提供有力保障；颁布《民法典》，修订《中小企业促进法》《反不正当竞争法》，保障各种所有制经济依法平等使用生产要素、公开公平公正参与市场竞争，实施《优化营商环境条例》，建立健全以"双随机、一公开"监管为基本手段、以重点监管为补充、以信用监管为基础的新型监管机制，坚决整治乱收费、乱罚款、乱摊派，努力打造市场化、法治化、国际化的营商环境。营商环境只有更好，没有最好。优化营商环境已经成为我国进一步深化改革、构建高水平社会主义市场经济体制的重要举措和有效途径。

第二，依法保护民营企业产权和企业家权益，营造依法保护企业家合法权益的法治环境。市场经济是法治经济，充分激发和利用市场活力，培育弘扬企业家精神归根结底要依靠法治。依法保护民营企业产权和企业家权益，有利于促进企业家精神的释放。党的十八届五中全会指出，要激发企业家精神，依法保护企业家财产权和创新收益。2016年11月发布的《中共中央、国务院关于完善产权保护制度依法保护产权的意见》指出：健全以公平为核心原则的产权保护制度，公有制经济财产权不可侵犯，非公有制经济财产权同样不可侵犯；保护产权不仅包括保护物权、债权、股权，也包括保护知识产权及其他各种无形财产权。"保护企业家人身和财产安全"是习近平总书记在企业家座谈会上为下一步支持民营企业发展壮大指明的重要方向。习近平总书记强调："要推进严格规范公正文明执法，提高司法公信力。同时，一些地方运动式、'一刀切'执法问题仍时有发生，执法不作为问题突出。强调严格执法，让违法者敬法畏法，但绝不是暴力执法、过激执法，要让执法既有力度又有温度。"①《中共中央、国务院关于促进民营经济发展壮大的意见》强调，要"依法保护民营企业产权和企业家权益。防止和纠正利用行政或刑事手段干预经济纠纷，以及执法司法中的地方保护主义。进一步规范涉产权强制性措施，避免超权限、超范围、超数额、超时限查封扣押冻结财产。对不宜查封扣押冻结的经营性涉案财物，在保证侦查活动正常进行的同时，可以允许有关当事人继续合理使用，并采取必要的保值保管措施，最大限度减少侦查办案对正常办公和合法生产经营的影响。完善涉企案件申诉、再审等机制，健全冤错案件有效防范和常态化纠正机制。"

第三，构建亲清新型政商关系，营造有利于企业家健康成长的政

---

① 习近平总书记2020年11月16日在中央全面依法治国工作会议上的讲话，而后发表于《求是》杂志。

商环境。2015 年 5 月 18 日，习近平总书记在中央统战工作会议上强调：“党政领导干部和非公有制经济人士不能搞成封建官僚和‘红顶商人’之间的那种关系，也不能搞成西方国家大财团和政界之间的那种关系，更不能搞成吃吃喝喝、酒肉朋友的那种关系。发展经济要发挥非公有制经济人士作用，但不能就是一个劲地招商引资，见物不见人，要关注他们的思想，关注他们的困难，有针对性地进行帮助引导，同他们交思想上的朋友。”党的十九大报告提出，要“构建亲清新型政商关系，促进非公有制经济健康发展和非公有制经济人士健康成长”。党的十九届四中全会进一步强调，要完善构建亲清政商关系的政策体系。“新型政商关系”概括起来说就是“亲”“清”两个字。对领导干部而言，所谓“亲”，就是要坦荡真诚同民营企业接触交往，特别是在民营企业遇到困难和问题情况下要积极作为、靠前服务，对非公有制经济人士多关注、多谈心、多引导，帮助解决实际困难。所谓“清”，就是同民营企业家的关系要清白、纯洁，不能有贪心私心，不能以权谋私，不能搞权钱交易。对民营企业家而言，所谓“亲”，就是积极主动同各级党委和政府及部门多沟通多交流，讲真话，说实情，建净言，满腔热情支持地方发展。所谓“清”，就是要洁身自好、走正道，做到遵纪守法办企业、光明正大搞经营。[①] 构建亲清新型政商关系，是我国促进民营企业家健康成长的重要政策。

第四，建立健全民营企业家教育引导体系，引导民营企业家弘扬企业家精神。《中共中央、国务院关于促进民营经济发展壮大的意见》对民营企业家教育引导政策进行了高度总结，包括健全民营经济人士思想政治建设机制、加强民营经济代表人士队伍建设、完善民营经济人士教育培训体系等三个方面。完善民营经济人士教育培训体系侧重对民营企业家新老交接、事业传承的教育引导，强调一般意义

---

① 2016 年 3 月 4 日习近平总书记在民建、工商联委员联组会上的讲话。

上的促进民营企业家健康成长。而健全民营经济人士思想政治建设机制和加强民营经济代表人士队伍建设着重强调对民营企业家在政治方面的教育引导，是促进民营企业家成长及其与社会主义相适应、相匹配。

二 民营企业家健康成长与民营经济高质量发展的温州实践

2023 年对于民营经济而言是不平凡的一年。这是党的二十大报告核心指导落地实践的第一年，民营经济大有可为。同时，国际局势的不稳定程度持续加剧，俄乌冲突和巴以冲突等地区局势动荡对全球经济产生了负面影响，美国政府通过加息等手段强化对全球资本的掌控，叠加美国对先进科学技术的出口管制，更是对全球经济自由流通产生非常直接的负面影响。此外，数字经济持续发展，全球数字竞争进入新轨道，生物技术、绿色能源等新兴产业在全球经济中展现出强大的带动能力。为促进民营经济发展，中共中央、国务院出台重要政策，成为坚实的制度保障。包括浙江省在内的各个省级地方政府纷纷响应，积极落实中央层面的部署，推动民营经济高质量发展。2023年 7 月，《中共中央、国务院关于促进民营经济发展壮大的意见》出台，成为促进民营经济发展壮大的核心指引。2023 年 8 月，国家发改委会同国家市场监督管理总局、国家税务总局等部门联合印发的《关于实施促进民营经济发展近期若干举措的通知》，旨在深入贯彻党中央、国务院关于促进民营经济发展壮大的决策部署，全面落实《中共中央、国务院关于促进民营经济发展壮大的意见》，推动破解民营经济发展面临的突出问题，激发民营经济发展活力，提振民营经济发展信心。2023 年 8 月底，浙江省委、省政府结合中央指示与浙江实践，出台《浙江省促进民营经济高质量发展若干措施》，努力为本省民营经济的高质量发展破除各类障碍、给予有效支持。温州民营经济在 2023 年持续向前,在 2018～2022 年推进"两个健康"的既有经验和基础之上,深度发力,探索求新。

(一)民营经济健康发展

在新时代促进"两个健康"创新探索历程中,温州进行了全方位的持续性推进工作,温州市委市政府在党中央、国务院以及浙江省委省政府的指导下,对民营经济健康发展和民营企业家健康成长的相关议题下真功夫、下大力气,全身心投入提升民营经济发展质量和引导民营企业家健康成长的实际工作,以政策的切实落地与动态性优化为具体切入点,以社会主义市场经济为基础,力争将温州打造为中国民营经济的"金字招牌"。制度完善与民营经济内在高质量发展构成温州民营经济 2023～2024 年的综合性主题。温州促进民营经济健康发展的典型做法主要集中于五个主要方面。

一是提信心,增预期。六个微观角度构成温州政策执行的核心:强化财税政策保障,加大产业基金支持力度,保障合理用地需求,强化用能保障,强化金融保障,强化人才和用工需求保障。

二是降门槛、扩领域。四个具体方面的努力成为温州具体的政策落脚点:充分发挥民营企业科技创新主体作用,鼓励发展创业投资,支持民营企业盘活存量资产,加大政府采购对中小微企业的支持力度。

三是真公平,破隐性。温州突出强调了五个方面的政策布局重点:严格落实招投标禁令,加大工程建设项目招投标领域突出问题专项整治力度,扩大招标人自主权利,落实公平竞争审查制度,严格实行"非禁即入"。

四是拓市场,促升级。温州设计了七个思路:实施"千团万企"行动助力民营企业拓市场,引导有序布局境外产业,推动平台经济创新发展走在前列，支持个体工商户升级为企业，支持企业加大技改投资，强化中小企业数字化改造支持，构建完善优质企业梯度培育体系。

五是优氛围，增服务。温州的政策推进落实在六个具体层面：推动政务服务增值化改革，创新优化监管执法方式，完善社会信用激励约束机制，完善拖欠账款和欠薪常态化预防清理机制，营造尊重民营经济创新创业的舆论环境，建立健全定期调度评估工作机制。

基于有效的政策支持和制度背景的持续性改善，温州民营经济取得了卓越的成绩：在总体性成效上做到了五个"持续"（即：持续擦亮"两个健康"金名片，持续打响"温暖营商"品牌，持续激发民营经济新动力，持续增强市场主体内生动能，持续打造公平竞争市场环境），最终的落脚点在于持续完善民营经济营商环境。其中，尤为典型和亮眼的是温州民营经济在对外贸易和战略新兴产业两个领域中的卓越成就，成为温州积极应对外部不利因素并努力掌握先行战略契机的典范。

从温州民营经济的既有情况出发，为了助力温州民营经济在新时代取得更大突破与成就，本部分提出政策优化的着力点：一是强化思想认识，积极落实政策，全力打造全国民营经济创新发展示范区；二是摸清市场规律，优化行业层面的创新氛围，不断增强温州民营经济的核心竞争力；三是勇于推陈出新，推动政策层面的持续优化，努力成为展示中国、浙江民营经济改革发展成效的"重要窗口"；四是敢于把握新机遇，进一步推动战略新兴产业发展，积极优化对应领域的监管与扶持政策；五是发挥政策实效，完善政策有效性的多元化评价机制，给予落实部门与企业充分耐心。

（二）民营企业家健康成长

"非公有制经济要健康发展，前提是非公有制经济人士要健康成长"。以习近平同志为核心的党中央高度重视发挥非公有制经济人士的重要积极作用。2023 年 7 月，中共中央、国务院发布《关于促进民营经济发展壮大的意见》，明确支持民营经济发展壮大，强调"民营经济是推进中国式现代化的生力军，是高质量发展的重要基础，是推动我国全面建成社会主义现代化强国、实现第二个百年奋斗目标的重要力量"。而且，该意见针对民营企业家健康成长提出"全面贯彻信任、团结、服务、引导、教育的方针，用务实举措稳定人心、鼓舞人心、凝聚人心，引导民营经济人士弘扬企业家精神。"近年来，世界百年未有之大变局加速演进，逆全球化思潮抬头，局部冲突和动荡频发。在这一复杂多变的国际背景下，促进民营企业家健康成长，促进民营经济发展壮大，与时俱进，不断创新，续写新时代温州创新创业史，意义重大。

2018 年，温州开始创新探索新时代促进"两个健康"。2018～2022 年，温州为促进民营企业家健康成长，率先探索实践提高民营企业家社会地位、保障民营企业家财产和经营安全、优化政商关系、建设中国特色一流商会、引导民营企业家助力共同富裕等一列创新举措，形成了一批制度成果，取得了阶段性的积极成效。

在延续这些有益探索的基础上，2023～2024 年温州全面贯彻习近平总书记关于企业家精神和成长方面的重要论述精神，深化对促进民营企业家健康成长的认识，进一步探索促进民营企业家健康成长的举措和制度。

一是培育弘扬企业家精神，加强对优秀企业家先进事迹、突出贡献的宣传报道和荣誉激励，营造尊重民营经济创新创业的舆论环境；积极探索新生代企业家培育模式，深化温商"青蓝接力"计划，实施"青蓝接力"2.0 版，持续引导民营企业家助力共同富裕。

二是依法保护民营企业产权和企业家权益，首创知识产权保护联合执法中心，建立商业秘密保护联盟，建设"两个健康"法治研究中心，深化探索企业破产重整机制；深化信用修复一件事改革；开展涉外商事纠纷调处改革。

三是全面构建亲清政商关系，建立畅通常态化政商沟通渠道；迭代升级"三清单一承诺"机制，推动政商关系亲清正循环集成改革；持续开展"亲清"护航行动，建立健全护航民营企业发展壮大常态化工作机制；统筹各类工作联络机制，减轻企业精力负担；化解温州民营企业历史遗留问题，开设镇街企业服务中心，为中小微企业提供"贴身"服务，着力打造"亲清商港·温州有度"政商关系品牌。

在以上一系列促进企业家健康成长举措的实施下，2023～2024年温州促进民营企业家健康成长又上一个台阶，特别是在市场主体活力、新生代企业家培育和代际传承、保护民营企业产权和企业家权益、优化政商关系方面，均呈现积极向好态势，不仅有利于促进民营企业健康成长，还进一步优化了民营企业家健康成长的环境。

温州的这些探索和举措不仅是前期有益探索的简单延续，还进一步触及改革的深层次问题，例如如何处理企业历史遗留问题、如何推动企业破产重整、如何保护企业知识产权和商业秘密，等等。这些举措和制度对增强市场活力和信心、培育新生代民营企业家和解决代际传承问题、保护民营企业产权和企业家权益、优化政商关系等方面发挥了重要积极作用，也为全国其他地区促进民营企业健康成长提供了有益的启示和参考，包括因人施策，加强民营企业家梯队建设，"建平台、促改革"，依法保护民营企业产权和企业家权益，"畅渠道、办实事"，持续推进亲清政商关系正循环，充分利用数字化技术助力"两个健康"建设。与此同时，进一步促进民营企业家健康成长仍有一些可探索努力的方向，主要包括持续构建亲清政商关系、加强平等对待民营企业、引导企业家拓展国际视野等。

（三）民营企业家健康成长的重点专题

本报告侧重于民营企业家健康成长，针对民营企业家健康成长的三个方面进行了专题研究。"四千精神"专题关注对民营企业家健康成长的引领，构建新型政商关系专题关注良好政商关系的打造，实施"青蓝接力"行动专题关注民营企业家的传承问题。

1. 四千精神

"四千精神"指改革开放以来以温商为代表的浙商敢闯敢干、披荆斩棘、开拓创新的创业精神。"四千精神"包含的"走遍千山万水"、"说尽千言万语"、"想尽千方百计"和"吃尽千辛万苦"，依次对应着企业家精神中的开放探索、沟通合作、创新创业和吃苦耐劳特质。温州能成为"四千精神"的发源地存在四方面原因：围山靠海、人多地少的地理环境；开放包容、重视工商的历史传统；义利并举、经世致用的文化氛围和实事求是、敢作敢当的地方政府。这四个条件缺一不可。"四千精神"没有诞生在其他地方，就是因为没有同时具备这四个条件。温州企业自改革开放以来，依托"四千精神"，在产品工艺上精益求精，在商业竞争市场上开疆拓土，从家庭工厂到现代化企业，从专业市场到现代产业集群发展，重振了"温商"的声名，筑牢了温州民营经济的基石。在"四千精神"的引领支撑之下，温州经济高质量发展，在诸多方面都实现了令人惊叹的巨大跨越，创造了民营经济发展的伟大成就。从温州经济异军突起，到温州制造享誉全球，再到新兴业态不断涌现，无一不是"四千精神"引领下的硕果。温州不仅成为中国东部沿海的经济重镇，更成为高质量发展建设共同富裕示范区市域样本的重要打造对象，成为观察中国民营经济发展的一个重要窗口。其发展成就惠及全国，乃至影响全球华商。

步入21世纪，温州民营经济发展步入新时代，"四千精神"的传承与发扬也进入新的历史时期。外在环境变迁与内在代际交替两方面都对"四千精神"的发展弘扬提出了前所未有的挑战。外在环境变迁对"四千精神"发展与弘扬提出的挑战体现在两个方面：一是创新创业物质环境较差，后来者创新创业困难，缺乏新鲜血液的持续注入和多样化的创业实践，巧妇难为无米之炊，"四千精神"的长远发展与广泛弘扬也将受到限制；二是创新创业环境要求更多，"四千精神"内涵需要结合时代特征灵活应用，丰富内化。内在代际交替方面，生活条件和文化背景差异导致新生代对"四千精神"的认识不够，社会观点的多元化导致新生代对"四千精神"的接受有限。新时代背景下，弘扬"四千精神"不能停留在过去的成就上，而应把握时代脉搏，不断丰富和发展其内涵。在新的历史条件下，弘扬"四千精神"一定要面向未来。企业家群体是"四千精神"最鲜活、最厚重的教科书。弘扬"四千精神"要立足企业家，采用丰富多彩的宣传方式。

2. 构建新型政商关系

2016 年，习近平总书记在参加全国政协十二届四次会议民建、工商联界委员联组会时将新型政商关系概括为"亲""清"两个字，为公职人员和民营企业家的正常接触交往指明了方向，也提供了政策依据和操作指南。温州是我国非公有制发展的重要阵地，也在支持非公有制经济人士健康成长、推动政商关系良性发展方面做出了持续贡献。本文重点阐述温州在"亲""清"两个方面实施的主要措施及成效，包括在"亲"字上深入精准服务企业，积极帮助企业纾困解难；鼓励企业家主动反馈问题，参与涉企事务评议；创新拓展新渠道，加强政企沟通；完善行业商业协会建设，形成政商交流长期纽带。在"清"字上加强廉政队伍建设，明确政企交往边界和规范；深化清廉民企建设，提升法治观念和廉洁意识，构建廉洁规范的政商生态。

通过一系列政策举措，温州形成了构建亲清新型政商关系的经验启示，包括政企恳谈会定期举行，打造形成政企沟通特色品牌；积极正常接触，多管齐下助力企业高质量发展；"三清单一承诺"不断升级，为政商交往划定边界。未来政策的可能发展方向包括推动涉企政策融合发力，切实为企业发展保驾护航；进一步明确商（协）会职能，有效发挥商（协）会桥梁作用；持续加强法治和廉政建设，维护公平公正的市场秩序。

3. 实施"青蓝接力"行动

温州民营经济发展到现在，传承是个重大问题，为助力新生代企业家顺利接班、促进民营经济发展再上一个台阶，温州提出了"青蓝接力"行动。温州各区（市、县）从组织建设、教育引领、创业扶持、待遇提升四个方面采取各种具体措施实施"青蓝接力"行动，为一代企业家和新生代企业家之间的代际传承搭建了交流载体，为新生代企业家创业创新提供了制度保障，提高了新生代企业家的社会待遇和国家归属感，加强了对新生代企业家的思想建设，提高了新生代企业家的专业能力，促进了新生代企业家健康成长，促进了民营企业健康发展。

温州"青蓝接力"行动的经验启示有三条：首先，导师制、培训班是促进新老代际传承的有效措施；其次，创业扶持政策是新生代企业家创业创新的重要制度保障；最后，整合资源、吸引人才是新老温商代际传承的主要思路。为了进一步推动"青蓝接力"行动，促进新生代民营企业家健康成长、促进民营企业健康发展，温州需要进一步加强政策稳定性，完善职业经理人接班机制，提供企业接班支持服务。

参考文献

李宏彬、李杏、姚先国、张海峰、张俊森：《企业家的创业与创新精神对中国经济增长的影响》，《经济研究》2009 年第 10 期。

李杏:《企业家精神对中国经济增长的作用研究——基于 SYS-GMM 的实证研究》,《科研管理》2011 年第 1 期。

庄子银:《企业家精神、持续技术创新和长期经济增长的微观机制》,《世界经济》2005 年第 12 期。

庄子银:《南方模仿、企业家精神和长期增长》,《经济研究》2003 年第 1 期。

何予平:《企业家精神与中国经济增长——基于 C-D 生产函数的实证研究》,《当代财经》2006 年第 7 期。

曾铖、李元旭:《试论业家精神驱动经济增长方式转变——基于我国省级面板数据的实证研究》,《上海经济研究》2017 年第 10 期。

范黎波:《保护和激发市场主体活力稳住经济基本盘》,《光明日报》2020 年 10 月 5 日。

Audretsch, D., *Entrepreneurship, Innovation and Economic Growth*, Edward Elgar Publishing, 2006.

Glaeser E., "Entrepreneurship and the City", Working paper, 2007.

McMillan, J., & Woodruff, C. The Central Role of Entre-preneurs in Transition Economies, *Journal of Economic Perspectives*, 2002. 16 (3).

Baumol W., Entrepreneurship in Economic Theory, *American Economic Review*, 1968 (2).

Schultz T. W., Investment in Entrepreneurial Ability, *Scandinavian Journal of Economics*, 1980 (82).

分报告

B.2

2023~2024年温州民营经济
健康发展分析

王世强*

摘　要：　2023年复杂国际局势对全球经济产生负面影响。为促进民营经济发展，党中央和国务院出台重要政策，地方政府积极响应。温州2023年促进民营经济发展的政策探索主要为：一是提信心、增预期，涉及财税、产业基金、用地、用能、金融、用工等；二是降门槛、扩领域，立足于科创、创业、存量资产、政府采购等；三是真公平、破隐性，从招投标禁令、招标突出问题、招标人自主权利、公平竞争审查制度、"非禁即入"制度等入手；四是拓市场、促升级，立足于市场范畴、境外产业、平台经济、个体户升级、技改投资、数字化改造、企业梯度培育等；五是优氛围、增服务，包括增值化改革、

---

*　王世强，中国社会科学院经济研究所副研究员，主要研究方向为产业组织理论、反垄断与管制经济学。

监管优化、社会信用完善、欠薪欠款预防、舆论环境改善等。基于政策支持，温州民营经济取得了优异发展成效，总体做到了五个"持续"：持续擦亮"两个健康"金名片，持续打响"温暖营商"品牌，持续激发民营经济新动力，持续增强市场主体内生动能，持续打造公平竞争市场环境。

关键词： 民营经济 温州 民营企业

一 引言

党的二十届三中全会通过《中共中央关于进一步全面深化改革推进中国式现代化的决定》，指出要"坚持致力于为非公有制经济发展营造良好环境和提供更多机会的方针政策"，将优化政府政策设计服务好民营企业、为民营经济合理运行提供坚实制度保障作为中国式现代化建设的工作重点。

"民营经济看温州"已成为产学研各界的共识。时至今日，温州不仅仅是民营经济的代名词，更成了中国民营经济的重要代表之一。温州民营经济的质量与水平，可以在很大程度上反映中国民营经济整体的发展情况，近乎成为"晴雨表"般的存在。伴随着民营经济重要性得到社会各界的认可，温州获得的社会关注度越来越高。在数字媒体信息推送效率不断提高的今天，温州民营经济，抑或说温州本身，已成为一个具有广泛影响力的重要名词，高频出现在公众视野之中。

在新时代促进"两个健康"创新探索历程中，温州进行了全方位的持续性推进工作。温州市委市政府在党中央、国务院以及浙江省委省政府的指导下，对民营经济健康发展和民营企业家健康成长的相关议题下真功夫、下大力气，全身心投入提升民营经济发展质量和引导民营企业家健康成长的实际工作中，以政策的切实落地与动态性优化为具体的切入点，以社会主义市场经济为基础，力争将温州打造为中国民营经济的金字招牌。从"两个健康"出发，本报告的核心内容在于阐释温州民营经济的发展情况，在《民营经济蓝皮书：温州民营经济发展报告（2022~2023）》对应章节的基础之上，概括2023年以来温州为促进民营经济健康发展进行的政策探索和温州民营经济健康发展取得的成效。

2023年是民营经济大展宏图的一年，更是极不平凡的一年。这一年是党的二十大胜利召开后的第一年，是党的二十大报告的核心指导落地实践的第一年。民营经济是中国经济不可替代的重要部分，党的二十大报告在阐释构建高水平社会主义市场经济体制的重要任务时提出，要"优化民营企业发展环境，依法保护民营企业产权和企业家权益，促进民营经济发展壮大"，将民营经济的高质量发展上升到极为关键的地位。2023年，民营经济的发展情况将反映思想与理论指导的有效性，其健康发展是落实党的二十大所提出重要建设任务的必由之路。

2023年，国际局势的不稳定程度持续加剧，俄乌冲突和巴以冲突等地区局势动荡对全球经济产生了负面影响，尤其不利于对外贸易的开展，而我国恰好是全球重要的贸易型大国，温州等地民营企业的重要商贸手段便是商品出口。此外，美国政府通过加息等手段强化对全球资本的掌控，叠加对先进科学技术的出口管制，更是对全球经济自由流通产生非常直接的负面影响。这些都成为我国民营经济在2023年所遇到的外部不利因素。

2023年，数字经济持续发展，全球数字竞争进入新轨道，竞争强度不断加大，数字化建设与升级成为各国企业所遵循的必要发展路径。生成式人工智能等新技术开始在商贸中大放异彩，是数字技术尖端发展的集大成者。此外，生物技术、绿色能源等新兴产业都在2023年的全球经济中展现出强大的经济带动能力。这些产业在提升经济活力的同时，也成为各国战略布局的重点。如何让本国战略新兴产业得到长足发展，保持充足的全球性竞争能力；如何引导相应企业积极投入，提升创新质量和产业链运营效率，成为各国政府面临的重要议题。

2023年，民营经济成为中国经济核心关键词之一，中央政府与地方政府都不遗余力加大民营经济的舆论宣传力度，出台对应政策积极支持民营经济发展。2023年7月，《中共中央、国务院关于促进民营经济发展壮大的意见》出台，成为促进民营经济发展壮大的核心指引。2023年8月，国家发改委会同国家市场监督管理总局、国家税务总局等部门联合印发《关于实施促进民营经济发展近期若干举措的通知》，旨在深入贯彻党中央、国务院关于促进民营经济发展壮大的决策部署，全面落实《中共中央、国务院关于促进民营经济发展壮大的意见》，推动破解民营经济发展中面临的突出问题，激发民营经济发展活力，提振民营经济发展信心。2023年8月底，浙江省委省政府结合中央指示与浙江实践，出台《浙江省促进民营经济高质量发展若干措施》，努力为全省民营经济的高质量发展破除各类潜在障碍、给予有效的政策支持。

面对复杂的外部环境，温州市委市政府积极响应党中央和国务院的号召，积极落实浙江省委省政府的部署，进一步提升温州民营经济的行政环境质量，极力克服各种困难，出台一系列坚实有效的政策举措，力争为广大民营企业提供更好的营商环境，向全国各个地方政府展示有效的做法。温州政策实施的核心落脚点在于五个层面：一是提信心、增预期，二是降门槛、扩领域，三是真公平、破隐性，四是拓市场、促升级，五是优氛围、增服务。相应的，面对优质的大环境，温州民营企业踏实奋斗，取得了优异的成绩，在"两个健康"工作中取得了更高水平的成就，让温州市委市政府与广大温州企业一起，做到了五个"持续"，即：持续擦亮"两个健康"金名片，持续打响"温暖营商"品牌，持续激发民营经济新动力，持续增强市场主体内生动能，持续打造公平竞争市场环境。在典型的行业与领域之中，尤为亮眼的是温州民营经济在对外贸易和战略新兴产业上的卓越成就，成为积极应对外部不利因素并努力掌握先行战略契机的典范。

二 2023~2024温州促进民营经济健康发展的政策探索

温州自 2018 年"两个健康"工作开展以来，在民营经济的促进政策优化上体现了持续性与动态性的特征，不断提升自身政策的有效性，积极挖掘民营企业在运营过程中遇到的各类问题，探究民营企业最需要的帮助与支持，让民营企业踏实安心在温州做生意、做投资、做贸易。2023 年，温州为了落实党中央、国务院和浙江省委省政府出台的促进民营经济发展的文件精神，制定了一系列核心举措。

在政策整体上，温州以"全面承接、巩固提升、创新突破"为原则，全面承接落实全省民营经济 32 条"1+N"清单及落地细则，巩固提升一批具有温州辨识度的改革成果，创新探索一批全国全省首创性的破题之举，为推动民营经济高质量发展保驾护航。

在年度目标上，温州制定为：2023 年，落实惠企政策，为市场主体减负 300 亿元以上；全年民间投资增速好于上半年，力争超过全省平均水平；工业供地中民企占比达到 70%以上；每年新增能耗的80%以上支持民间投资项目；涉企问题化解率达 95%以上。

当然，政策制定不仅是为了完成 2023 年一年的经济目标，温州的思路在于政策的持续性和长期性，旨在不断提升民营经济的运营环境与质量。在未来的短期目标上，温州制定为：到 2025 年，市场经营主体突破 150 万户，R&D 经费支出占 GDP 比重达 3%左右，数字经济核心产业增加值占 GDP 比重达 10%左右，基本构建优质企业梯度培育体系，民营经济各项占比继续保持全国前列，获取金融服务、市场准入等指标进入营商环境全国标杆城市行列。

在主要做法上，温州政策层面的核心落脚点为五方面：一是提信心、增预期，二是降门槛、扩领域，三是真公平、破隐性，四是拓市场、促升级，五是优氛围、增服务。

（一）提信心、增预期

温州继续推广弹性年期出让、先租后让等供地形式，深化"数据得地"机制，保障合理用地需求；迭代升级温州金融综合服务平台，创新运用"科创指数贷"、"两个健康"积分贷等融资方式，推进政府性融资担保业务扩面和产品创新；加快升级人才新政，完善职称评价标准，持续打响"来温州·创未来"品牌。①

1. 强化财税政策保障，降低民营企业经营负担

在财税政策上下功夫成为减轻企业负担的重要突破点。相应的，温州制定了四个目标。一是增值税小规模纳税人减免增值税，小微企业减按 25%计入应纳税所得额，增值税小规模纳税人小型微利企业和个体工商户减半征收"六税两费"，金融机构小微企业和个体工商户小额贷款利息收入免征增值税，为农户、小微企业及个体工商户提供融资担保及再担保业务免征增值税，金融机构与小微企业签订的借款合同免征印花税等政策延续执行至 2027 年底。二是对个体工商户年应纳税所得额不超过 200 万元部分减半征收个人所得税，落实支持

① 弹性年期出让是指整宗土地以低于工业用地法定出让最高年限 50 年出让的供应方式；数据得地是指通过对企业近三年主要经济指标的客观、公正、精准评估，让数据说话，凭数据决定是否供地，确保有限土地资源向"发展前景好、产值增长快、亩均效益高"的制造业企业集聚。

重点群体和退役士兵创业就业税费优惠政策。三是符合条件行业企业研发费用税前加计扣除比例提高至100%，作为制度性安排长期实施。四是自2023年1月1日至2027年12月31日止，允许先进制造业企业按照当期可抵扣进项税额加计5%抵减应纳增值税税额。

在具体落实举措上，温州制定了十项落实政策。一是积极发挥乐清市省级模板示范效应，进一步加强跟踪指导，以点带面探索"强化财税政策保障"县域实践路径。二是全面落实减税降费政策。持续深化"减税降费直达快享"平台应用，不断提升市场主体与法人对"税有温度"的知晓度和获得感。同时，成立税费优惠政策精准推送工作团队，抓好精准推送运行监控和运营管理，做好跟踪提醒和查漏补缺等工作；加强部门协作，加快高新技术、科技型中小微、专精特新等企业信息交互进度，深化智能化、个性化、精准化推送服务，确保将研发费用加计扣除等优惠政策精准推送到纳税人手中。此外，还以重点企业为试点，探索税费优惠政策"红利账单推送工作"，为企业定制展示已享受的政策红利明细。三是提升办税效率。推进试点增值税留抵退税智能预填、出口退税发票及出口报关单信息免填报等功能，通过电子税务局为纳税人自动预填部分申请数据，压缩审批时限和流程环节；持续推进"单一窗口"出口退税试点工作；全面实现退库无纸化，继续推广出口业务"非接触式"办理，进一步提高税款退付效率；出口企业正常出口退税平均办理时间在6个工作日内，将办理一类、二类出口企业正常出口退（免）税的平均时间压缩在3个工作日内政策延续实施至2024年底。四是健全"税商联"工作机制，建立"产业园区＋税务专员＋企业协会＋工商联"四方协作机制，充分发挥工商联和街道经济办直连法人代表优势，持续宣讲最新税费政策，助力税费优惠精准滴灌。五是积极开展"便民办税春风行动"，充分运用数字化改革手段推动"免申即享"等税收优惠政策直达快享做法，不断增强市场主体获得感。六是鼓励推广税收"指数贷",进一步畅通银企信息互通渠道应用税收信用数据,不断提升小微企业金融服务效率。七是优化税费服务。积极推动"接诉即办"和"未诉先办"并行,加强税费服务诉求管理提升工作过程跟踪、阶段反馈和结果考核,通过不定期开展调查回访,组织税费服务体验师、税收志愿者等智囊团评估税费服务诉求管理提升工作成效;邀请中小企业参与税务体验师、"走流程"活动,收集意见建议,优化注销业务流程。八是强化税费风险防控。组织开展政策落实"应享未享、不应享而享"风险排查,建立包括研发费用、小微企业"六税两费"等在内的疑点指标,通过电话提醒、电子税务局推送等形式辅导企业自查,确保风险早识别、早提示、早防范;以大数据和财务报表中关键数据(如针对高新技术企业、软件集成电路企业、科技型中小企业等创新企业研发支出)为核心,精准分析查找,建立"税温度"服务团队,逐户开展"一对一"辅导,减少"应享未享"情况。九是运用"错题本""案例集"主动开展风险提示,引导支持行业协会、商会等社会组织加强行业指导和自律管理。十是密切跟踪国家和省级政策动向,及时了解最新政策动态信息,做好政策的承接争取以及市"8+4"经济政策落地工作,健全惠企政策统筹规范、精准有效的集成体系,迭代升级温州市惠企利民资金直达智控系统,强化刚性兑现举措,提高政策兑现效率,推动更多惠企政策"免申即享、直达快享"。

2. 加大产业基金支持力度,提升投资有效性

对产业基金进行有效扶持可提升资金利用效能。在这方面,温州所制定的对应目标有两点:一是温州市重点产业发展基金、温州市科创基金、温州市国资创新基金投向民间投资项目比重达到70%以上;二是浙江省专精特新(温州)母基金投向民间投资项目比重达到80%以上。

在具体做法上,温州落脚于三个具体的方面:一是鼓励在基金管

理人遴选公告中加大对民间投资项目的支持；二是将投向民间投资项目比重相关要求纳入《浙江省专精特新（温州）母基金管理机构公开遴选申报指南》以及温州市重点产业发展基金、温州市科创基金、温州市国资创新基金的申报指南中；三是在基金投后管理的过程中引导鼓励基金加大对民间投资力度。

3. 保障合理用地需求，完善土地要素使用利用政策

土地资源稀缺是温州所面临的一个核心难点，但这也诱导温州更好利用所具有的土地资源，满足民营企业的用地需求。两方面内容构成主要目标，一是2023年工业供地中民企占比达到70%以上，二是2023年完成"数据得地"供地82家2000亩以上目标。

温州对应的落实举措涉及十一个方面。一是加大重大产业项目指标争取力度，争取列入省级统筹。按照"有限指标跟着大项目好项目走"的要求，指导各地积极申请重大项目指标奖励，其中被列为特别重大的，向省里申请100%计划指标保障；被列为引领性的，申请60%计划指标保障；被列为示范性的，申请40%计划指标保障。二是用足用好市级"指标银行"政策，加快项目审批进度。对符合市级"指标银行"统筹的，通过"指标银行"保障项目计划指标和耕地占补平衡指标。三是强化规划空间保障。加快市县级国土空间总体规划报批，结合民营经济项目布局特点和需求，严格落实工业区块线规模，严格执行工业区块线调整政策，在空间上对工业用地予以充分保障。四是优化工业用地配置方式。按照规定，继续推广弹性年期出让、先租后让等方式供地，合理确定土地供应方式和使用年限，有效降低企业用地成本；按照规定，积极推广"限地价竞税收"出让方式，降低中小企业用地门槛；探索实行产业链供地，对产业链关键环节、核心项目，可统一规划布局，整体实施、按宗供应。五是深化"数据得地"改革。积极指导各地落实"数据得地365"体系，并根据政策具体执行及企业反馈情况，进一步迭代升级属地特色政策。六

是在温州全市范围内开展新一轮低效用地再开发试点工作，允许将不同门类自然资源的使用条件、开发要求、标的价值、溢价比例等纳入供应方案，统一公开出让；加大低效工业用地整治力度，支持低效工业企业以自主改造、联合开发等方式实行"退二进三""退低进高"。七是加快推进存量土地盘活利用，加大老旧工业区改造力度，按照规定允许符合条件的用地改造完成后，厂房、土地实行有条件分割转让。优化保障性租赁住房审批流程，项目主体可持建设、分配、运营管理方案等，向属地保障性租赁住房工作领导小组提出申报，由领导小组组织发改、住建、经信、自然资源、生态环境等部门进行联合审查，出具项目认定书，并由相关部门分别依法办理项目立项、规划、用地、环保、施工、消防等手续，各地政府可根据实际情况，进一步优化细化操作办法。八是支持民营企业实施"零土地"技改，提升工业用地质效。在符合详细规划、不改变土地用途的前提下，在自有工业用地上新建、扩建生产性用房或利用地下空间提高容积率的，不增收土地价款；对符合改造条件的新增建筑面积部分，纳入各地"腾笼换鸟"专项经费支持范围。九是放宽工业用地出让审批条件，容积率、绿地率和建筑高度、密度指标可根据产业实际，在属地土地出让联席会议研究明确后设定；简化建设用地规划许可手续，建设单位在签订国有土地使用权出让合同并取得建设项目备案文件后，按照规定直接核发建设用地规划许可证。十是按照规定实行工业企业项目"滚动审批"，对工业企业项目（工业小微园除外），在符合土地出让合同约定的前提下，经属地政府（功能区管委会）研究同意，可按照"一次规划、滚动审批"的理念，首次开发可以在达到合同约定容积率下限的情况下办理工程规划许可，开展规划核实、土地复核、竣工备案、不动产权证登记，后续可采取"滚动审批"模式，实现工业企业厂房滚动审批、竣工、验收、整体登记。十一是对重大招商引资等工业企业项目，利用土地出让公告期及建设用地使用权出让合同签订准备期，对意向企业的工程设计方案先行开展预审查，并出具预审查意见。企业取得土地成交确认书并签订合同后，不再开展工程设计方案审查，对公示无异议的项目，凭备案等文件直接核发建设用地规划许可证、建设工程规划许可证，实现"拿地即开工"。

4. 强化用能保障，积极供应民营企业基本能耗

随着民营经济规模越来越大，让民营企业获取电力、天然气等必需的能耗资源成为民营经济健康发展的基本要求。温州2023~2025年的核心目标是每年新增能耗的80%以上支持民间投资项目。

三方面举措成为落实重点。一是落实重大项目全程跟踪服务，聚焦国家重大战略项目、"千项万亿"重大项目，梳理重大项目用能需求，加强市县会商和部门联动，实施提前介入、定期调度，及时协调解决项目推进过程遇到的用能问题。二是对单位工业增加值能耗低于0.52吨标准煤的项目开通节能审查绿色通道，无须能耗平衡即可开展用能权交易。三是保障能源电力安全稳定供应。用足用好国家政策，加强可再生能源项目建设和新上民间投资项目用能保障；深化电力市场化改革，落实小微企业和个体工商业用电实行阶段性优惠政策，降低企业用电成本；深化天然气体制改革，鼓励上下游天然气直接交易，推进天然气稳价降价。

5. 强化金融保障，持续输血民营经济

从金融角度助力民营经济是温州一直以来的重要举措。以2023年为开端，温州在金融层面制定了九项具体目标。一是2023年实现民营经济贷款增速高于各项贷款增速，综合融资成本稳中有降；确保2023年实现民营经济贷款和小微企业贷款均新增800亿元以上。二是2023年辖内新发放"双保"助力贷款超300亿元。三是将普惠小微贷款支持工具延期至2024年末。四是力争2023年全市普惠型小微企业贷款增速不低于各项贷款平均增速；连续贷和灵活贷两项机制占企业流动资金贷款比例超过50%；全市个体工商户贷款余额达到

2800亿元以上,占全省比重超1/6。五是力争2023年全市政府性融资担保支农支小余额达230亿元以上,业务规模保持全省前列。六是力争2023年全市小贷公司新发放贷款中,支农支小普惠金融贷款占比不低于70%。七是2023年首贷户新增1万户以上。八是力争2023年实现"科创指数"融资模式授信余额突破800亿元。九是力争2023年实现"两个健康"积分贷余额超10亿元。

相应的,温州2023年制定政策,提出了十四项具体做法。一是深入开展"金融促投资、促消费,提升民营企业金融服务"专项行动,充分运用货币政策工具,督促辖内银行机构出台落实举措,单列民营经济的信贷投放规模和考核激励举措,引导金融机构提升民营企业金融服务水平。二是持续释放贷款市场报价利率改革效能,发挥存款利率市场化调整机制作用,引导企业贷款利率稳中有降。三是开展"金融顾问"工作,加大银企对接走访力度,指导全市银行机构对制造业重点企业开展走访对接,积极满足民营企业合理金融需求,扩大民营企业发债规模。四是积极开展信贷政策导向效果评估,按季度通报重点领域信贷投放进展,督促金融机构优化民营企业金融服务。五是开展金融支持个体工商户高质量发展专项行动,率先深化"基层小微主体金融服务站"建设,聚焦个体工商户的创业就业需求,开展一系列金融政策宣讲、培训帮扶等活动;优化"贷款码"融资服务模式,重点深化全市小微园、批发市场、商业圈等领域的"贷款码"场景应用,提升民营经济市场主体融资便利度。六是深化银担合作。贯彻落实《关于进一步深化"双保"助力融资机制推进银行与政府性融资担保机构合作的通知》文件要求,持续开展"千名行长走万企"活动,推广"连续贷+灵活贷""信易贷""小微主体信用融资新模式"等机制。七是强化上市服务。积极推广"凤凰丹穴"系统,组织企业入驻及信息更新工作;督促各地及时兑付上市奖补相关产业政策;举办企业上市专题培训等活动,邀请沪深北交易所专家走访企业，开展"一对一"上门辅导，持续推动企业上市；依托沪深北交易所温州服务基地，为民营企业提供资本市场政策业务培训服务；支持民营上市公司用好定向增发、配股等资本市场工具。八是强化融资担保。推进政府性融资担保业务扩面和产品创新，加大小微企业汇率避险担保支持力度；创新开发支持民营小微企业的个性化担保产品，将外贸企业汇率避险担保比例从5%提高至8%；积极做好小贷年度评级导向工作，加大考核力度，引导小贷公司下沉重心，立足普惠金融。九是全面落实《中国银保监会浙江监管局办公室转发关于进一步做好联合授信试点工作的通知》相关要求，部署推进联合授信管理制度工作，将半导体、新能源汽车等相关行业的重点企业纳入主动管理清单。十是强化金融考核。完善金融业发展改革与创新业绩考核激励办法，开展银行和保险业金融机构日常服务评价"明察暗访"；加强监管数据监测管理，推动机构严格落实主体责任，切实提高数据报送时效性、准确性；按期通报进展情况，对不理想的机构进行督导，不断提升金融服务水平。十一是聚焦全市规上企业、科技型企业、外贸企业等一系列白名单，建立健全全市重点领域"无贷户"清单，率先探索"信息建档+预授信"机制，组织银行机构依托信用信息数据，对符合条件的无贷户主体给予授信支持。十二是迭代升级温州金融综合服务平台，进一步优化融资对接、信用评价、风险预警、政策服务、数据分析等功能，有效破解企业融资难、授信难等问题。十三是加强对科技企业、重点项目、新能源领域的金融支持，争取落地更多专项再贷款等政策工具；建立健全全市制造业、科技型企业项目清单，积极做好银项对接，全面推广"科创指数贷"。十四是创新试点"两个健康"积分贷产品，建立专项金融惠企政策。

6. 强化人才和用工需求保障，丰富人才人力储备

为了提升民营经济相关的人才队伍与人力资本建设水平，温州制定了六个方面的对应目标。一是2023年引育全职院士和"鲲鹏行动"专家5名。二是到2023年底，新授予2家以上规模以上民营企业中级职称自主评审权限。三是到2023年底，全市开展职业技能培训12万人次以上，新增技能人才5.42万人。四是到2023年底，全市技工院校与企业合办"订单班""冠名班"30个，在读学生1200人以上；全市技工院校合作企业达到400家以上，共同成立产业学院5个以上、企业学院5个以上。五是到2023年底，全市新增高校毕业生12万人。六是全力争取成为第二批国家产城融合试点城市，到2025年，培育形成100家市级以上（含市级）产教融合型企业。

温州相应的具体做法涉及九个方面。一是强化人才招引培育。深化"瓯越英才计划"、高校毕业生"510+行动计划""温青回归"重大人才工程，落实人才住房、子女入学等配套服务政策，切实提升招才留才水平。二是健全完善人力资源产业园体系，加快中国温州人力资源产业服务园建设，引导企业与大型人力资源机构开展深度合作，搭建行业合作机制。三是优化民企职称评审服务。遵循民企人才职业特点，分行业专业完善职称评价标准，优选2家以上条件比较成熟的民营企业，授予中级职称自主评审权限，加强职称评审政策及业务的指导和服务，培育更多符合条件的企业。四是加大企业高技能人才参加职称评审的宣传动员力度，进一步拓宽高技能人才与专技人才的职业发展通道。五是深入开展企业自主评价认定技能人才改革，积极组织技能人才研修班，市县联动举办职业技能大赛，引导支持民营企业培育更多技能人才。六是加强技工教育管理。开展技工教育提质增量行动，深入推进温州技师学院扩容工程，扩大招生规模，优化专业设置，深化校企合作，扎实推行工学一体培养模式，根据产业和企业需求培养更多高质量技能人才；加大社会公益培训力度，推进温州公共实训基地建设。七是按照《浙江省用人单位招用不符合确立劳动关系情形的特定人员参加工伤保险办法（试行）》有关要求，鼓励平台企业为新就业形态劳动者购买单险种工伤保险。八是做好国家产教融合试点城市申报工作，细化税收优惠、资金扶持等政策，进一步降低制度性成本。九是深化企业外来用工子女入学便利化改革，实现企业外来用工子女"零门槛就学"，符合条件的义务教育阶段随迁子女在家长常住地100%入学。

（二）降门槛、扩领域

温州第二个方面的重心在于降低投资创新的门槛，扩大民营经济所涉领域，即鼓励民间投资，加强项目储备，探索经营权转让、产权抵押、资产证券化等模式，鼓励有条件的民营企业通过综合开发模式参与重点项目建设；针对技术攻关开展重大项目"揭榜挂帅"，促进科技成果转化；大力扶持培育民营科技企业，强化企业科技创新主体地位，实施科技企业梯队培育计划。

1. 充分发挥民营企业科技创新主体作用，提升创新质量水平

温州对应目标涉及六个方面。一是2023年，支持2家以上民企作为共建单位申报全省重点实验室，支持省级新型研发机构与民企建设联合实验室、研发机构5家以上；到2027年，支持4家民企牵头或作为共建单位申报全省重点实验室，支持省级新型研发机构与民企建设联合实验室、研发机构15家以上。二是2023年基础研究经费占研发经费的比重排名全省前三；到2027年，力争全社会基础研究投入超30亿元。三是2023年支持企业牵头参与的市重大科技项目数占市重大科技项目数比重不小于70%，推动规上工业企业研发费用占营业收入的比例达到3.4%以上。四是2023年支持1家民营企业牵头或作为核心共建单位建设省技术创新中心，支持3家民营企业申报省科技领军企业，支持10家民营企业申报省科技小巨人企业，支持600家民营企业申报国家高新技术企业，支持1800家民营企业申报省科技型中小企业。五是推动民营企业实现技术交易额200亿元以上。六是到2025年，R&D经费支出占GDP比重达3%左右。

　　具体的落实措施涉及五个层面。一是支持民营企业参与重大科创平台建设。贯彻落实《浙江省高能级科创平台高质量发展的若干意见》《浙江省重大科创平台建设评价评估管理办法（试行）》等文件，积极推动全省重点实验室重组申报工作，支持温州大学等高校院所与民营企业共同申报全省重点实验室，支持光达电子、亚龙智能装备等民企牵头申报全省重点实验室；全面落实新型研发机构"十个一批"工作机制，引导新型研发机构围绕企业创新发展需求联合共建实验室或企业研发机构，聚焦企业技术需求开展联合攻关。二是加强民营企业基础研究投入。制定《温州市2023年全社会研发强度提升方案》；落实《财政部税务总局关于企业投入基础研究税收优惠政策的公告》，对研发投入多、增幅大的企业给予一定比例的研发后补助，鼓励有条件的县（市）对企业上年度的研发投入按一定比例进行补助；鼓励区和功能区对市级研发补助政策没有覆盖到的企业进行补助，切实减轻企业研发投入压力，提升企业创新获得感。三是加强对民营企业产学研协同攻关项目的立项支持。落实《关于深化项目组织实施机制加快推进关键核心技术攻坚突破的若干意见》，重点面向民营科技企业征集重大攻关需求，每年支持企业牵头参与的重大科技项目数占市重大科技项目数达到70%以上；积极推荐民营科技企业牵头申报国家、省科技重大项目，力争更多企业牵头承担国家、省战略科技任务，加强对企业牵头申报国家、省重大项目的服务指导，通过转发项目指南、服务保障视频答辩等措施，全力做好项目推荐等工作；科技领军型企业、科技"小巨人"企业申报省级"尖兵""领雁"研发攻关计划项目的可不纳入推荐限额，省级创新联合体牵头企业、科技领军企业承担在研项目数可以突破2项限制，最多可达3项；支持企业申报基础性科研项目，支持中小微企业开展重大科技创新项目攻关，落实省重大专项项目经费配套经费。四是支持民营企业培育成为科技企业。指导相关企业牵头申报浙江省激光智能装备技术创新中心；聚焦"315"战略领域，建立科技企业培育库，筛选一批创新能力强、发展潜力大的高新技术企业纳入培育库，进行分类分层培育；面向科技领军（小巨人）企业征集需求，通过"揭榜挂帅""赛马制"等攻关模式，开展"卡脖子"关键核心技术攻关；开展科技精准服务，对培育库企业进行一对一深度排查，分析存在的短板及问题，实行"一企一策"，全程跟踪服务。五是支持民营企业强化科技成果转化。完善科技大脑的民营企业"成果池"应用，促进科技成果就地应用、就地转化、就地交易，探索建设温州市校（院）地科技成果转化联合办公室；深入实施科技成果转化"双百千万"专项行动，开展民营企业需求挖掘、供需对接，促成产学研合作，帮助民营企业提升技术水平和成果转化能力，每年开展成果路演对接活动50场次以上。

2. 鼓励发展创业投资，提升民营经济活力

对创业投资的积极鼓励能够提高民营经济的持续活力。温州的目标是力争到2025年末，全市集聚约100家股权投资机构，管理基金规模超过500亿元，注册基金规模超过1000亿元。具体措施有四方面。一是修订完善《温州市科技创新创业投资基金管理办法》，扩大市科创基金规模，积极开展市科创基金投资工作。二是充分发挥"2023中国（温州）创投大会暨首届浙江基金招商大会"集聚效应，组织开展系列促进创业投资活动，推动国有资本、社会资本与国内知名投资机构联动合作发展。三是实施《温州市加快基金业集聚促进股权投资高质量发展若干措施的通知》，进一步鼓励股权投资机构集聚发展，加快推动募投管退联动发展，大力营造优质配套服务环境。四是加快建设温州市大罗山基金村，着力打造浙江省创投第三极的物理载体和全球温商侨商股权投资中心。

3. 支持民营企业盘活存量资产，提高资产流通性

资产流通性的充分程度对民营企业的运营意义重大。温州对应目标是推动民间投资项目开展基础设施 REITs 工作，具体措施涉及三方面。一是积极开展 REITs 基金项目储备管理。组织各地各部门对规模以上民营企业开展排摸调查，组织律师事务所、会计师事务所、知名券商等机构，对重点领域、重点区域、重点企业开展走访，对有盘活意愿的企业进行指导服务，帮助企业掌握相关政策、制定盘活工作方案，常态化做好项目储备工作。二是开展基础设施 REITs 业务培训，指导做好项目前期培育，成熟一个、申报一个。三是将各地盘活存量资产情况纳入市投资"赛马"激励评价。

4. 加大政府采购对中小微企业支持力度，拓展政策有效性范畴

从政府采购角度直接支持民营企业，尤其是中小微企业，能够起到弱化市场强势实力形成和扩充政策有效性的积极作用。温州 2023 年的年度目标为全市完成政府采购授予中小企业合同金额不少于 206 亿元，占政府采购总额的比例不低于 88%，比 2022 年提高 5 个百分点以上。

温州相应的四方面落实举措如下。一是加大政府采购支持中小企业力度。全面落实省财政厅政府采购建设工程招投标领域支持中小企业发展制度要求，明确依法必须招投标（400 万元以上）的政府采购工程项目，适宜面向中小企业采购的，中小企业预留份额比例必须达到 40% 以上。二是建立完善政府采购全生命周期管理机制。面向中小企业预留采购计划，依托预算约束增强支持中小企业政策刚性；在采购执行阶段增设强制审核标识，严格按照采购预算项目信息面向中小企业采购，确保预留中小企业份额政策执行到位；进一步优化政采云平台的动态监测功能，实时监测部门单位落实中小企业合同份额情况，对违反规定的单位进行自动预警提示。三是压实部门、单位等采购人主体责任。严格按照时间节点要求进行采购意向公开、执行结果公开。四是探索政府采购领域"微改革"行动。在全市范围内开展深化政府采购履约验收改革，通过创新审核机制、线上应用、支付预警、联合检查等方式，在履约节点、规范验收行为、提升支付效率等方面为企业发展提供增值服务。

（三）真公平、破隐性

为各类规模和各个领域的民营企业打造公平竞争的市场环境，一方面有效落实了竞争政策的基础性地位，另一方面也保障了市场创新原动力，是民营经济保持长期活力的关键。温州2023年的政策积极推动这一工作的开展，有序推进全市招投标行政规范性文件整合，实施招投标专项整治十大行动，加快"公优廉"一体化平台建设，稳步推进区域性"评定分离"综合试点扩面；审查一批涉及市场主体经济活动的政策措施，清理一批妨碍统一市场和公平竞争的政策文件，推进永嘉、平阳、龙港等地公平竞争政策试点建设。

1.严格落实招投标"七个不准"，保障项目公平性

温州制定了两方面具体目标，一是有序推进制度规则类文件整合修改工作，将全市招投标行政规范性文件总量控制在13件以内；二是落实省级招标文件示范文本推广应用，修订完善市级有关招标文件示范文本。

温州制定的四项具体举措成为重点。一是分行业系统、分地区开展清理自查，提出清理建议，并根据省发改委反馈的招投标领域制度规则问题文件初步评估意见，对相关文件开展清理。二是做好省级招标文件示范文本推广应用，结合温州当地实际情况，修订出台《温州市房屋建筑和市政工程招标文件示范文本（2023版）》。三是开展全市招标文件示范文本使用情况检查，严格落实《破解招投标过程中对民企限制问题针对性举措落实清单》。四是推进"交易让中小微企业市场更友好"改革工作，研究制定《关于推动"交易让中小微企业市场更友好"改革的实施方案》，全力为中小微企业积极广泛参与招投标活动提供便利。

2. 加大工程建设项目招投标领域突出问题专项整治力度，积极解决重点难题

温州制定了两方面目标，一是让违法违规乱象得到有效遏制，规范统一市场加快形成，长效治理机制持续健全；二是各级招投标综合部门排查 2023 年以来招投标项目不低于 10%。

五方面措施成为落实关键点。第一，严格落实《2023 年温州市工程建设项目招标投标领域突出问题专项整治工作方案》。第二，持续在全市范围开展招投标领域问题线索"大起底"工作。第三，实施招投标专项整治十大行动，推进重点督办清单化、表单化，持续提升数字化监管能力。第四，加快公优廉一体化平台建设，根据"全过程、全要素、全信息"的要求，推进与阳光 e 网深度融合，加强招标人、招标代理、投标人、监管人员、评委专家等五方主体信息库的标前、标中、标后全闭环智慧监管，全力构建"公平、择优、廉洁"的招标投标市场环境。第五，加强标后履约检查，每季度联合各地公共资源交易中心，对中标人合同履约过程进行随机检查。

3. 增加招标人自主权利，完善项目招标流程

温州的年度目标是在 2023 年稳步推进区域性"评定分离"综合试点扩面工作，相应的三方面具体措施如下。

一是全面推进鹿城、瓯海、龙湾、瑞安、平阳、文成、泰顺、龙港、海经区等 9 个温州"评定分离"综合试点改革地区工作。二是推进电子营业执照在招投标领域应用试点工作，强化市县联动，争取在 2023 年底前成功搭建电子营业执照在招投标领域的应用场景。三是根据浙江省工程建设招投标"评定分离"操作指引，结合温州实际，制定温州工程建设招投标"评定分离"定标工作操作指引。

4. 落实公平竞争审查制度，营造市场竞争氛围

一是在 2023 年底前，审查一批涉及市场主体经济活动的政策措施，清理一批妨碍统一市场和公平竞争的政策文件。二是完成全省公平竞争政策先行先试试点工作。

对应的做法涉及八个方面，一是根据《浙江省公平竞争审查办法》，严格落实公平竞争审查制度。二是组织召开全市公平竞争指数填报交流会，保质保量完成指数编制工作。三是组织开展公平竞争满意度测评工作。四是推进永嘉、平阳、龙港等地公平竞争政策试点工作。五是开展清理妨碍统一市场和公平竞争政策措施工作。六是聚焦公用事业、政府采购、招投标等重点行业和领域，深入开展破除地方保护和行政性垄断专项行动。七是在公平竞争审查工作中引入第三方评估，结合评估情况加大公平竞争审查力度。八是开展全市滥用行政权力排除、限制竞争行为检查。

5. 严格实行"非禁即入"，降低市场准入门槛

温州严格落实国家层面新版市场准入负面清单，排查归集通报典型案例，确保应查尽查、应改尽改、应报尽报，具体的三方面措施如下。一是根据每年国家公布的新版市场准入负面清单，明确清单事项的主管部门和管辖权限，推动国家市场准入负面清单制度落地。二是积极构建全国统一大市场。通过"民呼我为"、12345热线等市场主体投诉举报平台，对有可能违背"非禁即入"的相关案例跟踪进展情况，核实后及时整改到位。三是引导民企参与基础设施、社会事业等领域投资，形成社会力量参与办医、养老、体育、文化等温州经验，并予以宣传推广。

（四）拓市场、促升级

温州致力于拓宽市场范畴至全球经济，推动民营企业海外业务布局，同时通过数字化等手段实现业务升级。核心在于，支持企业跨国投资，组织"丝路护航""千团万企"等系列行动，助力企业出海抢订单；加快创建全国网络监管与服务示范区，推进"5+5+N"产业集群工业互联网平台体系建设，鼓励传统制造业企业发展电商模式；

加快数字经济集聚区"一核心多区块"建设，引导领军企业向中国（温州）数安港、国际云软件谷等重大平台集聚，加快创建中国软件特色名城，推进产业数字化转型。

1. 实施"千团万企"行动，助力民营企业拓展市场

温州 2023 年的年度目标为，累计组织 1000 家以上企业参加境内外拓市场活动 120 场，新辟近洋航线 4 条。

七方面具体做法成为促成这一目标的落脚点。一是优选 77 个重点展会编制目录。充分发挥展会开拓市场的主渠道作用，大力支持企业参加境内境外举办的各类国际性展会；落实境内外重点展会信息推送工作，努力化解企业出海困难。二是谋划 3 个市政府重点自办展。积极开拓新兴贸易市场，在办好印尼、南非两国市级自办展的基础上，办好俄罗斯市级自办展。三是强化政策支持全覆盖。落实出海拓市场抢订单扶持政策，对参展企业给予一定的资金补助，为企业出海抢订单提供有力保障。四是优化 16 项企业出入境管理举措。强化工作协同，持续推出一系列优化出入境便利化举措，共同做好拓市场企业的出入境便利化服务工作，用好口岸签证等制度，进一步促进跨境商贸人员往来，多跨协同为外贸企业出海保驾护航；优化提升通关便利化和港口数字化水平，加快推进数字口岸建设，推行"提前申报、两步申报""两段准入"等通关模式，压缩通关时长至低于全省平均水平。五是创新出口信用保险等服务。扩大出口信用保险覆盖面和服务范围，提升政府小微统保（联保）平台覆盖率；创新保险产品和模式，帮助企业化解接单和履约风险；优化业务流程，进一步压缩定损和赔付时间。六是持续做好展会成效宣传。加强出海拓市场抢订单成效宣传，利用央视、新华网等主流媒体发布各类参展信息，对先进企业、典型做法、优秀产品予以宣传，提振企业拓市场稳订单的信心。七是纵深推进金丽温开放大通道建设，提升以海港、空港为核心的口岸能级，全面布局覆盖亚洲区域重点港口的近洋航线，加快建设大型国际集货拼箱基地，推动乐清湾港区口岸正式开放，建设乐清湾多式联运枢纽和鹿城西部多式联运枢纽，进一步降低物流成本。

2. 引导有序布局境外产业，积极布局全球市场业务

温州涉及的三方面目标如下。一是2023年下半年重点服务对外投资1000万美元以上重点关注项目不少于5个。二是支持温州境外经贸合作区发展，争取获评省级优秀经贸合作区。三是在2023年举办"丝路护航"活动1场以上。

具体措施有五个方面，一是全面落实《加快培育浙江民营跨国公司"丝路领航"行动计划》，拟定温州跨国公司培育落实举措。二是根据"对外投资备案服务十条"，拟订重点关注项目清单，线上或线上线下结合解决企业对外投资问题。三是组织境外投资企业申报中央外经贸发展专项资金支持500万元以上。四是组织"丝路护航"、投资对接等系列活动，指导县级商务部门组织培训。五是通过企业群、各类活动平台向企业宣传"'走出去'公共服务平台""浙企出海"等境外投资信息服务平台，为企业提供国别政策、专业分析等基础信息。

3. 推动平台经济创新发展走在前列，助推平台化进程

温州四个具体的年度目标如下。一是在2023年，实现全市网络零售额2460亿元。二是在2023年，培育绿色直播间30家。三是在2023年，培育省级电商产业示范基地1家、省级直播电商基地1家、市级电商产业（含直播）基地10家、市级重点电商企业30家。四是在2023年，建成10个工业互联网平台。

为此，温州出台了九项具体举措。一是制定《关于促进平台经济高质量发展的实施意见》。二是创建全国网络监管与服务示范区，建成温州市网络监测中心，加强网络监管工作。三是制定《温州市绿色直播间建设培育实施方案》及评价体系。四是开展全市平台企业"增动能提信心"专项服务行动。五是加快"5+5+N"产业集群工业互联网平台体系建设，提高百亿级产业集群工业互联网平台覆盖率，赋能"5+5+N"产业中小企业数字化转型。六是鼓励传统制造业企业发展电商事业、开展电商销售，进驻基地集聚发展；鼓励本地新电商品牌企业入驻新电商集聚区（基地）。七是用好头部电商平台资源，加强优质电商项目招引，密切对接阿里、抖音、京东、快手等头部电商平台，持续为温州商家拓展线上销售渠道赋能助力。八是积极培育高能级电商基地、直播基地及重点电商企业等电商市场主体，助力电商产业高质量发展。九是举办直播电商消费活动，持续打造"网上年货节""双品网购节""新电商文化节"等品牌活动，通过直播电商等新业态新模式，进一步激发消费潜能。

4. 支持个体工商户升级为企业，扩大民营经济规模

温州 2023 年具体目标如下：一是新增"个转企"3000 户；二是入库培育"名特优新"个体工商户 1950 家；三是省级监测点每季度走访个体工商户 1.5 万户；四是到 2025 年，市场经营主体突破 150 万户。

温州制定的七方面做法如下。一是制定《温州市促进个体工商户高质量发展的若干举措》等文件，积极沟通省市场监管局，及时了解《浙江省支持个体工商户转型升级为企业工作的实施意见》出台情况，跟进出台温州本地贯彻落实举措。二是简化许可手续，个体工商户转型升级为企业且投资主体不变的，全市域内可以采取"直接变更"方式办理登记。三是落实全程电子化登记平台"个转企"业务功能应用。四是率全省之先推行初创企业免费基础代理记账服务，落实"个转企"三年免费基础代理记账服务，提高个体工商户转型升级意愿，降低企业运营性成本，助力企业做大做强。五是梳理建立个体工商户"三型四类"名录库，发动各县（市、区）开展个体工商户分型分类培育，推动各地结合产业特色研究制定专项扶持政策，在专项资金、特色政策、金融支持等方面帮扶"名特优新"个体工商户。六是应用"个体工商户服务在线"系统，提供法律咨询、供需对接、用工招聘、创业培训、金融支持、权益保护等服务。七是加快建立个体工商户发展状况监测分析体系，畅通部门数据采集通道，确立3个省级监测分析联络点，每季度上门走访个体工商户，形成个体经济发展分析报告。

5. 支持企业加大技改投资，助力企业转型升级

温州相应目标涉及两方面：一是实施600项省重点技改项目，2023年完成技改项目投资130亿元和新增工业机器人1500台，技改投资增速达12%以上；二是建立市县联动的资金预兑付机制，督促各地加快资金兑付，2023年底前省级技改项目资金拨付率超80%。

温州具体举措有三方面。一是推动企业技改升级。市级财政加大对企业技术改造支持力度，鼓励县级同步强化配套，推进企业高端化、智能化、绿色化改造；加强技术改造分类指导，推广"零土地"智能化技改典型经验；组织智能化技改系列培训，入企开展技改诊断服务。二是加强技改宣传引导。开展技改补助政策宣传解读，鼓励县级同步强化政策配套，推进技改项目补助加快兑现。三是积极兑现技改奖补政策。每季度开展省级技改项目补助资金兑付情况督查通报，掌握各地预拨付政策实施情况和成效，向资金拨付进度滞后的县（市、区）发工作提示单。

6. 强化中小企业数字化改造支持，助力企业数字化建设

温州四个方面目标如下。一是2023年底，新增省级中小企业数字化改造试点县（市、区）1个以上。二是到2023年底，新增省级产业数字化服务商10家以上。三是到2023年底，积极筹备国家中小企业数字化转型城市试点申报工作。四是到2025年，数字经济增加值占GDP比重达65%，其中数字经济核心产业增加值占GDP比重达10%左右。

相应的，温州制定了四方面具体落实举措。一是加强企业数字化

改造培育。指导鹿城、龙湾、瓯海、平阳、龙港等第二批省级试点培育地区，加快实施中小企业数字化改造，争取省级试点。二是推进数字化平台建设。依托国际云软件谷、中国（温州）数安港等重点平台，加强产业数字化服务商的招引培育，对标遴选一批省级产业数字化服务商培育对象；积极支持现有省级产业数字化服务商提升服务能力，争取打造国家中小企业数字化转型试点服务平台。三是编制国家中小企业数字化转型试点城市实施方案，紧盯 2024 年申报动态，争取成功入选。四是推进产业数字化"三个全覆盖"工作，提升规上企业数字化改造覆盖率。

7. 构建完善优质企业梯度培育体系，突出区分度与重点

温州的对应目标如下。一是到 2025 年底，基本构建形成优质企业梯度培育体系，推动实现优质企业数量合理增长和质量有效提升，累计培育创新型中小企业 5000 家、省级专精特新中小企业 1500 家、国家级专精特新"小巨人"企业超过 150 家。二是 2023 年创建专精特新产业园试点园区 1 家以上。三是根据省专精特新专班建设工作要求，鼓励引导温州市优质专精特新企业入板。

（五）优氛围、增服务

温州将持续优化民营经济的良好运营环境，提升政府服务民营企业的质量。重点在于：推动政务服务增值化改革，优化行政服务效率；创新优化监管执法方式，提高市场监管成效；完善社会信用激励约束机制，完善信用建设体系；完善拖欠账款和欠薪常态化预防清理机制，降低相应问题发生率；营造尊重民营经济创新创业的舆论环境，树立民营经济正面形象；建立健全"四个定期"调度评估工作机制，保障政策有效性。

1. 推动政务服务增值化改革，优化行政服务

温州主要目标有五方面。一是积极争取政务服务增值化改革省级试点，加快推动市本级和12个县（市、区）建设企业综合服务中心（专区）。二是按照"浙里办"建设规范和省级企业综合服务专区建设模式，加快建设具有温州特色的企业综合服务应用。三是积极争取电子营业执照集成应用国家试点和"企业码"省级试点，大力推动企业信息"一码通展"、企业事项"一码通办"、企业服务"一码通达"。营商环境评价体系涉企事项应用场景数、应用率分别争取全省第一、全国前三。四是在省级涉企服务事项清单指导目录和"一类事"指导目录的基础上，结合温州产业实际和企业需求，推出更多特色服务事项和"一类事"服务场景。五是建立健全各项工作机制，确保企业服务中心发挥实效。

温州具体的落实措施如下。一是建强线下为企服务主阵地。总结温州湾新区试点经验，依托各地政务服务中心，强化涉企服务渠道、服务职能、服务资源、服务力量统筹整合，优化提升市民中心企业服务专区，加快打造县级企业综合服务中心，打造市县一体、高效运行的企业服务中心。二是做优线上综合服务主平台。市县两级分别探索建设具有地方特色的综合服务应用，推动企业办事的应用、网站、移动端等向本地企业综合服务专区整合，丰富服务场景、优化交互体验。三是推动"企业码"应用走在前列。以承接国家试点和入选全省营商环境"最佳实践案例"为契机，全面关联集成企业各类信息数据，加快完成营商环境评价体系内11个指标、15个事项和3个高频涉企事项应用场景搭建。四是拓展更多增值化服务领域。结合实际细化形成当地涉企服务共性事项清单，县（市、区）在此基础上梳理一批日常办件多、需求呼声高的地方特色事项，进一步拓展为企服务的广度和深度。五是打造一批"一类事"服务场景。大力推动省定"一类事"服务场景落地落实，持续深化企业投资项目促产"一件事"改革，谋划打造1~2个具有地方特色的"一类事"服务场景。六是完善一系列服务运行机制。聚焦市县企业综合服务中心高效运行、线上线下业务协同办理、政府企业有效互动、问题诉求闭环解决等方面，建立健全一系列工作机制，加快构建"企业出题、政府解题"的为企服务工作格局。

2. 创新优化监管执法方式，提高市场监管成效

温州的四方面主要目标如下。一是2023年，跨部门联合双随机监管实施率达30.5%以上，执法监管"一件事"拓展至75件以上。二是到2023年底，轻微违法不予处罚清单拓展到26个领域，基本实现行政裁量标准制度化、行为规范化、管理科学化。三是推广应用行政行为码，预防和减少随意上门、线下办案情况。四是高频行政执法事项裁量基准细化率达100%。

温州对应的六方面落实举措如下。一是推进"大综合一体化"执法监管。依托"大综合一体化"执法监管数字应用系统，统筹执法监管计划和任务，推行以部门联合双随机监管为主要方式的"综合查一次"联合执法机制，全面推行"双随机、一公开"监管模式；在全市范围部署开展为期6个月的低质量任务专项整治行动，落实每日监测预警、定期进度通报等制度；全面推行"综合查一次"，实施《温州市全面实施"综合查一次"联合执法机制工作方案》，在龙湾、瓯海两地率先开展"综合查一次"联合执法机制试点工作。二是深化执法监管"一件事"改革。聚焦群众关注热点、行业治理难点、中心工作重点、部门监管盲点，梳理多部门跨领域执法监管事项，梳理形成一批执法监管"一件事"，推进综合集成监管，提高执法监管效率。三是大力推广非现场监管方式。探索开展以部门协同远程监管、移动监管、预警防控等为特征的非现场监管，减少执法扰企扰民；做好非现场监管系统和"大综合一体化"执法监管数字应用的市级层面衔接，对贯通流转的线索进行100%闭环处置。四是全面推行涉企柔性执法。针对涉案违法企业，在守住底线的前提下，创新实施涉企柔性执法举措；梳理涉及842项行政处罚事项的"涉企依

法不予行政处罚事项目录"，持续推动清单扩容提质；强化涉企行为指导，助力企业合规经营；加强行政执法监督，保障执法规范公正。五是规范行政执法裁量权基准，指导市级有关业务主管部门配套制定行政裁量权基准，在浙江政务服务网、本地人民政府官网或本单位官网公示。六是利用省"大综合一体化"执法监管数字应用平台，大力推行行政行为码。

3. 完善社会信用激励约束机制，完善信用体系

温州力争把全市社会信用立法纳入2024年市人大立法预备审议项目，深化信用修复"一件事"改革，推广信用承诺制度，实施专项信用报告替代有无违法违规证明。具体举措如下。一是推动温州市社会信用立法，力争纳入2024年市人大立法预备审议项目。二是深化信用修复"一件事"改革，启动信用修复AI智能语音外呼服务，引导失信企业开展信用修复，推动国家企业信用信息公示系统和信用中国（浙江温州）网站实现信用修复结果共享互认，避免多头修复加重企业负担。三是在事前监管中全面推广信用承诺制度，在全市招投标代理领域推行事前"双承诺"制度，构建招标代理信用闭环管理体系。四是全面落实《专项信用报告替代有无违法违规证明实施方案》有关要求，2023年全面推广使用专项信用报告替代有无违法违规证明。

4. 完善拖欠账款和欠薪常态化预防清理机制，降低相应问题发生率

温州四方面目标如下。一是排查和掌握拖欠中小企业账款信息。二是及时交办拖欠案例，明确案件的清偿主体和督办责任单位。三是经核实未清偿且不存在分歧的逾期欠款，原则上在受理后30日内办结；有分歧欠款，推动加快协商解决或通过法律手段解决。四是开展督查工作，进一步发现拖欠线索，对瞒报、漏报、弄虚作假等情况进行通报，形成清欠工作完成情况报告。

温州具体措施如下。一是通过各级减负办主动排查、"帮企云"

和"96666"电话等渠道收集拖欠案件信息。二是建立拖欠台账，鉴定拖欠性质，明确案件内容、责任主体、清偿期限和督办责任单位。三是落实清理拖欠中小企业账款与根治欠薪联动机制，实时共享"浙江无欠薪"工作中发现的欠款和欠薪问题，推动企业在解决被拖欠账款时优先解决拖欠工资问题；人力社保部门在日常监管中发现因拖欠中小企业账款导致企业欠薪的，及时抄告经信部门联动处置。四是开展专项督查工作，督查内容包括是否建立相关工作机制和制度，拖欠信息是否按规定披露，有无瞒报、漏报、弄虚作假等情况以及拖欠案件是否按要求完成清偿和化解，对情节严重的政府、事业单位和国有企业进行通报。五是完善拖欠账款清理与审计、督查、巡视等制度的常态化对接机制，加大对拖欠民营企业账款的清理力度，重点清理机关、事业单位、国有企业拖欠中小企业账款；审计部门加强审计监督，定期对全市机关、事业单位、国有企业的应付账款予以审计，评估后及时清偿。六是严厉打击编造虚构事实，以讨薪名义采用极端手段讨要工程款或解决与用人单位其他经济纠纷，进而威胁政府、胁迫企业的违法行为。

5. 营造尊重民营经济创新创业的舆论环境，树立民营经济正面形象

温州具体目标为两方面，一是到2023年底，打造10个具有代表性的营造民营经济良好舆论环境典型案例；二是到2025年，营商环境优化提升的宣传工作体系更加完备。相应的落实举措包括五个方面。一是依托主流媒体建立常态化典型宣传工作机制，持续推出一批有影响力的栏目，加强对温州促进民营经济高质量发展意见、举措及典型案例的宣传推介。二是持续开展"温州实力民企百强"、"两个健康"龙虎榜等评选，对优秀企业家先进事迹进行系列宣传报道；开展"两个健康·激扬'四千精神'"、寻找温州民营经济"新"活力等专题采访宣传活动。三是针对民营企业的所急所盼所想，依托网络问政、电视问政等媒体监督栏目开展舆论监督报道。

四是健全民企负面舆情研判联动机制，加强宣传、网信、公安等部门的舆情信息联通对接和联动快反处置，及时指导、大力支持民企处置负面舆情。加强涉民企谣言线索发现落实查处，加大对相关谣言案件的打击处罚、平台整治和宣传力度。五是深入开展依法治网体系建设工作，健全完善互联网信息内容"分业分层监管、联合联动执法"工作机制。

6. 建立健全"四个定期"调度评估工作机制，保障政策有效性

温州主要目标是全年民间投资增速力争超过省平均水平。对应的五方面落实举措具体如下。一是加强《浙江省民营企业发展促进条例》《浙江省促进中小微企业发展条例》宣传贯彻落实，营造全社会支持民营经济发展浓厚氛围。二是加强民营经济统计监测，加快"民营经济健康发展评价指标体系"和"民营企业家健康成长评价指标体系"省标报批公示，力争将"两个健康"温州市地方标准上升为浙江省地方标准。三是完善专班工作机制，开展定期调度，对工作落实情况进行督查通报，工作落实不力、进展缓慢的予以通报批评、约谈提醒，推动各项工作落实落细；完善"集中攻关、集中审批"协调例会机制，定期梳理问题清单，及时协调解决重大项目建设、重大产业发展中存在的困难和问题。四是强化总结宣传，及时归纳总结好的经验做法，打造独具温州特色的标志性成果，高质量办好2023年温州民营企业家节暨"两个健康"经验交流会等活动，多渠道、多形式加强与全国12个"两个健康"推广试点城市的合作交流。

三　2023～2024温州民营经济健康发展的建设成效

合理的政策制定与坚决的政策落实是温州民营经济高质量发展的

坚实制度保障。2023~2024 年，温州民营经济得到了整体性推进与发展，在整体上做到了"五个持续"，同时，作为典型领域，在对外贸易和战略新兴产业上取得了卓越的建设成绩。

（一）总体性成效：践行"五个持续"，优化民营经济发展环境

温州靠民营经济起家、发家、立家，是中国民营经济的重要发祥地。相较于民营经济在我国经济发展中"56789"的特征，温州民营经济的贡献达到了"99999"，[①] 民营经济是温州最大的特色和优势。近年来，温州深入学习贯彻习近平总书记关于民营经济发展的重要论述，坚持"两个毫不动摇"，以新时代促进"两个健康"创新探索为主抓手，全力推动民营经济健康发展、高质量发展，获评 2023 年企业家幸福感最强市，"利企安企暖企"做法获李强总理批示，全市在册市场经营主体突破 140 万户，12 家温企上榜 2023"中国民营企业500 强"。

1. 坚持先行先试，持续擦亮"两个健康"金名片

自 2018 年新时代促进"两个健康"创新探索以来，温州始终把新时代促进"两个健康"作为推动民营经济发展壮大的主抓手，大胆探索、勇于突破。一是坚持思想理念先行。始终坚持"两个毫不动摇"，把推动民营经济健康发展、高质量发展作为重中之重，把新时代促进"两个健康"创新探索摆到前所未有的高度，市委全会专门做出相关决定，连续 5 年召开新春第一会，连续高规格举办"两个健康"论坛、民营企业家节等活动，在全市营造了对民营经济"高看一眼、厚爱三分"的浓厚氛围，形成了良好的声势和影响力。

[①] "99999"即民营企业数量占温州企业数的 99.5%，民营经济对 GDP 的贡献超过 90%，民营企业工业增加值占全市的 91.5%，民营企业从业人员占全市的92.9%，民营企业税收收入占全市的 90%。

二是坚持组织保障先行。自创建之初，就建立了市委书记领衔挂帅、53个成员单位合力共推、市政府副秘书长统筹协调、"一办九组"常态运转的组织架构，建立例会、工作流转、督查考核、信息通报和市县联席会议等五大制度，实现"清单谋划、落地实施、绩效评估、深化迭代"的项目闭环管理，并在全国率先全域抓促进"两个健康"，提供了坚实的组织基础和工作保障。三是坚持政策举措先行。每年围绕中央统战部和全国工商联确定的目标深入谋划，第一时间学习、部署、贯彻中央推出的民营经济发展改革支持举措，清单化、项目化、节点化抓推进见效。目前，温州已针对性实施224项改革举措，其中50项制度成果、75项改革举措在全国全省推广，形成"两个健康"评价指标体系。

2. 强化增值服务，持续打响"温暖营商"品牌

温州积极实施营商环境优化提升"一号改革工程"，推进政务服务增值化改革省级试点，推动营商环境从"便捷服务"向"增值服务"跃升。一是深化政务增值改革。率先设立市民中心企业综合服务中心，线下集中增值服务事项2512个，线上设置事项1818个，推进科创、法律等增值服务标准规范、模块设计、数据贯通"三统一"；配套出台129项管理制度，推行领导有约、局长服务日等机制，有力促进企服中心运行提质提效。全面推行企业投资项目促产"一件事"改革，打造企业投资项目集成服务体系，推动实现"拿地即开工""预验即试产""竣工即领证"，让企业"投资温州、办事无忧"，相关做法得到国务院通报表扬。推行全周期中介服务"一类事"改革，实现中介服务效率提升50%、费用下降30%以上。二是深化政企直通对接。紧扣企业所需所急所盼，升级构建"两个健康"直通车、"帮企云"平台等"六位一体"助企服务机制，推动涉企问题"一表通管"，每年累计破解涉企难题超万个。深入实施"两个健康"直通车，市县主要领导每月召开政企恳谈会，面对面听取企业家意见建议，让民营企业直通党政"一把手"。2023年以来，全市共举办"两个健康"直通车187期，参会企业1142家，收集交办问题846个。创新建立"两个中心"，在76个工业镇街设立企业服务中心，已累计受理企业诉求22947件，交办率100%、处置率100%、办结率98.5%；在五大传统产业行业协会设立企检服务中心，梳理用工、环保等2190项法律法规风险，为企业合规经营提供全周期体检服务。三是深化社会多元服务。发动民营企业、社会组织等第三方力量，让专业的团队做专业的事，推动社会化参与、一体化服务、集群化发展。比如，"万洋模式"打造集生产、生活、生态于一体的众创园区162个，为2万多家中小微企业提供增值式服务，走出民营企业服务赋能民营企业发展新路子。

3. 推动赋能发展，持续激发民营经济新动力

温州实施数字经济创新提质"一号发展工程"、"地瓜经济"提能升级"一号开放工程"，加快推动民营经济高质量发展。一是聚力创新驱动。实施创新发展首位战略，系统构建"一区一廊一会一室一集群"创新格局，推动全国首次民营企业科技创新立法，成功入选全国创新驱动发展示范市，近五年全社会研发经费投入年均增长13.6%，国家创新型城市排名进入前35%，相继落地67家高能级创新平台。特别是集全市之力打造中国（温州）数安港、中国眼谷等"一港五谷"新质生产力，建成大孵化器集群空间440万平方米、入驻项目5000多个、集聚人才超5万人，为全国各地的头部企业、行业领军企业来温州投资创业搭建平台。二是聚力产业转型。锚定培育两大万亿产业集群，一手抓传统产业"高位嫁接"，一手抓新兴产业"抢位成长"，2023年全市五大传统优势产业总产值超9000亿元，数字经济等五大新兴主导产业规上总产值超6500亿元，全市规上工业增加值增长9.4%，增速排名全省第3，占全省比重提升幅度全省最大，企业盈利面88.7%，居全省第1。特别是全力支持民营企业发展新能源产业，2023~2024年签约落地新能源项目总投资超4600亿元，金风、远景下线海上风电机组，瑞浦兰钧储能电池居全球行业前3、上市首日市值超400亿港元，动力电池上下游90%环节已布局或正落地。三是聚力扩大开放。深度融入长三角一体化和粤闽浙沿海城市群建设，纵深推进金丽温开放大通道建设，全力打造商贸服务型国家物流枢纽，有效拓宽民企国际贸易通道，提升全球资源配置能力。2023年，温州累计开通国际航空货运航线6条、近洋集装箱航线14条，温州机场旅客和货邮吞吐量分别达1168.8万人次和10.6万吨，温州港集装箱吞吐量突破130万标箱。

4. 深化要素改革，持续增强市场主体内生动能

要素市场化配置改革是解决经济结构性矛盾的主引擎，是实现民营经济高质量发展的有力保障。温州全力争取全国要素市场化配置综合试点，联动推进土地、能源、劳动力、资本、技术、数据、交通物流等七大要素改革，不断增强市场主体内生动力。一是优化土地配置方式。深化工业用地配置方式，继续推广弹性年期出让、先租后让、产业上楼等供地方式，综合治理闲置、低效用地，提高土地利用率和产出率。特别是聚焦企业用地难、程序繁、时间长的问题，创新推行"数据得地"机制，探索建立"工业用地数据得地365应用系统"，让数据说话，让关系靠边，实现企业从"跑腿要地"到"无感得地"。2023年完成对89家企业供地，面积达2283亩。二是实施融资畅通工程。借力创建中小微企业友好城市，持续推进"首贷户"、无还本续贷、应急转贷资金、农民（小微企业）资产授托代管融资等一系列金融服务实体举措，着力打造融资畅通工程升级版。针对科技型企业尤其是初创期企业缺抵押、盈利少、难授信的问题，首创"科创指数"融资模式，有效打通企业"科技资产—信用资本—信贷资金"的转化通道。目前，全市已向科技型企业授信822亿元，累计发放"科创指数贷"超505亿元。三是完善人才引育用留机制。推

动"5+5+N"产业与人才互动，推出"人才新政40条"3.0版，迭代升级"510+行动计划"，开展温州人才日等活动，打响"来温州·创未来"品牌，新引育两院院士、"鲲鹏"专家17人，新增20万大学生和技能人才。特别是通过"企业外来用工子女入学保障措施25条"，实现"父母一进厂，子女可入（转）学"，累计惠及6.13万名新居民学生。

5. 破除隐性壁垒，持续打造公平竞争市场环境

全面破除"玻璃门""旋转门""卷帘门"等隐性壁垒，促进市场主体公平竞争、和谐发展。一是鼓励民间投资。温州明确提出"三个不低于""七个不准"等政策措施，不断拓宽民间资本投资领域，确保民间投资项目占出让工业用地比重不低于70%、新增能耗支持民间投资项目的比重不低于80%，确保温州市重点产业发展基金、温州市科创基金、温州市国资创新基金投向民间投资项目比重达到70%以上。近年来，温州民间投资规模保持在每年2000亿元以上，占全社会投资比重约为60%。二是实行"非禁即入"。定期评估、排查、清理各类显性和隐性壁垒，全面实施市场准入负面清单制度，清单以外"非禁即入"，打开行业准入闸门，引民资潮水入渠。目前，温州社会力量办医、办文化、办体育改革均走在全国前列。特别是民资控股的杭温高铁项目，开创了重大基础设施建设与民资合作新模式；全国首个民营资本参股、总投资1200亿元的三澳核电项目正加快建设，走出了民间投资参与能源领域混改的新路径。三是强化公平竞争。开展落实平等对待内外资企业自查和政府采购名录库、资格库、备选库清理工作，持续清理招标采购领域违反统一市场建设的规定和做法。特别是在招投标领域，温州深入实施招投标专项整治十大行动，创新建立工程招投标"公优廉一体化"监管机制，打造"公平、择优、廉洁"的招标投标营商环境。

（二）典型领域成效之一：积极推动"八八战略"，对外贸易数量质量双升

2023年，温州按照"八八战略"① 擘画的宏伟蓝图，努力克服内外部复杂环境影响，全力扩内需促消费、稳外贸促开放，推动商务高质量发展取得新突破新成效。2023年，全市社会消费品零售总额同比增长7.9%，居全省第4位；全社会批发、零售、住宿、餐饮四大行业销售（营业）额分别同比增长12.9%、11.9%、13.9%、18.1%，增速分居全省第7、5、8、7位。货物贸易出口额2339.4亿元，同比下降6.5%；货物贸易进口额482.5亿元，同比增长9.1%，增速居全省第6位。

2023年，温州区域消费中心城市创建迈上新台阶。一是贸易回归带动明显。大力实施贸易回归"双千行动"，全市实现贸易回归销售额1640亿元，其中批发业回归销售额1583亿元。山姆会员超市等超亿元商贸项目落地推进，滨江万象城、瓯嘉汽车园等标志性商业项目相继建成开业。二是促消费活动丰富多彩。深入实施"十大百项"兴消费旺市场行动，全市累计举办促消费活动400余场，发放各类消费券近5亿元，撬动消费市场近120亿元。"浙里来消费·金秋购物节"首次在温州盛大举办，6个市集入选首批省级精品乡村市集，数量居全省首位。三是新型业态不断发展。获评省级电商产业基地2家，全市482个行政村荣获2023年度全国淘宝村荣誉称号，总量居全省第2位；锚定"新电商新风口新赛道"，创建省级直播电商基地3家，数量居全省第2位；获批省级示范类电商直播式"共富工坊"12家。

---

① "八八战略"指的是时任浙江省委书记习近平在省委十一届四次全会上，全面系统地阐释了浙江发展的八个优势，提出了指向未来的八项举措。

2023年，温州外贸稳规模、优结构，韧性进一步凸显。一是开辟新兴市场。2023年，累计组织1600余家外贸企业赴境外参加各类展会、商务活动180余场，共收获订单约18亿美元，在印尼、俄罗斯、南非等国举办自办展，持续开拓"一带一路"沿线、RCEP和金砖国家等海外新兴市场，全年对俄罗斯、墨西哥等新兴市场出口分别同比增长24.3%、8.0%。二是开拓新型业务。在出口方面，积极推动国家二手车出口试点落地见效，8家企业获批开展二手车出口业务。全年实现二手车出口3459辆，出口额达5.22亿元，有效助推新能源汽车成为外贸出口新增长点；新三样（电动载人汽车、锂电池、太阳能电池）累计出口额33.5亿元，同比增长80%。在进口方面，温州港危化品运输通道进一步开放，开展华峰新材料MDI进口业务；状元岙口岸实现西班牙火腿首单进口；获批"进口水泥检验采信管理"试点项目，并实现水泥首单进口；高质量举办第五届温州进口展，达成意向成交额2.8亿元。三是开放新版政策。按照最新要求，出台《关于进一步加快开放型经济发展的若干政策意见》《温州市人民政府办公室关于支持2023年外贸拓市场强基础稳增长的若干政策意见》等政策举措，取消出口与货值直接挂钩等政策条款，探索将市场采购贸易扶持政策纳入打造近洋航运中心政策框架体系。

围绕企业"走出去"全流程开展帮扶指导。建立全市年出口1000万美元以上重点外贸企业"白名单"制度，"一企一策""分片联系"为企业送政策、送服务、送信心，全年服务外贸企业超1000家。定期开展业务培训和交流，邀请海关、税务、外管等涉外部门参加包括开放环境优化大会、政策推介大会、商贸对接大会、产业对接大会等活动50多场，助推全市外贸发展保稳提质。联合市公安局、市外办、旅行社等，梳理"4+6"项服务举措，畅通企业、人员、产品出海渠道。强化贸易预警点建设，全市获评省级优秀外贸预警点4个，优秀数量居全省第1位。与温州大学合作成立温州市贸易救济研究院，成为全国首个地级市贸易救济研究智库。全年累计排查案件50例、企业1856家，其中涉案34家，涉案金额2354万美元。

（三）典型领域成效之二：积极拥抱新兴领域，战略新兴产业持续推进

战略新兴产业是民营经济实现自我突破、紧抓新兴机遇的重点。温州进行了四个方面的布局。

第一，聚焦顶层设计，构建完善产业体系。一是完善组织领导。深入实施产业链链长制"十个一"工作机制，市县联动、部门协同，形成上下贯通、联动高效的工作体系。二是强化联动布局。大力推进中国（温州）数安港、国际云软件谷、中国眼谷、基因药谷、中国（温州）新光谷、中国（温州）智能谷等"一港五谷"建设，形成战略新兴产业发展新增长点。三是健全政策体系。印发实施《关于加快战略性新兴产业发展的若干政策意见》《温州市推动新能源高质量发展若干政策》等系列政策文件，对战略新兴企业入库、产值提升等方面予以奖补支持，2020年以来已累计兑现资金超2亿元。

第二，聚焦项目攻坚，构筑坚实产业支撑。一是招大引强。全市组建500多人的驻外招商引资队伍，系统编制产业分布图、招商地图，按季度举办集中签约活动。二是增资扩产。坚持把服务本土优质企业增资扩产作为最有效的招商引资举措，在土地供给、能耗需求、资金支持等方面给予优先保障，更好推动本土企业裂变式发展。三是项目攻坚。全力打好重大项目建设、开工、前期准备三大攻坚战。比亚迪新能源动力电池、金风深远海上风电、伟明盛青锂电池材料、三澳核电一期等一批百亿级项目加快推进。四是要素支持。争取16个项目入选省重大产业项目库（实施类），居全省第2位，预计可获建设用地指标奖励3112亩。同时，温州争取产业发展领域中央预算内投资、国省奖补资金超5亿元。

第三，聚焦创新驱动，培育强劲发展动能。一是强化创新平台。形成"一区一廊一会一室一集群"创新格局，相继落地创新联合体以及国科温州研究院、浙大温州研究院等 59 家高能级创新平台，瑞浦兰钧、华峰、正泰、温州医科大学附属眼视光医院 4 家单位获批省级工程研究中心，数量居全省第 3 位（全市累计已获批省级工程研究中心 27 家、国家级工程研究中心 1 家）。二是加快数字赋能。持续加大企业智能化数字化改造扶持力度，着力打造分级梯度培育体系，目前全市 70%以上规上工业企业已实施智能化改造，建成智能工厂（数字化车间）74 家（个）。三是突出人才引育。出台史上力度最大的人才新政，获批全国首批青年发展型城市建设试点，吸引各类人才"来温州·创未来"，跻身全国最具人才吸引力城市百强榜第 27 位。

第四，聚焦集聚集群，推动形成进发格局。一方面是有效发挥平台集聚效应。重点做强温州海经区和温州湾新区两大龙头产业平台。其中，温州海经区主要锚定智能制造、现代海洋产业等主导产业，积极创建省级高能级战略平台；温州湾新区重点围绕新能源汽车电池及关联配件研发制造、低碳能源生产与储能等方向，积极创建新能源装备"万亩千亿"新产业平台。另一方面是快速发展产业全链条。创新"引进+本土"产业链集成推进模式，借助金风、瑞浦兰钧、正泰等链主企业，推动上下游和关联产业链集聚延伸，实现"落地一家引进一串"。

在相应布局安排之下，2023 年以来，温州市加快构建"5+5+N"① 产业发展格局，全力打造传统支柱产业、新兴主导产业两大万亿级产业集群。2023 年，五大战略新兴产业实现规上产值超 6500 亿元、规上工业产值 5381 亿元（其中新能源、数字经济、生命健康、

---

① 其中传统支柱产业以电气、鞋业、服装、汽车零部件、泵阀等五大产业为主，辅以塑包、眼镜等 N 个轻工产业和建筑业；新兴主导产业以新能源、数字经济、生命健康、智能装备、新材料等五大产业为基底，推动先进制造业与生产性服务业跨界融合。

智能装备、新材料分别实现规上工业产值 1511.4 亿元、1283.9 亿元、531.7 亿元、1312.6 亿元、741.4 亿元），带动温州战略新兴产业实现规上工业增加值 524.2 亿元，占全市的 32.6%，增长 8.1%，增速高于全省 1.8 个百分点。相应的，2023 年，温州民营经济在战略新兴产业中取得了如下五个方面的具体成效。

一是新能源产业。温州依托丰富的风能、太阳能等资源优势和电气等产业基础优势，建立"清洁能源+储能+智能电网+新能源汽车"的绿色低碳新能源产业链，加快"核风光水蓄氢储"新能源全链条培育，布局形成温州湾新区储能电池、乐清智能电网、瑞安新能源汽车关键零部件、苍南核电及关联产业、海经区风光装备等生产基地，奋力打造全国新能源产能中心和应用示范城市。2023 年，温州新能源产业实现规上工业产值 1511.4 亿元，增速达 6.4%；规上工业增加值 330.7 亿元，增速达 11.7%。

二是数字经济产业。温州大力实施数字经济创新提质"一号发展工程"，提升数字产业能级。形成以温州东部数字经济发展走廊、数字产业发展双核心区、数字化产品和装备特色基地为主的"一廊双核多点"的产业空间布局，加快建设国际云软件谷生态平台、国际未来科技岛、中国数安港等十大重要平台。2023 年，温州数字经济产业实现规上工业产值 1283.9 亿元，增速为 4.9%；规上工业增加值 273.3 亿元，增速为 9.0%。

三是生命健康产业。温州结合科创体系建设导向和未来生命健康产业战略方向，形成"一核三带九板块"的空间布局："一核"即大罗山生命健康产业发展核，"三带"是在大罗山交会的健康智造和智慧医疗融合发展产业带、高端康养产业带和特色中药产业带，"九板块"是包括生物医药研发制造、眼健康、康养、特色中药种植加工等在内的九大功能板块。2023 年，温州生命健康产业实现规上工业产值 531.7 亿元，增速为 11.3%；规上增加值 134.4 亿元，增速为 10.7%。

四是智能装备产业。温州充分发挥浙南先进制造业基地基础优势，形成包装机械、印刷机械、食品制药机械、鞋服机械等传统特色装备规模集聚，激光加工装备（新光谷）、机器人、5G 通信设备、智慧家居等新兴装备加速发展的良好局面。2023 年，温州智能装备产业实现规上工业产值 1312.6 亿元，增速为 5.6%；规上工业增加值 298.3 亿元，增速为 7.9%。

五是新材料产业。温州加快推动传统材料转型升级和新产业需求适配，布局建设瑞安高分子材料、乐清电子电气新材料、温州湾新区高端金属和新能源电池新材料、洞头大小门临港石化、平阳塑包新材料、龙港印刷新材料等新材料特色生产基地，基本形成以先进高分子材料、新能源材料、高端金属材料为主导，其他新材料为特色的较为完整的新材料产业体系。2023 年，温州新材料产业实现规上工业产值 741.4 亿元，增速为 3.5%，规上增加值 135.6 亿元，增速为 9.9%。

四　温州民营经济未来发展方向

未来，温州需要坚定不移扛起改革探索"先行者"大旗，努力在支持民营经济发展壮大方面继续先行先试、创新突破，为全国民营经济高质量发展提供更多样板，全力打响"民营经济看温州"品牌。

一是强化思想认识，坚定政策层面的积极落实。温州要进一步打造民营经济发展"好生态"。落实落细全国民营经济 31 条、全省 32 条，持续深化新时代"两个健康"创新探索，大力实施营商环境"一号改革工程"，围绕企业全生命周期，提供更优政务服务、政策服务、要素服务、人才服务，全力打造全国民营经济创新发展示范区。

二是摸清市场规律，优化行业层面的创新氛围。社会主义市场经济是大的根本与前提，而地区差异性是客观存在的，温州只有摸清市场规律才能提升政策的有效性与合理性，进一步激活民营经济发展"动力源"。同时，企业创新与时代发展息息相关，温州需要深入实施创新驱动首位战略，聚焦数字经济、生命健康、新能源、新材料等战略性新兴产业和未来产业，加快培育一批专精特新企业和制造业单项冠军，拉长产业链、补强创新链、提升价值链，不断增强温州民营经济的核心竞争力。

三是勇于推陈出新，推动政策层面的持续优化。政策的好与坏需要紧密结合具体情况评价，所谓"好"是在合适的节点帮助民营企业低成本解决问题。没有一成不变的政策，温州要进一步推动民营经济发展取得新突破，就要勇于在政策布局上推陈出新：加快构建民营经济高质量发展创新支持、要素保障、成长激励、权益保护、环境支持、工作保障的政策体系，着力破解当前制约民营经济发展的突出问题，不断提炼和总结温州民营经济发展的新探索、新实践、新经验，努力成为展示中国、浙江民营经济改革发展成效的"重要窗口"。

四是敢于把握新机遇，进一步推动战略新兴产业发展。战略新兴产业的背后一方面是快速迭代的技术变革，另一方面是大量创新创业投资机遇的出现。但是，诸多领域的投资布局窗口期并不长。这对政策的灵活性与有效性提出了要求，既要善于挖掘新业态的演化推进方向，又必须及时为创新活动提供合理支持。基于此，温州在政策设计上要强化对战略新兴产业的关注与重视，提升监管政策的包容审慎度，强化扶持政策的灵活度与可操作性，以此助推温州民营经济，不仅能抓住新机遇，更帮助温州民营企业成为相应行业新的破局者与领导者。

五是发挥政策实效，完善政策有效性的评价机制。在政策实施的过程中，能否更好地评价政策的有效性，关系到政策能否真正有助于优化民营企业营商环境。单一的评价标准和过短的评价期限，都对政策真正发挥作用是不利的，不仅不利于多元化市场主体的多维度发展，还可能导致政策实施过于短视，给政策落实部门和企业都带来较重的负担，并可能产生不必要的行政资源浪费。为避免类似情况的发生，温州可以进一步完善政策的评价机制与体系，考虑更为多元多角度的长期评价方式，并给予市场和企业更多的耐心，切实发挥政策的应有作用，让民营企业得到充分的支持。

B.3

2023~2024年温州民营企业家
健康成长分析

欧阳耀福*

摘　要： 自2018年创新探索新时代促进"两个健康"以来，温州为促进民营企业家健康成长，先行先试，率先探索实践提高民营企业家社会地位、保障民营企业家财产和经营安全、优化政商关系、建设中国特色一流商会、引导民营企业家助力共同富裕等一系列创新举措，取得了显著的积极成效。在延续这些有益探索的基础上，2023~2024年温州继续改革创新，探索全面构建亲清政商关系，依法保护民营企业产权和企业家权益，引导民企守法合规经营，培育弘扬企业家精神。这些举措促进民营企业家健康成长又上一个台阶，在优化政商关系、保护民营企业产权和企业家权益、引导民企守法合规经营、激发市场主体活力方面均发挥了积极作用。温州的探索实践也为全国其他地区促进民营企业健康成长提供了有益的启示和参考，包括因人施策，加强民营企业家梯队建设；"建平台、促改革"，依法保护民营企业产权和企业家权益；"畅渠道、办实事"，持续推进亲清政商关系正循环；充分利用数字化技术助力"两个健康"建设。与此同时，温州进一步促进民营企业家健康成长仍有一些需要探索努力的方向，主要包括持续构建亲清政商关系、加强平等对待民营企业、引导企业家拓展国际视野。

---

* 欧阳耀福，中国社会科学院经济研究所副研究员，主要研究方向为应用产业组织理论、数字经济。

关键词： 民营企业家　政商关系　企业产权　企业家权益　守法合规

一　引言

"非公有制经济要健康发展，前提是非公有制经济人士要健康成长。"以习近平同志为核心的党中央高度重视发挥非公有制经济人士的重要积极作用。2023 年 7 月，中共中央、国务院发布《关于促进民营经济发展壮大的意见》，明确支持民营经济发展壮大，强调"民营经济是推进中国式现代化的生力军，是高质量发展的重要基础，是推动我国全面建成社会主义现代化强国、实现第二个百年奋斗目标的重要力量"。而且，该意见针对民营企业家健康成长，提出"全面贯彻信任、团结、服务、引导、教育的方针，用务实举措稳定人心、鼓舞人心、凝聚人心，引导民营经济人士弘扬企业家精神"。近年来，世界百年未有之大变局加速演进，逆全球化思潮抬头，局部冲突和动荡频发。在这一复杂多变的国际背景下，促进民营企业家健康成长，促进民营经济发展壮大，与时俱进，不断创新，续写新时代温州创新创业史，意义重大。

2018 年，温州开始创新探索新时代促进"两个健康"。2018～2022 年，温州为促进民营企业家健康成长，先行先试，率先探索实践提高民营企业家社会地位、保障民营企业家财产和经营安全、优化政商关系、建设中国特色一流商会、引导民营企业家助力共同富裕等一系列创新举措，形成了一批制度成果，取得了显著的积极成效。在延续这些有益探索的基础上，2023～2024 年温州全面贯彻习近平总书记关于企业家精神和健康成长方面的重要论述精神，深化对促进民营企业家成长的认识，进一步探索促进民营企业家健康成长的举措和制度。一是培育弘扬企业家精神，加强对优秀企业家先进事迹、突出贡献的宣传报道和荣誉激励，营造尊重民营经济创新创业的舆论环境；积极探索新生代企业家培育模式，深化温商"青蓝接力"计划，实施"青蓝接力"2.0培养计划，持续引导民营企业家助力共同富裕。二是依法保护民营企业产权和企业家权益，首创知识产权保护联合执法中心，建立商业秘密保护联盟，建设"两个健康"法治研究中心，深化探索企业破产重整机制；深化信用修复"一件事"改革；开展涉外商事纠纷调处改革。三是全面构建亲清政商关系，建立常态化沟通联络渠道，畅通政商沟通渠道；迭代升级"三清单一承诺"机制，推动政商关系亲清正循环集成改革；持续开展"亲清护航"行动，建立健全全护航民营企业发展壮大常态化工作机制；统筹各类工作联络机制，减轻企业精力负担；化解温州民营企业历史遗留问题，开设镇街企业服务中心，为中小微企业提供"贴身"服务，着力打造"亲清商港·温州有度"政商关系品牌。

依托以上一系列促进企业家健康成长举措的实施，2023~2024年温州促进民营企业家健康成长又上一个台阶。优化政商关系、保护民营企业产权和企业家权益、引导民企守法合规经营、激发市场主体活力等措施，不仅有利于促进民营企业健康成长，还进一步优化了民营企业家健康成长的环境。温州的这些探索和举措不仅是前期有益探索的简单延续，更是进一步触及改革的深层次问题，例如如何处理企业历史遗留问题、如何推动企业破产重整、如何保护企业知识产权和商业秘密、如何促进民企守法经营，等等。这些举措和制度在优化政商关系、保护民营企业产权和企业家权益、促进企业守法合规、增强市场主体活力等方面发挥了重要积极作用，也为全国其他地区促进民营企业健康成长提供了有益的启示和参考，包括因人施策，加强民营企业家梯队建设；"建平台、促改革"，依法保护民营企业产权和企业家权益；"畅渠道、办实事"，持续推进亲清政商关系正循环；充分利用数字化技术助力"两个健康"建设。与此同时，温州进一步促进民营企业家健康成长仍有一些需要探索努力的方向，主要包括持续构建亲清政商关系、加强平等对待民营企业、引导企业家拓展国际视野等。

二 2023～2024年温州促进民营企业家健康成长的探索实践

2023～2024年，温州深化对促进民营企业家健康成长的认识，进一步探索促进民营企业家健康成长的举措和制度，主要从培育弘扬企业家精神、依法保护民营企业产权和企业家权益、全面构建亲清政商关系等三个方面入手。

（一）培育弘扬企业家精神

"市场的活力来自于人，特别是来自于企业家，来自于企业家精神。"改革开放初期，温州率先探索在社会主义体制下发展市场经济，探索出一条通过家庭工业和专业化市场的方式发展非农产业的道路，成就了著名的"温州模式"。温州民营企业家展现"走遍千山万水，想尽千方百计，说尽千言万语，吃尽千辛万苦"的"四千精神"。面临国内外深刻变化的发展环境，新一代信息技术革命和产业变革不断深化，温州在新时代促进"两个健康"创新探索中，把培育弘扬企业家精神作为促进民营企业家健康成长的重要内容。民营企业家之所以成为企业家就是因为其具备企业家精神。企业家精神是民营企业家不可或缺的特质。

为了培育弘扬企业家精神，温州此前创新推出一系列举措，包括举办"民营企业家节"，提高民营企业家社会地位，对民营企业家进行宣传引导，完善民营企业家培训体系，实施"青蓝接力"计划，解决民营企业家的代际传承问题，引导民营企业助力共同富裕。这些举措很好地激发了市场主体活力，形成了鼓励创新创业创造和尊商亲商安商的环境。为了进一步培育和弘扬企业家精神，2023~2024年温州深化改革创新，加强对优秀企业家先进事迹、突出贡献的宣传报道和荣誉激励，营造尊重民营经济创新创业的舆论环境；积极探索新生代企业家培育模式，深化温商"青蓝接力"计划；实施"青蓝接力"2.0培养计划；持续引导民营企业家助力共同富裕。

1. 积极探索新生代企业家培育模式

创新创业是改革开放以来温州发展社会主义市场经济的代名词。"敢为人先、特别能创业创新"是对温州人创新创业精神的真实写照。2002年，时任浙江省委书记习近平在温州调研时强调，创新是温州金字招牌的最大内涵，并希望温州能够续写创新史。因此，鼓励支持培育新一代温州人创新创业，续写创新史，是温州促进民营企业家健康成长的重要内容。

为此，温州探索促进高素质新生代企业家争相涌现。深入推进新生代企业家现代化能力提升计划，建立完善新生代企业家"千名人才库"，引进国内外优秀孵化器提升新生代创业质量，依托青年创新创业促进会、新生代企业家联谊会、青年企业家协会、世界温州人青年委员会等载体促进信息互通、实现资源共享、拓宽视野格局、激发创新动力，加速青年企业家高素质成长。不仅如此，温州各区（县、市）也竞相推出促进新生代企业家健康成长的举措，其中瓯海区推进"四有"新生代企业家队伍建设是一个典型案例。

习近平总书记强调："新一代民营企业家要继承和发扬老一辈人艰苦奋斗、敢闯敢干、聚焦实业、做精主业的精神，努力把企业做强做优。"温州瓯海区锚定"政治上有方向、经营上有本事、责任上有担当、文化上有内涵"的"四有"要求，为新生代企业家架起政治、事业、责任"三座桥梁"，大力推进"四有"新生代企业家队伍建设。

第一，扬旗帜、促团结，"三必三高"画好最大同心圆。一是入会必审起点高。建立严格的新企联入会审查机制，对申请对象进行精准画像，选好苗子、打好底子。目前会员平均年龄35.6岁，本科以上学历占79.43%，53.71%有留学经历，产值5000万元以上企业二代全覆盖。二是参政必推比重高。在"两代表一委员"推选和党员发展方面为新生代单列指标，建立"重要会议、重要活动、重要决策"新生代"三必邀"机制。如在"1+5+16"惠企政策修订中，新生代企业家提出的意见有27项被完全吸纳。三是党建必联标准高。按照"部门+新生代企业"一对一模式进行党建联盟结对帮扶，建立书记与新生代企业家面对面服务机制，区委书记与新生代企业家每季集中恳谈，每周走访3家新生代企业，2023年累计帮助解决难题213项。

第二，扬所长、促传承，"三配三强"培养最妥接班人。一是配好导师强能力。实施新生代企业家"151"培育工程，构建"50%理论学习+30%座谈沙龙+20%实践操作"的"五三二"教学体系，组建由本地老一辈企业家、中国科学院院士等大咖组成的导师团，由导师传帮带提升新生代企业家接班能力。二是配优学堂强定力。建立"父子同堂共学一课"机制，推出"青蓝接力"下午茶，增共识、去分歧，累计帮助15对父子解开心结，实现顺利接班。三是配准政策强动力。联合推出"数据得地""数据得贷"等助企举措，破解企业发展要素制约，帮助解决通用锁具、佰通防腐等企业用地难题。

第三，扬精神、促共富，"三同三共"塑造最美企业家。一是塑造同甘共苦的创业精神。创新"企二代交叉培养"机制，培育了一批从基层业务员、技术员干起的优秀新生代企业家；推出"八走进·助共富·双传承"机制，沉浸式、场景化传承"四千精神"。二是塑造同源共流的合作精神。建立行业联盟，做到订单共享、项目共投、原料共采。推出"股权激励"政策，引导伟明环保等企业实行全员持股改革，让员工共享企业发展红利。三是培养同建共富的慈善精神。创新慈善基金管理模式，成立新生代企业专属慈善基金。打造"彩虹公益""共富合伙人"等慈善品牌，公益捐款捐物3500余万元，资助158名学生圆"大学梦"，帮助450名农民实现增收。

2. 实施"青蓝接力"2.0培养计划

2016年以来，温州针对民营企业家的代际传承问题，率先推出温商"青蓝接力"行动，取得了显著的成果。2022~2023年，温州进一步完善"青蓝接力"行动的体制机制，市两办出台《深化"温商青蓝接力"促进新生代企业家健康成长的行动计划》，通过5个方面15条举措，从人才发现、成长环境、教育培养、平台保障等方面完善工作机制。2023~2024年，温州继续深化探索，引导民企有序传承交接，实施"青蓝头雁"培育计划，推进导师制、部门指导员等制度落实；实施新生代企业家"双传承"计划，深化"青蓝新学"模式，共建共享非公有制经济人士服务中心，依法推动实现企业法人财产与出资人个人或家族财产分离，明晰企业产权结构，加强职业经理人队伍建设，全面破解接班鸿沟和代际传承风险。其中，温州瑞安的探索具有典型意义。

近年来，随着瑞安第一代民营企业家退出历史舞台，瑞安民营企业迎来传承交接的高峰。瑞安市坚持聚焦"双传承"，在"青蓝接力"工作的基础上进行迭代升级，精准实施"青蓝接力"2.0培养计划，建立健全"青蓝定制"培育机制，激发创业创新活力，为实现瑞安市经济高质量发展提供坚强的后备企业家队伍保障。

第一，聚焦红色引领，唱响意识形态主旋律。发挥中国非公党建始源馆、瑞安国旗馆两个温州市级民营经济人士理想信念教育基地作用，结合理想信念教育活动，开展党史国史和世情国情教育累计30场次，参与新生代企业家500余人次。组织青年企业家参加"红色接力·寻根旅"系列活动；赴井冈山、山东临沂等红色基地接受革命传统洗礼，传承红色基因。组建民营企业家宣讲团，通过"老一辈民营企业家讲、讲给新生代企业家听"的形式，精心组织20多场专题宣讲，厚植新生代企业家创业创新红色土壤，坚定永远跟党走的信念。与《瑞安日报》合作，刊发瑞安青年企业家谈"四千精神"系列报道9期，选树先进典型，赓续企业家精神。

第二，打造培训项目，画好接力传承"同心圆"。准确把握青年企业家培训需求，实施高校培养"菁英工程"，建立与全国知名高校合作机制，与中国科技大学、深圳大学、上海交通大学等9所高校签订战略合作协议，紧密对接"青蓝计划"，每班次提供20~30个名额给新生代企业家，200余名新生代企业家赴高校充电。举办15期新生代企业家"德鲁克"管理系列特训班，成立瑞安"德友汇"，帮助新生代企业家系统学习管理经典，从经验管理走向科学管理。精心打造"19号思享沙龙"服务品牌，围绕智能制造、企业管理、团队建设、转型提升等内容，每月19日开展思想畅谈，加强新生代企业家间沟通交流。邀请华峰、力诺、通力等上市企业的企业家为青年企业家作5场上市讲座，激励青年企业家的创业热情和创新思维。

第三，提供创业帮扶，助力年轻一代"挑大梁"。建立"老带青"创业辅导机制，邀请瑞安资深、权威的老一辈民营企业家组建创业导师团，筛选176名新生代企业家加入培育对象人才库，与瑞安市杰出的43位资深企业家导师结对，每年开展4次互访交流。开展走进名企"互看互学"活动，零距离接触华为、比亚迪、阿里巴巴、正泰、奥康等10余家领军企业，解密名企发展密码。联合财政、税务、人社、金融等部门组建政策顾问团，以政策顾问团的形式，为青年企业家提供政策解读、案例分析等服务。探索创新青年企业家金融服务，推广"青"字号金融产品，联合农商行推出创业贴息贷款、8090成长贷等金融产品，建立优先调查、优先授信、优先放贷的

"创业绿色通道"，为新生代企业家创业提供资金支持。

3. 持续引导民营企业家助力共同富裕

党的二十大报告指出，中国式现代化是全体人民共同富裕的现代化。共同富裕是中国特色社会主义的本质要求。改革开放初期，我国提出，允许一部分人和一部分地区先富起来，先富带后富实现共同富裕。民营企业和民营企业家是促进共同富裕的重要力量。2023年3月6日，习近平总书记在看望参加全国政协十四届一次会议的民建、工商联界委员时强调："民营企业家要增强家国情怀，自觉践行以人民为中心的发展思想，增强先富带后富、促进共同富裕的责任感和使命感。"因此，助力共同富裕也是促进民营企业家健康成长的重要内容。针对此，温州积极贯彻党的二十大和习近平总书记的重要讲话精神，在2022年出台了系统的体制安排，引导民营企业家助力共同富裕。2023~204年，温州继续探索对民营企业家的引导，增强民营企业家家国情怀，自觉践行以人民为中心的发展思想，增强先富带后富、促进共同富裕的责任感和使命感，从而推动民营企业和民营企业家践行社会责任，促进共同富裕。

第一，引导民企富而有责，践行社会责任。健全民营企业履行社会责任评价机制，建立助力共同富裕榜样民企认定制度，鼓励引导企业积极参与碳达峰碳中和、公益慈善和光彩事业等。坚持慈善自愿原则，规范捐赠方式，推动落实公益性捐赠税收优惠政策。鼓励支持民营企业投身公共文化事业，丰富人民精神生活。

第二，引导民企富而有义，探索打造企业和员工共同体。研究制定温州民营企业党委会议事协调机制以及职工代表大会制度建设指引，激励企业建立以职代会为基本形式的企业民主管理制度。扎实开展新时代和谐劳动关系创建，引导上市公司和高新技术企业、科技服务型企业等开展员工持股或股权激励试点，加强劳动争议调处化解中心规范化建设，打造企业与职工的利益共同体、事业共同体、命运共同体。

第三，引导民企富而有爱，打造"善行天下"温商慈善品牌。探索温商参与公益事业的新机制，组织民营企业积极参与对口支援帮扶、中小企业公益服务、志愿服务关爱等行动。建立健全温商捐助新时代美丽乡村建设机制，重点捐助农村公益设施和公共服务产品项目。支持有条件的民营企业和企业家依法设立基金会或在慈善组织中设立专项基金，积极探索慈善信托制度创新和产品创新。

第四，引导民企富而思进，实施"温商促进共富"工程。积极探索先富带后富有效模式路径，扎实开展异地温州商会结对温州山区5县"5050"促进共富计划、乡村振兴"百会千企兴百村"行动等，深入推进瓯江红"共富工坊"、产业项目利益联结机制、农业产业化联合体、精品民宿群落等建设，支持海外温商乡贤回归，打好"侨"字牌，积极发展"侨家乐"、欧洲风情民宿和乡野咖啡等华侨特色产业，助力农民增收、企业增效、集体增富。鼓励开发区（园区）组织园区企业开展"暖心送岗"活动，定向招聘本地大龄劳动者、就业困难人员、残疾人、登记失业人员、未就业毕业生等重点群体，打造新时代企业和当地共同发展的命运共同体。

4. 营造尊重民营经济创新创业的舆论环境

良好的舆论环境是民营经济创新创业的重要基础。2023年7月，中共中央、国务院发布的《关于促进民营经济发展壮大的意见》要求，"持续营造关心促进民营经济发展壮大社会氛围。引导和支持民营经济履行社会责任，展现良好形象，更好与舆论互动，营造正确认识、充分尊重、积极关心民营经济的良好社会氛围"。为此，温州在促进民营企业家健康成长的过程中，探索营造尊重民营经济创新创业的舆论环境。

一是赓续"四千精神"，塑造新时代温商群像。组织编撰温州民营经济发展史等系列专著，提升温州民营经济博物馆，建设"四千精神"陈列馆，加强温州传统历史工商业文化遗产保护利用，全图景展示民营企业发展历程，擦亮"四千精神"萌发地金名片。创办温州民营企业家研修院，传承、弘扬、践行企业家精神和"四千精神"，与时俱进注入爱国敬业、诚信守法、创业创新、社会责任、国际视野等时代内涵（走遍千山万水开放图强，想尽千方百计改革创新，说尽千言万语凝心聚力，吃尽千辛万苦成就大业），持续激发温商敢为人先、敢闯敢拼基因，激发企业敢干勇闯善成的创新活力和创富潜能。

二是依托主流媒体建立常态化典型宣传工作机制，持续推出一批有影响力的栏目，加强对温州促进民营经济高质量发展意见、举措及典型案例的宣传推介。紧扣"服务大局、提振信心、展示气象"主题，加强对优秀企业家先进事迹、突出贡献的宣传报道和荣誉激励，进一步讲好温州创业创新故事。建好民营企业家健康成长促进中心，办好"民营企业家节"，持续擦亮"温商永远跟党走"品牌。

三是持续开展"温州实力民企百强"、"两个健康"龙虎榜等评选，对优秀企业家先进事迹进行系列宣传报道；开展"两个健康·激扬'四千精神'"、寻找温州民营经济"新"活力等专题采访宣传活动，讲述民营企业家主动作为和健康成长好故事。

四是针对民营企业的所急所盼所想，依托网络问政、电视问政等媒体监督栏目开展舆论监督报道。颁发优秀民营企业家"温商服务卡"（瓯越卡），为持卡人提供系列优待服务，真正让民营企业家"社会上有礼遇、生活上有待遇"。扎实推进全国青年发展型城市建设试点，办好人才服务"十件实事"，构建城市与青年共成长十大场景。

五是提升民企依法科学应对舆情的意识和能力，加强宣传、网信、公安等部门的舆情信息联通对接和联动配合处置，及时指导民企有效应对和处置舆情风险，依法保护民企合法权益。加大相关谣言案件的打击处罚、平台整治和宣传力度。加强网络正能量传播力、引导力培育，切实纠正不实信息、消除负面影响、防范化解风险。

六是深入开展依法治网体系建设工作，健全完善互联网信息内容"分业分层监管、联合联动执法"工作机制。开展清朗系列涉网专项行动，建立健全舆情研判联动、引导疏导、维权处置等机制。

（二）依法保护民营企业产权和企业家权益

依法保护民营企业产权和企业家权益是发展壮大民营经济、促进民营企业健康成长的重要内容。2020 年 7 月，习近平总书记在企业家座谈会上指出："要依法保护企业家合法权益，加强产权和知识产权保护，形成长期稳定发展预期，鼓励创新、宽容失败，营造激励企业家干事创业的浓厚氛围。"党的二十大报告提出："优化民营企业发展环境，依法保护民营企业产权和企业家权益，促进民营经济发展壮大。"2023 年 7 月发布的《中共中央、国务院关于促进民营经济发展壮大的意见》再次强调，强化民营经济发展法治保障，依法保护民营企业产权和企业家权益，构建民营企业源头防范和治理腐败的体制机制，持续完善知识产权保护体系，完善监管执法体系，健全涉企收费长效监管机制。保护民营企业产权和企业家权益是民营企业家的重点关注内容，对于稳定民营企业家发展预期、提升民营企业家发展信心，十分关键。

此前，温州在新时代促进"两个健康"创新探索中，已经探索了一批保护民营企业家人身和财产安全的举措，包括开展全国收益"个人破产"制度试点；创新企业家紧急事态应对制度和重大涉企案件报告制度；全面推行涉企柔性执法，对轻微违规"首次不罚"等。这些举措对于增强民营企业家信心，稳定预期，释放民营企业发展活力，具有积极作用。2023~2024 年，温州继续在保护民营企业产权和企业家权益方面发力，首创知识产权保护联合执法中心，建立商业秘密保护联盟，深化探索企业破产重整机制，深化信用修复"一件事"改革，开展涉外商事纠纷调处改革。

1. 首创知识产权保护联合执法中心

针对知识产权保护侦查打击难、部门协同难、企业服务难等现实需求，温州首创成立温州市知识产权保护联合执法中心，推出联合执法中心"1+N"亲联警务举措，构建"打击+联动+服务"三级联动模式，打造全市知识产权保护的"联盟共同体"，搭建知识产权"大保护、快保护、同保护、智保护、严保护"工作格局。

第一，知识产权保护联合执法中心开展实体化运行。制定出台中心实体运行方案，市县两级联合执法中心进行实体运行，其他成员单位按照不同模式入驻，开展交流合作、情报会商、联合执法等工作，优化"两法衔接"机制。在空港小微园、省电气协会、市汽摩配协会等建立多个知识产权警企服务站点，在龙湾、平阳建立知识产权警官工作室，实现多层级、全覆盖、立体式保护。

第二，构建数改下知识产权刑事保护场景。牵头开发知识产权刑事保护"知鹰"平台，通过"一舱三端五场景"[①] 的场景建设，集成侦查打击、部门协同、服务企业功能。以企业服务端为例，建设企业知识产权刑事保护服务浙里办应用端，实现集侵权受理、咨询服务、普法宣传、快速维权于一体。推出企业商业秘密智慧保护服务，指导企业开展风险体检、涉密人员健康等级评定等工作。

第三，发布知识产权（商业秘密）易受侵害重点企业保护名录。建立以三大科创高地、高新制造业、重点引资项目、本地驰名品牌为重点的温商企业知识产权保护重点名录，筛选确定全市易受知识产权犯罪侵害企业共210家，建立知识产权警务快速联络机制，制定知识

---

① "一舱三板块"中，"一舱"指数字驾驶舱，"三端"指侦查打击端、企业保护端、部门协同端，"五场景"指数据智能获取、类案模型探建、侦查执法指引、部门执法协同、企业服务保护等五个场景。

产权刑事保护指南，为企业知识产权刑事维权提供途径指引。

第四，推出知识产权（商业秘密）公安保护力指数。建设以知识产权打击成效、基础建设、社会满意度、追赃止损等因子构成的指数体系，实现动态精准感知。

第五，构建温企知识产权侵权线上快速打击机制。加强与阿里巴巴、腾讯等网络电商平台的合作。协助推进龙头企业入驻阿里电商保护联盟，并与温州知识产权快速维权中心等部门建立合作渠道，进一步提升企业维权成效。

第六，打造知识产权保护专业队伍。构建"走企警官团""知识产权刑事保护专业智库""知识产权保护警企联络员""办案人才库"，提高保护服务专业水平。

第七，开展知识产权（商业秘密）护企系列宣传活动。拍摄制作"亮剑护航亲清政商"宣传片、"解密食药侦"等微视频，定期召开新闻发布会，推广案件"一查两告"制度，定期开展风险预警推送，助力企业建立知识产权犯罪风险防范预警机制，推动形成全社会参与的知识产权协同治理格局。

第八，做强重大知识产权（商业秘密）案件联合执法协作机制。完善知识产权联合整治、联合督办、联合查办等内容，对重大疑难复杂知识产权犯罪案件实行联合督办，及时解决侦查、诉讼难题。联合多部门明确企业异地被侵权案件本地管辖保护意见，和异地温商建立常态化合作机制，保护涉外温商知识产权权益。

第九，培育县级联合执法分中心。在瓯海、龙湾、乐清、苍南、平阳等5地建成普法教育培训、警企共享、共享合作等特色功能分中心。

第十，推动建立商业秘密犯罪保护快捷通道。开通商业秘密保护热线，在浙里办上线"温知保"应用，推出健康指数查询、商秘体检等惠企功能，指导企业完善人防、物防、技防和制度防的相关措施。

2.建立商业秘密保护联盟

温州率先成立商业秘密保护联盟，该联盟的成立标志温州商业秘密保护从单打独斗走向协同作战，是温州落实全国商业秘密保护创新试点工作的举措之一。温州市商业秘密保护联盟以保护企业自主知识产权、服务企业创业创新为宗旨，助力保护企业商业秘密（核心知识产权），构建"三方共建、多元共护"的商业秘密保护工作新格局，激发企业在商业秘密保护工作中的主动性、创造性，助力企业高质量发展。

第一，突出平台打造，搭建共建共治桥梁纽带。充分发挥联盟在商业秘密保护中联通政府和企业的桥梁纽带作用，通过搭建平台，畅通渠道，加强沟通交流，践行服务职能。打造专家智库平台。助力组建多领域、高层次、高水平的商业秘密保护智库平台，鼓励知识产权专家、高等院校法学教授、知名律师以及各行业领域专家学者积极参与，在创新试点工作中提供专家咨询服务。目前温州市商业秘密领域专家人才库已有51人。打造交流宣传平台。联盟开通微信公众号，对商业秘密保护知识及活动进行宣传；同时举办商业秘密保护专题论坛，有效促进政府、企业、第三方机构联动。

第二，首创问诊服务，为企业精准把脉开方。在市场监管部门的指导下，联盟创新推出企业商业秘密保护"诊断体检"，深入企业内部，进行现场调研走访，帮助企业寻找商业秘密保护中的问题，从制度管理、硬件措施、信息安全、人员管理、维权方式等方面逐项把关，进行商业秘密保护水平评估，发出预警风险报告，同时给出商业秘密保护建议，从而形成一套规范操作流程，并以"诊断书"的形式撰写企业商业秘密保护状况报告，以此引导企业完善商业秘密保护制度，提高企业维权和风险防范能力。

第三，聚焦宣传培训，提高商业秘密保护意识。多途径、多形式地宣传商业秘密保护知识、法律法规和典型案例，普及商业秘密知识，营造商业秘密保护的良好舆论氛围，树立联盟在知识产权保护中创新发展的优秀形象。聚焦新一代电气技术、生物医药、新材料等领域商业秘密保护突出问题，帮助企业建立健全自我保护和纠纷防范制度机制，实现企业从被动维权向事前主动预防转变。如联盟走进中国眼谷、温州光电子产业园，特别是一些专精特新企业如浙江振特电气公司等企业进行商业秘密保护培训。联盟借助"商业秘密保护助企服务行"主题活动，深入企业服务，指导完善保护机制，受到企业一致好评。

3. 深化探索破产重整机制

破产重整制度具有债务清理和企业拯救的双重功能。实施破产制度是清理企业债务、实施企业救治的需要，也是补充市场主体退出机制、完善社会主义市场经济体制的需要，更是解决"执行难"问题，从而优化法治化营商环境的需要。破产重整的现实难点在于既要真正帮助企业摆脱困境、焕发新生，又要平衡好债权人、债务人、投资人、股东等各方的合法利益，实现多方共赢。针对此，温州主动发挥司法职能，积极开展破产重整司法保护，探索出一整套破产重组的机制和举措，帮助企业走出困境，从而更好地保护企业产权和企业家权益，助推法治化营商环境建设。

第一，府院联动打破企业重整困局。一是行政机关先行引导。立足有重整需求企业（以中小制造业企业为主）的实际，首先由行政机关对其进行审查并引导启动预重整程序，根据不同企业的规模、产业性质、风险程度等，推动属地党委和政府牵头组建工作专班，通过府院联动机制，有效引入行政力量补齐司法短板，切实提高重整成功率。二是属地政府规范参与。由属地政府参照《企业破产法》的规定，在征求债务人和主要债权人意见的基础上，科学确定破产管理人。以浙江瑞集电子科技有限公司预重整案为例，政府邀请全省管理人名册中温州中院辖区的中介机构报名竞争，并成立由管辖法院、处置办、属地街镇、主要债权人、债务人等组成的预重整管理人评审小组。三是前后程序有序衔接。创新建立预表决机制，预重整管理人可依据预重整方案拟定重整计划草案，内容基本一致的，债权人对预重整方案的同意视为对重整计划草案表决的同意。

第二，多措并举助推企业涅槃重生。一是对生产要素进行"松绑"。在重整程序中，尽可能推动破产不停产，最大限度维护企业资质、商誉、供应网络等无形资产及核心资产商业价值。二是对新旧动能进行"过滤"。在合并破产重整案中，通过"分离式处置资产"模式，将与企业核心业务相关资产作为重整范围的资产，再以公开竞价方式招募重整投资人。三是对有效资源进行"重装"。法院主动挖掘重整价值，积极引导管理人预先开展投资人招募工作。

第三，延伸服务切实化解重整难题。一是消除重整企业不良信用记录影响。出台全国首份涉及重整企业信用修复的地方性会议纪要，使得企业重整前所开立的基本户得以顺利撤销且后续可以重新开立，隔断银行征信系统中原失信记录，解决企业融资困难。二是缓解重整企业税费负担。针对实践中面临非正常户导致相关事务处理障碍、清税证明无法出具影响企业注销等问题，法院、税务部门联合出台三份会议纪要，建立破产重整纳税评价机制，创新预征企业所得税退税机制，改变破产财产处置税费承担模式，明确税收债权的清偿顺位等。三是挽救诚信破产企业家。推动出台关于开展个人债务集中清理试点工作、创设公职管理人制度的府院联席会议纪要等文件，解决金融协调、费用保障、信用修复、防范逃废债等一系列个债清理程序衍生的难点问题，帮助诚信破产企业家获得重生。创设公职管理人制度，合理运用公共法律服务资源，以低成本方案解决破产管理人履职问题。

4.深化信用修复"一件事"改革

信用修复可以激活市场活力。然而，因上层平台建设问题，行政处罚信息信用修复在"国家企业信用信息公示系统"和"信用温州"两个系统间未实现信息互联和审批联办。针对同一个失信记录，企业需多次提交、分别修复，加之信用修复办理过程中部门对接难、办理时间长，导致企业主动修复积极性不足，不能很好发挥信用修复推动企业自新、释放活力的积极效应。针对这一问题，温州探索推动社会信用立法，深化信用修复"一件事"改革。

第一，立足问题导向、聚焦数智赋能，整合两个平台和处罚部门相关职能及数据，重塑机制、重组流程、重造程序，形成前中后端全流程信用修复制度改革方案。一是前端智能提醒，精准引导主动修复。将信用修复服务向前端延伸，开发 AI 智能语音外呼服务，精确筛选符合修复条件的主体对象，由 AI 语音机器人自动呼号，提醒企业关注失信记录，智能解答有关修复路径、申请材料等问题。建立信用修复联合服务机制，形成市县所三级服务网络，开通咨询服务专窗专线，积极引导企业及时纠正失信行为。二是中端平台搭建，全程线上"一网通办"。梳理全市行政执法部门和信息公示平台相关职能，整合修复申请、部门确认、平台审核等环节，开发信用修复全流程网上办理模块，搭建贯通全市 38 个部门和 14 个县（市、区）的信用修复联办平台。三是后端数据流转，修复结果一键互认。在全省率先签署信用联合修复备忘录，联合印发修复结果互认指导意见，建立"通用+专业"修复标准体系，行业领域有信用修复专门规定的采用专业标准，没有专门规定的采用通用标准，有效解决因标准不一阻碍平台间结果互认的问题，以机制建设突破"信用温州"和"国家企业信用信息公示系统"数据壁垒，切实帮助企业解决同一处罚信息两处申请、多头修复的难题。

第二，依托数字化系统和智能 AI 应用，推动修复流程更透明、修复材料更精简、修复效率更高，深化完善信用修复机制。一是"一网通办"，企业实现诉求更便捷。搭建线上办理系统，使修复流程更透明、修复材料更精简、修复效率更快捷，经测算，压缩办理时长60%以上。通过信用修复"一件事"线上改革，企业办理信用修复只需在线提交一份申请材料，修复流程在部门间无缝对接，由数据代跑破除企业多头跑，大大降低企业修复信用的制度性成本。二是信用重塑，企业健康发展更持续。随着经济社会的发展，信用成为现代企业的重要生产要素之一，一旦出现不良信用记录，将严重影响企业参与招投标、贷款融资。通过主动提醒，让符合条件的企业及时纠正失信行为，有效解除失信约束的紧箍咒，清除在评先评优、政府采购、申请贷款中的准入障碍，创造更多市场交易机会，有效提升企业经营发展活力和动力。三是政企互动，社会信用提升更良性。企业的信用度从侧面反映出一座城市的信用水平，通过信用修复"一件事"改革，使企业能更及时知晓自身信用状况，更直观地获取信用重塑渠道，更便捷完成不良信用记录修复，有效激发企业信用重塑的积极性。

5. 开展涉外商事纠纷调处改革

2020年以来，温州瑞安聚焦涉外商事贸易风险防控和国际商事争端化解，建立"1+15+N"服务体系，探索形成立体式涉外商事纠纷调解机制，建立健全涉外商事风险防控制度，助力本地外贸企业防风险、降成本，为外贸企业提供高质量增值服务，促进外贸经济高质量发展。

第一，构建"1+15+N"服务体系，全方位赋能涉外商事。一是设立县级涉外商事纠纷调解中心，构建以调解中心为枢纽，以"多元服务+一体协作+联络支撑"为外延的涉外纠纷防控化解生态圈，实现县级调解机构职能重塑，改"受理后转上级"的间接受理为在地直接办理模式，平均纠纷受理时间可缩减50%以上。二是开通15个外贸政务服务点。依托镇街便民服务中心，率全省之先建立覆盖全部15个重点外贸镇街和产业园区的外贸政务服务窗口，提供RCEP

等原产地证书的远程申报、自助打印，解答出口贸易常见法律问题等服务。同时，根据外贸企业个性化需求，提供"点单式"服务。三是搭建 N 个海外联络服务机构。通过自主设立、系统整合、共享链接等方式，编织构建海外商事纠纷调处"一张网"，目前已在俄罗斯、泰国、埃塞俄比亚等主要贸易国挂牌设立驻外联络处，整合侨联系统欧洲民间侨团 56 个、统战系统海外乡贤驿站 5 个，并按需链接全省共享的 138 个海外联络处资源。

第二，共建多元高效解纷体系，一体化推进纠纷调处。一是纵向联动纠纷调解机制。针对国际贸易争端，建立省市县三级分层次、递进式纠纷调解流程，对事实无争议、调解意向强的简案，由县级专职涉外调解员先行处理；对初步调解无效的，联动省、温州国际商事法律服务中心等资源，通过签发履约敦促函（警告函）、调用海外领事力量等途径，实现复杂难案合作处理。二是横向联动集体磋商机制。对于有重大社会影响力的案件，由调解中心组织各部门综合评估利弊和社会效益，形成处理一致意见后，争取上级支持解决。三是诉调联动对接流转机制。温州市贸促会和法院签订《建立国际商事纠纷诉调对接机制合作协议》，按照类型化分流处置原则，明确适用调解的案件类型和移送规则，最大限减少涉案当事人时间和费用的空耗。同时，完善"涉外商事调解+法院司法确认"程序，破解"调解—反悔—再调解"的恶性循环，保障调解协议的强制执行力。

第三，构建涉外贸易风险防控体系，全过程遏止增量纠纷。一是强化合规风险防范。创新开发企业"合规通"数字化应用，为外贸企业提供知识产权、加工贸易、涉外劳工等 14 个领域的合规体检服务，帮助企业完善以风险为导向的合规管理，已累计为 124 家企业完成合规体检。二是强化外贸风险识别。建立驻外吹哨制度，聘请泰国浙江商会、意大利瑞安商会等 16 名会长担任"营商环境首席大使"，对易引发贸易争端的突发事件和形势变化进行通报和预警。三是强化法律风险应对。整合司法、法院等 8 个部门和 10 名涉外律师资源，组建商事法律团队，提供外国法查明、法律问题专项响应、跨境争议处置风险分析研判等涉外法律服务。

（三）全面构建亲清政商关系

政商关系是我国社会主义市场经济建设过程中必须解决好、处理好的问题，关系到如何发挥市场在资源配置中的决定性作用和更好发挥政府作用，具体则落脚到政府与企业、政府官员与企业家之间的关系。政府和领导干部是市场经济的监管主体，握有监管的公权力，而企业和企业家是市场经济的经营主体，进行商业活动，追求商业利益的最大化。处理好政商关系有利于进一步完善我国社会主义市场经济体制，推动高质量发展，有利于营造风清气正的政治生态和社会风气。

党的十八大以来，习近平总书记高度重视处理好政商关系。2016年全国两会期间，习近平总书记在看望参加政协会议的民建、工商联界委员时，首次提出构建亲清政商关系，对亲清政商关系的内涵进行了深刻的阐述。对领导干部而言，所谓"亲"，就是要坦荡真诚同民营企业接触交往，特别是在民营企业遇到困难和问题情况下更要积极作为、靠前服务，对非公有制经济人士多关注、多谈心、多引导，帮助解决实际困难。所谓"清"，就是同民营企业家的关系要清白、纯洁，不能有贪心私心，不能以权谋私，不能搞权钱交易。对民营企业家而言，所谓"亲"，就是积极主动同各级党委和政府及部门多沟通多交流，讲真话，说实情，建诤言，满腔热情支持地方发展。所谓"清"，就是要洁身自好、走正道，做到遵纪守法办企业、光明正大搞经营。2023 年全国两会期间，习近平总书记时隔七年再次参加以经济界人士为主的民建、工商联界委员联组会，强调要"把构建亲清政商关系落到实处"。

探索构建亲清新型政商关系，是温州深入贯彻落实习近平总书记关于构建亲清新型政商关系重要讲话精神、促进"两个健康"创新探索、促进非公有制经济人士健康成长的重要方向和抓手。此前，温州以"有交集而不搞交换、有交往而不搞交易、有所为又有所不为"原则为指引，探索推出了亲清新型政商关系"三张清单"，开展反对"挈篮子"承诺，着力规范政商交往行为，引导清廉民企建设，建设中国特色一流商会，搭建政商沟通的桥梁。这些探索对规范政商交往、优化政商关系起到了很好的积极作用。2023~2024年，温州全面深化对构建亲清新型政商关系的探索，建立常态化沟通联络渠道，畅通政商沟通渠道；迭代升级"三清单一承诺"机制，推动政商关系亲清正循环集成改革；持续开展"亲清护航"行动，建立健全护航民营企业发展壮大常态化工作机制。

1. 畅通政商沟通渠道

温州鼓励各地各相关单位加强与民营企业、商会组织的沟通协调，建立常态化联络沟通机制，倾听民营企业呼声，帮助解决实际困难。为此，温州一方面创新"两个健康"直通车沟通机制，推动市委、市政府主要领导与在温企业沟通；另一方面打造民营企业维权服务平台，服务民营企业维权。

第一，首创"两个健康"直通车。温州坚持"晓企情、解企忧、勤服务、优效率"原则，建立市委、市政府主要领导和在温企业面对面定期沟通服务机制，实行涉企问题梳理收集、协商研判、交办处置、督办问效闭环管理，定期解决在温企业跨领域、跨部门、跨层级的重点问题诉求，不断优化发展环境、激发发展活力、提振发展信心，让市场主体预期更稳、信心更足、活力更强，合力打造"政企连心、共谋发展"的助企服务新品牌。具体而言，温州市委或市政府主要领导每月召开一次"两个健康"直通车政企恳谈会，面对面听取企业家意见建议，协调解决企业反映问题诉求，时间一般定在每月第三周。相关市领导及市经信局、市工商联等涉企单位定期协调解决企业问题和诉求，形成分层分类常态化服务企业机制。

一是问题梳理收集。各地各单位和人大代表、政协委员等各界人士可通过"帮企云"、"两万"行动、96666 热线、进企走访、座谈调研等"线上+线下"方式，全方位收集、反映企业生产发展过程中面临的要素保障、研发创新、项目建设、市场开拓、融资投资、涉企服务、政策兑现等方面遇到的热点难点问题和诉求。

二是问题协商研判。市"两个健康"办在每月 10 日前将涉企问题交办给各责任单位研究。各责任单位在 2 个工作日内提出办理意见和合法性审查意见，报相关市领导会商研究后反馈至市"两个健康"办。市"两个健康"办于每月 15 日前向市委办公室、市政府办公室上报需通过政企沟通服务机制恳谈解决的企业问题。

三是问题交办处置。政企恳谈会结束后 1 个工作日内，市"两个健康"办将会议研究事项报相关市领导并交办各责任单位。相关市领导要及时牵头组织研究，相关责任单位全程跟进，推进事项快速高效办理。交办事项原则上 7 个工作日内办结并向问题诉求企业反馈办理情况，对短期内无法解决的问题要成立专班进行攻坚，及时跟企业做好解释沟通。

四是问题督办问效。市"两个健康"办牵头建立企业问题"多跨协同、一表通管"机制，定期向问题诉求企业核实问题办理进展，对进展滞后的事权单位进行提醒督办，定期向市委、市政府主要领导上报办理情况。市委办公室、市政府办公室挂牌跟踪督办重点问题，视情况予以通报，将督办落实情况纳入年度重要事项动态督考评估考核。对办理进度严重滞后的单位，由市领导进行约谈。市"两个健康"办会同市经信局（市"两万"办）等单位每月对承办单位响应、办结、满意等情况进行综合评价分析，对企业进行定期回访，建立企业服务指数按月通报机制，将企业满意度评价纳入"万人双评议"

评价结果。

第二，打造民营企业维权服务平台，服务民营企业维权。温州对企业维权服务平台进行了整合优化，研究制定了《温州市民营企业维权服务平台工作方案》，以便更加便捷地服务企业，助力构建政企良性沟通的政务环境。

一是实体办公，专人落实。成立市民营企业家健康成长促进中心，由3名事业编制工作人员专门负责企业维权受理督办。将12345政务服务热线作为民营企业维权专线受理相关咨询投诉，同时在浙江政务服务网统一政务咨询投诉举报平台设立温州市工商业联合会（民营企业维权服务平台）邮箱受理民营企业网上咨询投诉等，线上线下协同受理，拓宽民营企业维权通道，让企业"投诉有门，求助有道"。

二是条块结合，分级分类。市民营企业维权服务平台对登记受理的问题进行甄别判断，按事权归属分级分类梳理汇总，形成投诉维权问题清单，督促各地各部门在规定时限内协调解决，无论可不可办都及时答复维权当事人，形成一个工作闭环，做到"凡事有交代，件件有着落，事事有回音"。

三是创新载体，设接待日。将每季末的周五设为"企业维权接待日"，明确主题，聚焦行业发展的共性问题，以圆桌会议形式邀请市领导、相关部门负责人与企业家代表面对面沟通交流，破除信息壁垒，收集案件线索，听取意见反馈，打造高效解决企业问题的平台。

四是部门联动，合力推进。建立市民营企业维权服务工作联席会议制度，联席会议召集人由民营企业家健康成长组组长担任，成员由市纪委、市法院、市检察院、市信访局、市发改委、市经信局、市公安局、市人社局、市司法局、市商务局、市总工会、市工商联等部门负责人组成。联席会议定期召开，统筹协调解决企业反映的重大问题，督促各地各部门抓好落实。

2. 推动政商关系亲清正循环集成改革

为了进一步推动构建亲清新型政商关系，温州推出政商关系亲清正循环改革，坚持立规明矩和容错纠错相结合、机制创新和数字赋能相融合、个案查处和系统治理相促进、靠前服务和良性互动相统一、政府引导和企业自律相协调，通过改革积极创造稳定公平透明可预期的发展环境，从而打造"亲清商港·温州有度"品牌。具体举措如下。

第一，迭代升级"三清单一承诺"。根据最新党内法规和国家法律法规，优化调整2019年发布的亲清新型政商关系"三清单一承诺"，细化制定鼓励支持公职人员积极作为、主动参加助企公务活动的"八个允许"，明确公职人员在与民营企业及其经营者交往的"八个不准"和民营企业与机关单位及公职人员交往的"八个不得"，组织全市乡科级及以上干部、国有及国有控股企业（不含中央、省垂直管理单位）中层及以上干部、基层站所负责人书面签订反对"挈篮子"承诺书，划定亲清行为边界。

第二，优化提升"十五条"举措。根据中共中央、国务院《关于促进民营经济发展壮大的意见》要求，以《关于充分精准履行审查调查职能助力打造一流营商环境的实施意见》中保护民营企业家权益的15条举措为基础，修订出台新版实施意见，依法保护民营企业产权和企业家权益，最大限度减少审查调查对民营企业正常办公和合法生产经营的影响。

第三，数字赋能涉企执法监督。以数字化思维、理念、方法和手段，扎实推进公权力大数据监督应用建设，推行涉企执法监督数字化平台。以涉企行政处罚自由裁量权监督为切口，围绕涉企执法10个重点领域和22项高频事项开展涉企执法"1020"专项监督。推进涉企执法大数据e监督，不断建立优化公权力大数据监督模型，推动形成闭环监督模式，把权力关进"制度+技术"的笼子。

第四，打造清廉民企建设 2.0 版。把清廉民企建设作为构建亲清政商关系的重要一环，与时俱进完善温州特色清廉民企建设模式，构建民营企业源头防范和治理腐败的体制机制。充分发挥清廉民企建设联盟作用，积极打造清廉民企样板，引领完善行业自律和企业内部廉洁风险防控措施，努力将清廉建设成果向更多民企拓展延伸。设立"亲清工作站"，帮助民企完善内部控制机制，教育引导民企规范开展政商交往。

第五，选取"小切口"撬动"大治理"。深化运用"项目化""小切口""一盘棋"工作方法，监督推进三个"一号工程"。聚焦土地出让、资金拨付等重点领域，紧盯决策程序等关键环节，深入整治营商环境的"堵点""痛点"，重点整治贯彻落实上级党委政府优化营商环境决策部署不力、不正确履行涉企服务和执法监管职责、违规干预插手市场经济活动或违规从事营利性活动等问题。

第六，畅通企业反馈评议通道。深化"万人双评议"活动，请企业参与、让企业评判、受企业监督。升级"万人双评议"基层版，重点在全市设立企业服务中心的乡镇（街道）广泛邀请企业参与对所在地基层站所的评议，提升优化营商环境评议的针对性和精准性，倒逼涉企部门转作风、提效能、优服务，以企业的获得感和满意度检验营商环境建设的工作成效。

第七，构建企业诉求处置新平台。深化"企业维权接待日"机制，优化企业家诉求"受理—处置—反馈"流程。设立"亲清工作室"，为党政机关相关负责人和民营企业家提供坦诚交流互动的新平台。运用"亲清直通车"联络站、营商环境效能监测点等监督渠道，收集企业在涉企执法方面的投诉和建议，建立闭环管理机制，做到事事有着落，件件有回音。

第八，容纠并举设立"暖心"平台。深入贯彻落实《浙江省深化落实"三个区分开来"要求健全容错纠错机制激励干部担当作为实施办法》要求，细化容错纠错机制，营造干事创业良好环境，鼓励干部在服务民营经济发展、优化营商环境中担当作为。充分发挥"暖心"平台作用，主动接受党员干部在政商交往方面的相关咨询，常态化开展暖心谈心谈话、暖心回访教育等工作，以组织关心关爱提升党员干部涉企服务温度。

3. 建立健全护航民营经济发展壮大常态化工作机制

第一，建立健全服务企业发展快响机制。一是健全"纪企直通"机制。建立营商环境亲清联络站、纪企廉心站、亲清工作室等效能作风监测平台，精选行业协会商会、招商引资项目、高成长型民营企业和镇街便民服务中心等，由纪检监察干部担任护企联络员。围绕审批服务优化、重大项目落地等领域加强一线监督，针对企业反馈的"办不成事"典型问题，探索推行纪检监察干部"一线查访、全程督办"服务监督工作机制，精准深挖背后的流程缺陷、制度漏洞、部门壁垒，督促相关责任单位切实整改到位，实现系统施治、标本兼治。二是完善投诉维权机制。充分发挥检举平台作用，以纪检监察机关12388举报平台为依托，结合12345政务服务热线、涉访涉诉部门和各类维权服务平台，建立健全受理、办理、处置联动和督办问效机制，及时高效处理营商环境投诉。完善投诉举报保密制度，对举报线索外泄或举报人身份被泄露而遭到报复的，一律实行倒查并严肃处理相关责任人。三是完善协同破难机制。加强数据、信息对接，建立与涉企服务监管部门单位的定期会商、信息互通、线索移送机制，确保第一时间掌握企业关注重点、矛盾交织热点。搭建涉企部门与企业面对面交流、解决、处置问题平台，及时帮助协调解决企业发展中遇到的困难问题及体制机制问题，让企业充分感受到"问题有人管、意见有人听、利益有人护"。

第二，建立健全优化营商环境护航机制。一是健全快查快处机制。优先受理、优先处置、优先查处妨碍企业发展、损害营商环境的问题线索。深化运用监督执纪四种形态，对涉企服务中的形式主义、官僚主义问题和以服务市场主体为名搞享乐主义奢靡之风问题，进行快查快办，精准惩治滥用职权破坏投资环境、干扰市场主体生产经营等违规违纪违法行为，严肃查处涉黑涉恶腐败和"保护伞"问题。二是完善专项治理机制。坚持问题导向，瞄准企业反映强烈的急难愁盼问题，选准"小切口"，通过起底问题线索、开展一线调研监督等方式，深入挖掘治理营商环境的"堵点""痛点"。坚持系统施治，建立闭环管理机制，实行项目化整治，注重管事与管人相结合，深挖彻查背后的腐败和作风问题。坚持效果导向，实行开门搞治理，聚焦涉企部门和基层站所，持续完善"万人双评议"等评价监督机制，经常性听取企业意见建议，定期通报维护营商环境正面典型和破坏营商环境负面典型，以企业的获得感和满意度检验专项治理成效。三是建立数智监督机制。优化监督模型、加强数据碰撞、强化风险预警，动态归集营商环境领域突出问题，推动大数据监督有效覆盖招投标、开发区（园区）、基层等重点领域公权力运行，有序推进"浙江省基层公权力全程在线审批应用"2.0版"监督一点通"平台使用推广。加强对涉企奖励政策兑现的数智监督，推动"免申即享"等机制落实。加强对涉企执法的全链条监督，迭代优化涉企执法备案"亲清码"试点建设，推广"合同钉"政府合同执行监督平台，持续加强营商环境问题智慧监督。

第三，建立促进政商亲清保障机制。一是完善"三张清单"制度。完善"三清单一承诺"执行落实机制，督促重点涉企职能部门结合行业特点和工作实际，制定细化本部门（单位）政商交往"正面清单""负面清单"，健全完善党员、公职人员政商交往报批、备案制度，抓好执行情况的监督检查，切实规范政商交往活动。指导一定规模的民营企业深化"清廉民企"建设，推动落实"引导清单"，使合规廉洁融入企业生产、经营、管理等各个领域和层面。二是完善

"尽职免责"机制。落实"三个区分开来",探索建立审批、执法等涉企重点领域尽职免责专项清单,推行尽职免责事前报备制度,鼓励干部主动探索创新、攻坚破难。明确尽职免责的适用范围和条件,细化申请、核查、研判、认定、反馈等步骤,做到精准界定、规范免责。突出抓好对免责问题整改情况的跟踪监督,深化标本兼治。三是完善"澄清正名"机制。积极稳妥开展失实检举控告澄清工作,严肃查处恶意中伤、诬告陷害行为,对受到不实举报、诬告陷害的党员干部和企业经营者,及时做出结论,通过会议澄清、通报澄清、当面澄清等方式,在一定范围内通报调查结果、澄清有关情况,坚决为真心服务企业的干部撑腰鼓劲。四是完善"暖心咨询"机制。深入打造"暖心"平台,主动接受党员干部咨询纪法、说明情况,及时精准解答党员干部在党规党纪、政策解读等方面的常见疑惑问题,帮助其提高对廉洁从政从业、构建亲清政商关系、尽职免责等相关政策的把握能力,及时纠正党员干部苗头性、倾向性问题,帮助党员干部消除思想顾虑、筑牢廉洁防线,更好激发党员干部在服务企业、推动发展中主动担当作为。

4.减轻企业精力负担

为深化新时代促进"两个健康"创新探索,聚力实施营商环境优化提升"一号改革工程",更大力度减轻企业精力负担,支持企业家心无旁骛办实业,温州探索提出以下措施。

一是建立企业精力减负统筹调度机制。市经信局(市"两万"办)负责统筹调度、难题化解、服务保障、考核评价等日常工作,市府办(市"两个健康"办)、市发展改革委、市经信局、市科技局、市财政局、市人力资源和社保局、市自然资源和规划局、市住建局、市商务局、市生态环境局、市应急管理局、市市场监管局、市综合行政执法局、市投资促进局、市政务服务局、市税务局、市工商联等单位参与。各县(市、区)、海经区参照建立企业精力减负统筹调度机制。

二是明确"四上"① 企业服务对象。以"四上"民营企业为减轻精力负担的服务对象，特别是以企业负责人担任各类行业商协会会长、副会长、理事及成员单位的"四上"企业为重点服务对象。

三是制定六张负面工作清单。①调研参会类，因频繁接待各级领导、机关事业单位学习参观、考察调研或公务邀请致使企业过度参会等增加企业精力负担，但对企业生产经营和发展无实质推动的情况。②考评评比类，要求企业参加不符其意愿的各类考评、评比等活动。③材料报送类，要求企业报送无法定依据或不必要的报表、数据和材料，以及因涉企数据统计产生重复报送、多头报送等增加企业负担的情况。④强制入会类，强制或变相强制企业参加各类协会、研究会等导致重复或交叉缴纳会员费的情况。⑤随意检查类，未经批准或无依据对企业进行无序检查、选择性执法、检查次数过多等情况。⑥其他类，干扰企业正常生产经营秩序的其他行为。

四是建立月度自查自纠机制。市各涉企单位对照六张负面工作清单，分析研判本单位存在的问题，每月向市经信局（市"两万"办）对有关涉企事项进行报备。各单位重点纠查是否严格把控重点企业参会或入企调研次数，考评评比、企业入会等活动是否充分尊重企业意愿，是否要求企业报送不必要的报表数据材料，是否全面落实"双随机、一公开"和执法检查备案制度，是否存在其他干扰企业正常生产经营秩序的行为。各单位指导本条线严格按照清单要求，深入查摆问题，强化整改措施。

五是建立涉企平台三级联动机制。立足涉企服务平台，全面拓展提升"1+13+76"［即市企业综合服务平台、12 个县（市、区）和海

---

① "四上"企业：①规模以上工业企业；②限额以上贸易业企业（限额以上批发和零售业企业、限额以上住宿和餐饮业企业）；③规模以上服务业企业；④资质建筑业企业以及房地产开发经营企业。

经区分平台以及 76 个镇街企业服务中心〕一站式服务功能，加强与行业商协会沟通协作，建立重点企业精力减负监测点，形成市、县、镇三级联动调度"一盘棋"。主要通过"帮企云·企业之家"平台、企业自主提交、商协会报送、助企服务员收集、96666 服务热线转办等形式搜集问题线索，强化调度处置闭环管理，有效保障问题诉求响应率、办结率和企业满意率。

六是健全"两万"条线统筹机制。市县经信部门（"两万"办）统筹协调督促责任部门落实企业精力减负统筹调度机制，推进涉及企业精力负担问题的常态化全流程化解。建立提示函交办制度，督促相关部门做好问题整改落实。对情况复杂或意见分歧大的问题，采取实地调研、现场办公、会商协商等形式，协调多方力量共同解决。同时，强化正向激励措施，及时总结推广复制好的经验和做法，以互学互促提升整体工作实际成效。

七是建立统计监测分析机制。市经信局（市"两万"办）牵头加强涉企精力减负统筹调度情况分析，做好信息发布、工作动态梳理、统计监测分析、典型案例筛选、问题建议提炼等工作。市政府分管领导定期听取工作进展报告，适时召开专题会议开展工作盘点和部署。各单位要协同发力，持续做好跟踪监测分析，及时将苗头性、倾向性问题纳入调度范围，确保问题早发现早解决

八是建立督查考评监督机制。市"两个健康"办将企业精力减负工作落实情况，作为各地各部门营商环境建设和"两个健康"工作成效评价重要依据。市经信局加强日常工作过程评价，定期开展工作进展通报，对成效突出的区域和部门予以表扬激励，对工作滞后的单位强化督查引导。引入市民监督团、中小微企业服务联盟志愿者等第三方监督群体，形成全员参与的社会氛围。对企业反映强烈、整改不力的问题，报送同级纪检监察部门，纳入"破梗阻·优服务"专项行动问题线索，由纪检监察部门跟进开展专项监督。

5. 化解企业历史遗留问题

依法依规为民营企业和民营企业家解难题、办实事是亲清政商关系的重要内容。为此，温州探索依法依规为民营企业和民营企业家解难题、办实事，开展温州市民营企业历史遗留问题大化解工作。全力化解事权在市、县两级的企业历史遗留问题，包括历年来因政策调整变化、政策不配套不完善或行政监管不到位等，导致的民营企业合理诉求长期得不到解决、企业重整后无法融资、信用修复后无法正常参加投标、产权证无法办理、环评无法获批、政府许诺事项无法兑现等方面的历史遗留问题。

一是问题收集。各地各单位通过走访、问卷调查、公开受理信箱和专线电话等多种方式，开展问题排摸、归集、审核等工作，按要求完整、准确填写《温州市民营企业历史遗留问题情况表》，在每月15日前报送至市经信局；各行业商协会及会员企业通过条线报送至市工商联。

二是梳理交办。市经信局、市工商联定期梳理汇总市级问题清单，经市政府办公室初筛，报分管市领导审定。其中，企业诉求不合理、诉求过高等问题，及时终止，由各单位反馈解释；属于事权单位的问题，下发各责任单位限时化解；未纳入市级清单的问题，由各县（市、区）"两个健康"办梳理形成县级问题清单，统筹协调化解。

三是集中化解。各责任单位及时综合研究企业反映较为集中或者较为普遍的问题。属于部门事权的问题，由各责任单位制订出台解决措施；属于县级事权的问题，由属地政府负责化解；涉及跨层级、跨区域、跨部门等情形的问题，由市分管领导牵头化解；经市分管领导协调，仍未能有效化解的问题，纳入市委、市政府"两个健康"直通车研究事项。问题特别复杂或者难度特别大的，必要时争取省级、国家层面政策支持。

四是销号管理。市经信局、市工商联加强历史遗留问题化解情况备案管理工作，对已经化解到位或解释到位的问题予以销号；对因法律法规政策冲突、历史无法考证等不可抗力影响，只能部分解决的问题，在部分问题解决到位后予以销号；对与法律法规政策冲突、历史无法考证、现实不具备化解条件的问题，在解释到位后予以销号。

6. 开设镇街企业服务中心

依法依规为企业和企业家办实事是构建亲清政商关系的重要内容。为此，温州于2023年5月率先探索打造一站式镇街企服中心，全面构建企业"赋能发展找中心、破解难题在中心"的基层涉企服务新模式。

第一，建成"集成式"企业服务平台。一是建设"小而实"的企业办事大厅。以企业服务中心为核心，联动属地中小企业综合服务平台和行业商协会，对接财税、科研、用工、融资等多个服务领域，集成人力社保、科技、金融等多部门力量开展组团服务。同时引导镇街积极打造"一中心一品牌"。二是建设"广而好"的政企交流平台。各地通过"局长议事厅""镇长圆桌会""为企服务日""企业家沙龙"等载体，打造政企交流平台。三是建设"专而精"的助企智库中心。依托第三方机构，聘请高校、科研院所和专家学者组建智囊团，为企业开展创业辅导、科技创新、法律合规、财税风险等方面的指导。

第二，构筑"一体式"数智共享平台。一是企业诉求一口受理。线下由中心统一受理企业诉求，实行"线上+线下"双平台流转、归口办理；线上依托"帮企云"实现数智联动、一体流转。同时线下组建"助企帮帮团"，主动对接处置诉求。针对疑难或历史遗留问题，实行"一问题一专班"推进，未化解的，及时报送市县"两个健康"直通车协调处置。二是涉企数据一库归集。打造企业健康诊断室，将企业效益、能耗、创新等重点指标纳入企业信息库，精准构建企业画像，并将其作为政策扶持、要素倾斜、产业发展等方面的重要依据。三是惠企政策一网整合。统筹发改、经信、科技和金融等部门惠企政策数据，通过惠企政策"直通车"，实现惠企政策"一网聚集"、政策信息精准推送。

第三，营造"亲民式"服务品牌。一是变"上门找服务"为"下沉送服务"。不断延伸涉企服务触角，在村（社区）开设涉企服务专窗，满足企业"就近办、多点办、随时办"需求。二是变"被动等诉求"为"主动帮代办"。建立"纾困解难"问题库、"首接领办"负责制，开展"贴身帮扶"专项行动，派出助企员上门服务，全力化解企业困难。三是变"零散式纾困"为"集中式化解"。依托"帮企云"对企业反映的问题进行分析研判，筛选热点问题推送至企业服务中心，实现同类问题一并排查、一同化解。

三 2023～2024年温州促进民营企业家健康成长的政策实效

在以上一系列促进企业家健康成长举措的实施下，2023～2024年温州促进民营企业家健康成长又上一个台阶，特别是在优化政商关系、保护民营企业产权和企业家权益、企业家精神培育等方面均呈现积极向好态势，不仅有利于促进民营企业健康成长，而且进一步优化了民营企业家健康成长的环境。

（一）市场主体活力和信心不断增强

市场活力是民营企业家健康成长的集中体现。温州坚持把民营企业和民营企业家当作自己人，培育弘扬企业家精神。在温州一系列促进民营企业家健康成长举措推动下，温州市场主体活力不断增强，民营企业和民营企业家信心指数持续提升，"万家民营企业评营商环境"连续3年稳居全国第一方阵。在创业方面，截至2023年末，温州全市在册市场主体达到 141.26 万户，其中民营企业 39.4 万户，全年新设民营企业 7.0 万户。不仅如此，民营企业家的投资热情也被有效激发，进而促进全市有效投资规模持续扩大，投资活力稳步提升。2023 年，温州固定资产投资同比增长 7.4%，高于浙江全省平均 1.3 个百分点。其中，作为实体经济的制造业投资表现亮眼，同比增长 14.2%。

（二）新生代民营企业家培养和代际传承稳定向好

在温州新生代企业家培育、"青蓝接力"等工作的大力支持下，温州新生代企业家培养工作呈现可喜变化。一是接班意愿明显增强。据不完全统计，愿意接班的企业二代占比由 2010 年的 20% 上升至 2023 年的 70%。二是政治安排更加合理。温州市工商联执常委中新生代企业家占比提升至 33.5%。不少新生代企业家进入市县两级人大代表、政协委员行列。三是培养目标不断优化。吸纳更多的制造业、战略性新兴产业新生代企业家进入新生代企业家组织。温州市新企联高层次人才近 40 名，海归会员占比 40%，制造业企业会员占比 60% 以上，战略新兴产业企业会员占比 15%，青创会中战略产业会员占比高达 74%。

（三）民营企业产权和企业家权益保护不断加强

温州探索依法保护民营企业产权和企业家权益，取得了积极成效。新时代"两个健康"法治研究中心、知识产权联合执法中心等平台也成为温州促进民营企业家健康成长的品牌，被最高人民检察院认可或被国家发改委纳入向全国推广的地方支持民营企业改革发展典型做法。

在知识产权保护方面，温州知识产权联合执法中心自成立以来，共侦破各类知识产权类案件 690 起，采取刑事强制措施 1477 人，破获温商案件 93 起，提供企业指导服务 900 余次。该中心获评全国知识产权保护工作突出集体，连续两年获评全国查处侵权盗版案件有功单位，中心做法入选公安部创新行刑衔接机制强化知识产权协同保护典型事例。在快速处置知识产权纠纷方面，专利侵权纠纷已立案 1372 件，结案 1340 件，结案率超 97%，知识产权刑事保护一体化模式入选浙江省公安机关服务保障三个"一号工程"优秀实践案例。同样的，商业秘密保护联盟作为温州全国商业秘密保护创新试点工作的举措之一，取得初步成效。温州建立商业秘密保护联盟的做法，得到了国家市场监管总局的认可，为全国商业秘密保护提供地方实践样本，入选 2023 年度法治政府建设最佳实践培育项目。

在破产重整、企业信用修复、涉外商事纠纷方面，温州的实践探索也取得了良好成效。一是在破产重整方面，温州作为全国首个出台解决重整企业信用修复地方性会议纪要的地区，已累计促成 97 家破产企业重整，其中四家公司破产重整案被评为全国破产审判十大典型案例。二是温州深化信用修复"一件事"改革，累计完成信用修复 980 件，有力促进了温州企业诚信度持续提升，城市公共信用评价持续向好。三是在涉外商事纠纷调处方面，温州已成功调解纠纷 16 起，挽回损失 1.2 亿元，5 起案件入选省贸促会国际商事调解案例精选。其中包括，为 12 家企业开展相同或相似商标抢注监测预警、异议申诉等维权服务；对巴西某港口员工罢工事件进行有效预警，提醒相关企业及时将海运变为航空运输，避免损失 700 余万元；累计办理 RCEP 等原产地证书 2453 份，ESG 企业合规管理培训覆盖 200 余家企业，为企业减负 150 余万元；等等。

（四）政商关系亲清正循环更加畅通

构建亲清政商关系是温州自新时代促进"两个健康"创新探索以来就长期坚持的重要内容。2023～2024 年，温州全面深化对构建亲清新型政商关系的探索，倾力打造"亲清商港·温州有度"品牌，更加注重系统性、集成性地优化政商关系，明尺度、提精度、强力度、增温度、拓广度，多措并举、系统施治，有力促进政商关系亲清正循环，为温州新时代促进"两个健康"创新探索提供了有力的制度保障。

第一，在干部作为方面，温州坚持立规明矩和容错纠错相结合，明晰政商交往的尺度，特别是构建"1+X"容错纠错制度体系，建立容错免责备案清单机制，切实为基层干部提供首创、试错的"定心丸"；聚焦重点项目推进、行政执法、社会救助等领域，已经在洞头、苍南、龙港等地试点尽职免责工作，为3家单位和18名干部免责或减责，持续释放"为担当者担当"的强烈信号，激发了干部干事业的热情。与此同时，温州坚持机制创新和数字赋能相融合，提升日常监督的精度，通过各类沟通平台，及时了解企业家诉求，纠正选择性执法、随意性执法等问题；试点涉企执法"亲清码"，围绕10大涉企领域22项高频执法事项开展专项监督，精准查纠重复执法、随意执法、执法畸轻畸重以及办"人情案""金钱案"等问题，全市共党纪政务处分67人。

第二，在执法层面，温州坚持个案查处和系统治理相促进，加大严查严惩的力度，市本级严肃查办了一批亲清不分、政商勾连的典型案件，而且围绕个案暴露出来的共性问题，深入开展专项治理，努力形成"查处一案、治理一域"的撬动效应。比如，深挖彻查建筑垃圾处置领域腐败问题，同时加大对行贿行为惩治力度。全市共立案308人，留置68人，党纪政务处分169人，移送司法机关45人，涉案总标的额达311亿元，工作成效领跑全省。这些严查严惩有力地纠正了亲清不分、政商勾连的风气，对亲清不分、政商勾连的现象和行为形成了很好的震慑。

第三，在涉企服务方面，温州坚持正向激励和反向倒逼相统一，提升涉企服务的温度，比如督促推动市司法局在"理旧账"行动中牵头修复 545 家企业信用，其中某企业信用修复后中标 8000 万元订单。截至目前，维权平台收集办理各类诉求 738 件，实现企业维权"只进一扇门""最多跑一次"。温州积极探索减轻企业精力负担，化解民营企业历史遗留问题，而且，将企业服务中心开到镇街，为中小企业提供贴身服务。目前温州全市 76 个工业重镇（街道）企服中心实现实体办公且对外开放，覆盖规上工业企业 6547 家，覆盖率达 77.8%。温州企服中心已累计开展服务活动 6316 场（次），服务企业 2.3 万余家次，化解各类涉企诉求 1932 个。在全国率先启动"中小微企业友好城市"建设，创新推出工业重镇（街道）企业服务中心等创新举措，为企业减负超 350 亿元。

第四，在民企自律方面，温州坚持纪委引导和民企自律相协调，拓展清廉建设的广度，不断强化行业自律，持续深入推进民营经济领域清廉单元建设，成功打造正泰集团、森马集团、温州市物流商会等 3 家浙江省清廉建设成绩突出单位，精心培育华峰集团、温州市鞋革行业协会等 17 家市级引领型清廉建设单位。而且，中国鞋都鞋革城清廉市场获"创新中国"社会治理优秀案例。

四　促进民营企业家健康成长的温州经验启示和未来方向

（一）经验启示

2018 年，温州开始新时代促进"两个健康"创新探索。2018～2022 年，温州为促进民营企业家健康成长，先行先试，率先探索实践提高民营企业家社会地位、保障民营企业家财产和经营安全、优化政商关系、建设中国特色一流商会、引导民营企业家助力共同富裕等一列创新举措，形成了一批制度成果，取得了显著的积极成效。

在延续这些有益探索的基础上，2023～2024 年温州全面贯彻习近平总书记关于企业家精神和成长方面的重要论述精神，深化对民营企业家成长的认识，进一步探索促进民营企业家健康成长的举措和制度，聚焦于培育弘扬企业家精神、依法保护民营企业产权和企业家权益、全面构建亲清政商关系等三个方面。这些举措不仅是前期有益探索的简单延续，更触及了改革的深层次问题，例如处理企业历史遗留问题、推动企业破产重整、保护企业知识产权和商业秘密、促进民企守法经营等。这些举措和制度在增强市场主体活力、培养新生代民营企业家、保护民营企业产权和企业家权益、优化政商关系等方面取得了积极成效，也为全国其他地区促进民营企业家健康成长提供了有益的启示和参考。

1. 因人施策，加强民营企业家梯队建设

加强民营企业家梯队建设是保障民营企业家队伍连续性的重要途径，对于民营企业家健康成长十分关键。民营企业家的来源无非两种：一种是二代接班的企业家，另一种是一代创业的企业家。这两类企业家的健康成长既面临一些共性问题，也面临个性困难，因而对这两类企业家的培育模式应有所侧重。针对民营企业代际传承问题，温州探索了各种途径和方式，积极提供结伴支持服务，例如，开展了师徒结对活动、组织了大量的培训班和联谊会、针对新生代企业家进行理想信念教育等。这些途径和方法做到了因人而异、因地制宜，在解决二代接班问题上取得了积极效果。这些思路和方法值得各地借鉴。针对新生代企业家成长涌现的问题，温州也进行了有益探索，在全面提升其创新发展、决策管理、资本运作、市场开拓等方面综合能力的同时，增强青年民营企业家的安全感和心理保障机制，对在合法经营中出现失误、失败的民营企业家予以帮扶，形成既鼓励开拓又容忍失败的良好氛围。尤其是，温州探索的"四有"新生代企业家队伍建设模式，为其他地区培育新生代企业家队伍提供了很好的参考。

2. "建平台、促改革"，依法保护民营企业产权和企业家权益

依法保护民营企业产权和企业家权益是温州促进民营企业家健康成长的又一个突破口。民营企业产权和企业家权益问题是关系民营经济发展壮大的重要方面，事关非公有制经济人士的切身利益。改革开放以来，我国开始建立社会主义市场经济体制，民营经济不断发展，成为促进高质量发展、推动中国式现代化的重要力量和基础。坚持"两个毫不动摇"，促进民营经济发展壮大是我国的重要政策。然而，实践中，由于法治观念淡薄、对社会主义市场经济理解出现偏差，歧视民营企业、漠视民营企业家合法权益的做法和现象时有发生，侵害民营企业产权的行为也时有出现。而且，在执法实践中，不少涉案的民营企业和民营企业家被"一罚了之"。

针对这一现象，温州探索依法保护民营企业产权和企业家权益，率先在知识产权保护领域发力，针对知识产权和商业秘密保护难问题，建立知识产权保护联合执法中心、商业秘密保护联盟、法治研究中心等平台，为民营企业和民营企业家提供法律公共服务，切实加强民营企业知识产权保护。与此同时，温州探索深化改革，探索破产重整机制、深化信用修复"一件事"改革、改革涉外商事纠纷调处机制，在企业发展面临困难、纠纷以及涉案等各种过程中提供及时的帮助和支持，更好地维护民营企业产权和企业家权益。特别是，在涉外商事中，温州积极探索提供涉外商事贸易风险防控和国际商事争端化解服务，探索形成立体式涉外商事纠纷调解机制，帮助民营企业管控外贸风险，维护民营企业产权和企业家权益。当前国际上逆全球化进程加速和贸易摩擦增加，涉外商事的纠纷可能会越来越多，改革形成高效的调处机制，对于促进我国民营经济发展，维护我国企业权益十分重要。温州的这些探索基本遵循"建平台、促改革"的思路，为依法保护民营企业产权和企业家权益积累了宝贵经验。

3．"畅渠道、办实事"，持续推进亲清政商关系正循环

亲清政商关系对于促进民营企业家健康成长的重要意义不言而喻。2018年6月，习近平总书记在中共中央政治局第六次集体学习时强调，"营造良好政治生态是一项长期任务，必须作为党的政治建设的基础性、经常性工作，浚其源、涵其林，养正气、固根本，锲而不舍、久久为功"。2023年7月，中共中央、国务院发布的《关于促进民营经济发展壮大的意见》再次提出，全面构建亲清政商关系，要求"把构建亲清政商关系落到实处，党政干部和民营企业家要双向建立亲清统一的新型政商关系"。此前，温州探索建立中国特色一流商会，以此为政府与民营企业家之间双向沟通的平台，一方面可以加强民营企业家的培训和引导，让广大民营企业家及时准确学习领会党和国家的政策，在发展中落实；另一方面可以让党和政府及时准确地了解民营企业家的思想动态、健康成长过程中面临的问题，进而可以出台针对性的政策予以解决。温州在中国特色一流商会方面的建设很好地优化了政商关系。

在商会建设的基础上，温州继续探索创新，全面构建亲清政商关系，推动集成式改革，进一步促进了政商关系亲清正循环，取得了良好的效果。这一点充分说明构建亲清政商关系需要久久为功、持续发展。温州的探索实践也是深入贯彻习近平总书记关于政商关系重要论述的成果。不仅如此，温州在全面构建亲清政商关系过程中持续努力，不是简单地停留在畅通沟通渠道，而是真正深入下去，依法依规为民营企业和民营企业家解难题、办实事，通过统筹各类沟通联络机制，切实减轻企业精力负担，让广大民营企业家可以安安心心搞实业，促进企业发展；积极推进化解民营企业历史遗留问题，让民营企业和民营企业家可以抛开历史包袱，轻松上阵图发展；将企业服务中心开到镇街，为中小微企业提供及时服务，帮助中小微企业化解难题。这些探索与前序温州探索商会建设的举措具有紧

密一致性、连贯性。构建亲清政商关系，一方面是要畅通政商沟通渠道，促进上下的信息互通；另一方面就是要落脚于真正解决民营企业家"急愁盼"的真问题。这两个方面可以总结为"畅渠道、办实事"，二者相互促进，都是全面构建亲清政商关系的关键内容。而且，温州的这些探索实践充分说明，温州在促进民营企业家健康成长过程中已经开始真正转变政府角色，主导作为、靠前服务，积极做到亲而有度、清而有为。

4.充分利用数字化技术助力"两个健康"建设

充分利用数字化技术是温州探索促进民营企业家健康成长的另一条有益经验。温州充分利用大数据技术和数据互通平台，为相关信息无障碍流动和应用提供数字基础设施，助力"两个健康"建设。数字化技术的应用贯穿温州促进民营企业家健康成长的所有举措中。通过充分利用现代数字技术，温州全面构建亲清政商关系，畅通政商沟通渠道，优化营商环境，化解企业历史遗留问题，开设镇街企业服务中心，等等。而且，数字技术还赋能知识产权保护、市场监管、优化营商环境等各种场景。

（二）未来方向

2023~2024年温州推进新时代促进"两个健康"创新探索，促进民营企业家健康成长，重点在全面构建亲清政商关系、依法保护民营企业产权和企业家权益、引导民企守法合规经营、培育弘扬企业家精神等方面进行了十分有意义的探索实践。与此同时，进一步促进民营企业家健康成长仍有一些探索努力的方向，主要包括持续构建亲清政商关系、加强平等对待民营企业、引导企业家拓展国际视野等。

1.持续构建亲清政商关系

构建亲清政商关系必须久久为功、持续发力。温州在此前的探索中已经形成了这一条重要经验，必须长期坚持。在构建亲清政商关系过程中，应在依法依规为民营企业和民营企业家解难题、办实事方面继续发力，真正触及民营企业和民营企业家关心的核心问题，例如减轻企业精力负担、化解民营企业历史遗留问题等，既要做"加法"，也要做"减法"，为民营企业和民营企业家办实事不能增加企业负担，从而真正推动民营企业和民营企业家安心干事业、谋发展。

2. 加强平等对待民营企业

保护民营企业产权和企业家权益首先就是要保护好民营企业平等发展的权益。如何从法律上、制度上落实平等对待国有企业、民营企业、外资企业等各类市场主体，是我国完善社会主义市场经济体制面临的重大问题。民营企业在市场准入、项目招投标、产权保护、要素获取、融资信贷等方面面临不平等待遇的现象时有发生。如何破除这些不平等，真正落实平等对待民营企业，特别是如何处理温州民营企业在外地面临的不公平、不平等待遇，值得进一步探索。相关探索实践对全国具有很强的借鉴意义。

3. 引导民营企业家拓展国际视野

拓展国际视野是习近平总书记在企业家座谈会上对企业家提出的殷切希望。改革开放以来，我国企业数量不断增加，市场活力不断增强，民营企业对于税收、就业、创新等方面做出了重要积极贡献。党的二十届三中全会提出："完善中国特色现代企业制度，弘扬企业家精神，支持和引导各类企业提高资源要素利用效率和经营管理水平、履行社会责任，加快建设更多世界一流企业。"然而，与世界一流企业比，我国企业特别是民营企业在市场竞争力、创新能力、全球影响力等方面存在差距。没有世界一流企业家、世界一流的企业，就谈不上民营企业家实现了健康成长。这一点对于温州而言尤为重要，因为温州特别缺乏产业链链主型企业、世界一流企业。因此，如何引导民营企业家拓展国际视野，让民营企业家在国际竞争中锻炼成长，打造世界一流企业，值得进一步探索。

专题报告 ⟩

B.4
民营企业家健康成长之
引领:"四千精神"

付明卫[*]

摘　要:　"四千精神"指改革开放以来以温商为代表的浙商敢闯敢干、披荆斩棘、开拓创新的创业精神。"四千精神"包含的"走遍千山万水"、"说尽千言万语"、"想尽千方百计"和"吃尽千辛万苦",依次对应着企业家精神中的开放探索、沟通合作、创新创业和吃苦耐劳特质。温州能成为"四千精神"的发源地,与其围山靠海、人多地少的地理环境,开放包容、重视工商的历史传统,义利并举、经世致用的文化氛围,实事求是、敢作敢当的地方政府分不开。温州在"四千精神"的引领下,国民经济高质量发展,涌现了大批知名企业。新时代发扬光大"四千精神",需要拓展"四千

---

* 付明卫,中国社会科学院经济研究所研究员,主要研究方向为健康经济学、乡村治理、创新。

精神"的内涵，采用丰富多彩的宣传方式。

关键词： "四千精神" 企业家精神 民营经济 改革开放

　　2023年3月13日，在十四届全国人大一次会议闭幕后的记者会上，国务院总理李强在回答记者关于民营经济发展的问题时谈道："在我的老家浙江、江苏等地发展个体私营经济和乡镇企业时创造了'四千精神'（走遍千山万水、想尽千方百计、说尽千言万语、吃尽千辛万苦）。虽然现在创业的环境、条件、模式发生了很大的变化，但是当时那样一种筚路蓝缕、披荆斩棘的创业精神，是永远需要的。"李强总理的讲话再次将"四千精神"带入公众视野。改革开放以来，依靠着"四千精神"的引领，浙江经济发展屡创佳绩，一批又一批有胆识、有魄力、能吃苦、谋创新的企业家成长起来，白手起家，从无到有，掀起了浩浩荡荡的民营企业创业浪潮。改革开放以来，浙江的居民人均可支配收入高速增长，至2020年时在全国31个省级行政区中位居第三，仅次于上海和北京（见表1）。正如2007年出版的《之江新语》一书所言——"浙江之所以能够由一个陆域资源小省发展成为经济大省，正是由于以浙商为代表的浙江人民走遍千山万水、想尽千方百计、说尽千言万语、吃尽千辛万苦。"

表1　1980~2020年31个省级行政区的居民人均可支配收入

单位：元

地区	1980年	1985年	1990年	1995年	2000年	2005年	2010年	2015年	2020年
上海	637	1075	2183	7172	11781	18912	32584	52962	76437
北京	501	908	1902	6235	10590	18775	32132	52859	75602
浙江	488	904	1932	6221	9236	16089	26802	43714	62699
江苏	433	766	1464	4634	6756	12098	22273	37173	53102

续表

地区	1980 年	1985 年	1990 年	1995 年	2000 年	2005 年	2010 年	2015 年	2020 年
广　东	473	954	2303	7439	9518	13783	21332	34757	50257
天　津	527	876	1639	4930	7946	11839	21800	34101	47659
福　建	450	733	1749	4853	7285	11667	19914	33275	47160
山　东	448	748	1466	4264	6417	10422	18971	31545	43726
湖　南	476	735	1439	4699	6274	9754	17229	28838	41698
内蒙古	407	686	1149	2863	5152	9247	18050	30594	41353
西　藏	683	983	1613	4000	7459	9538	15258	25457	41156
辽　宁	494	704	1551	3707	5408	9346	18487	31126	40376
重　庆	412	762	1691	4375	6152	9700	16032	27239	40006
安　徽	—	642	1355	3795	5277	8399	15566	26936	39442
江　西	386	583	1188	3377	5116	8679	15656	26500	38556
四　川	391	700	1488	4003	5886	8354	15364	26205	38253
陕　西	407	650	1369	3310	5098	8159	15343	26420	37868
云　南	420	752	1515	4065	6277	9078	15528	26373	37500
河　北	401	631	1397	3674	5642	9020	16009	26152	37286
海　南	—	778	1650	4770	5332	8013	15229	26356	37097
湖　北	414	704	1427	4017	5512	8730	15891	27051	36706
贵　州	344	631	1327	3931	5117	8127	14073	24580	36096
广　西	455	745	1588	4792	5800	9138	16613	26416	35859
宁　夏	464	697	1421	3383	4894	8013	15093	25186	35720
青　海	—	747	1321	3320	5221	8271	14462	24542	35506
新　疆	427	697	1421	4163	5721	8283	14480	26275	34838
山　西	380	595	1291	3306	4715	8866	15510	25828	34793
河　南	365	601	1268	3299	4735	8512	15463	25576	34750
甘　肃	403	641	1197	3153	4970	8323	13820	23767	33822
吉　林	368	616	1230	3175	4765	8464	14759	24901	33396
黑龙江	420	742	1211	3375	4981	8592	14741	24203	31115

说明：数据来自中国国家数据库：data. stats. gov. cn。

一 "四千精神"的内涵

"四千精神"，即"走遍千山万水、说尽千言万语、想尽千方百计、吃尽千辛万苦"之精神，指改革开放以来以温商为代表的浙商敢闯敢干、披荆斩棘、开拓创新的创业精神。"四千精神"的发源地有温州说、绍兴说、台州说和义乌说等。但是，浙商研究会执行会长胡宏伟认为，温州说比较可信。有关"四千精神"的正规表述，最早出现在1983年1月11日出版的《浙南日报》（今《温州日报》）中。在该日出版的《浙南日报》刊登的文章《社队企业极需各方支持》中出现了"走遍千山万水，讲了千言万语，想了千方百计，吃尽千辛万苦"的表述。1985年5月12日出版的《解放日报》刊登的《温州33万人从事家庭工业》一文，将温州的改革实践总结为"温州模式"，并在温州人民的实践中提到了"四千精神"，首次较为完整地阐述了"四千精神"。

"四千精神"，包含"走遍千山万水"、"说尽千言万语"、"想尽千方百计"和"吃尽千辛万苦"四个方面。每个方面对应着现代企业家精神的一种特质，分述如下。

（一）走遍千山万水：开放探索精神

"走遍千山万水"是对脱离计划经济束缚后，温州千千万万手工业者和个体工商户为了寻找出路、找寻商机，冲出温州、走向全国和世界各地的历史记载，也是"四千精神"中探索与开放精神的写实。

探索与开放精神是在长期以来温州地理格局、历史文化条件下温州人自觉形成的精神，也是中国由计划经济向市场经济转型中温州经济发展先人一步的重要基石。改革开放后，温州人深知，温州本地自然资源难以供给数量众多的人口，只有从本地实际出发，开放向外，探索新的产业与市场才有出路。基于经商与手工业传统，温州很快形成了家庭工业、个体私营等产业形式，发展形成了"小商品，大市场"的经济格局。为了探寻商机，创造、打通产销通途，起始于20世纪70年代，壮大于80年代的温州十万供销员活跃于历史舞台，实现了从农民到商人的华丽转变。据统计，1980～1985年，每个供销员平均每年要走8000里路，名副其实地"跨千山，越万水"。他们奔赴全国各地引入加工原料，推销温州产品，将各种各样的市场信息带回温州，实现了温州早期的财富积累与家庭工业发展的兴旺。

也正是依靠这股子探索与开放精神，温州人恋家不恋土，在外闯荡，以温州为起点却不限于温州，活跃在中国的每一个角落，将生意做到了天涯海角。改革开放后，"哪里有市场，哪里就有温州人；哪里没市场，只要有了温州人，哪里就会有市场"。百万温州人活跃于全国各地绝非浪得虚名。

"中国徽章大王"陈加枢的创业经历正体现了"四千精神"中"走遍千山万水"的精神。1981年，复员归来报考招干考试数次无果后，陈加枢开始了他的供销员生涯。当年春天，他与伙伴来到山西太原。他们将徽章扛在肩上，让学校选购，确定意向订立合同后，先制作好寄过去再收取费用。一周以内，所有他们去过的学校都或多或少达成了订货意向，最终陈加枢和同伴接到了7000元制作校徽的业务。这次成功彻底坚定了他从事供销员的想法。之后，陈加枢又陆续与同伴去往全国各地办理制作校徽、饭菜票、工作证本等业务。从贵州六盘水矿区，到河南漯河，再到内蒙古呼和浩特，长江南北都留下了陈加枢的足迹。1983年陈加枢与几个朋友开办金乡徽章厂，学习上海徽章厂的先进技术，请他们的技术师傅指导。很快，金乡徽章厂成为金乡第一个家庭作坊式的采用机器设备生产徽章的厂家。1986年9月23日，金乡徽章厂带着300多个品种的产品，远赴上海外滩如意酒家举办产品观摩会。这次观摩会得到了超乎想象的关注，打响了金乡徽章厂名气。也借着这股东风，陈加枢在上海设立了办事处，开始承接一些上海外贸单位、国外客商的订单。1987年由于股东分歧，陈加枢一人接管该厂，进行了一系列改革，整顿工厂，聘请上海高级技师，提质提量。厂子发展水平很快超越了很多其他地方的徽章厂，业务持续向全国市场推进。1990年，凭借金乡徽章厂物美价廉、技术先进的优势，陈加枢接取了50万枚第十一届亚运会开幕式纪念章的生产任务。1991年，他打败日本、中国台湾的竞争对手，获得美国军需品供应商格林公司董事长的认可，接取了生产美军徽章的大额订单，得到了国内外媒体的广泛报道，打响了金乡徽章厂在国际上的名气。陈加枢的生意版图不断扩张，徽章制作也逐渐做到了全球市场。金乡徽章厂陆续为联合国维和部队以及美国、英国、俄罗斯、沙特、阿根廷、老挝、日本等国军警界制作过100多个品种的各式徽章、服饰标志，两次为世界杯足球赛制作系列徽章，担任了解放军全军跨世纪军服服饰、标志试样生产，以及全国党徽的制作任务。2001年3月31日，金乡徽章厂被总后勤部装备研究所授牌为"科研试制基地"。如今，金乡徽章厂享誉海内外，为人称道。陈加枢也被媒体称为"中国徽章大王"。

不局限于国内，温州人的足迹早已跨越国界，遍布全球131个国家与地区，形成了一个庞大的海外网络。据统计，约有70万温州籍侨胞活跃于世界各地，在93个国家成立了268个商会，构建了紧密的商业与文化交流网络。到如今，温州华侨在国际上都享有一定名气。尽管外出闯荡的基因深植于温州悠久的历史之中，但绝大多数的温州华侨群体实际上是在改革开放的春风中茁壮成长起来的。他们凭借"四千精神"在世界各地开疆拓土，不仅成就了自身的事业，也将温州文化、温州精神带向了全世界。

正如上文所述，"走遍千山万水"的内涵也是多层次的，既包括温州人走南闯北、在行业上下探寻出路的探索精神，也包含温州人足迹遍布天涯海角、世界处处皆可为的开放精神，这两者都是实现民营经济发展壮大的必备品质之一。民营经济发展之路，实质上是一场不断突破界限、持续外延的征途。其核心在于不断探索未知领域、拥抱开放合作的勇气与智慧。中国民营经济发轫于细微，创新创业也是由无到有。不寻求探索新的市场、新的领域，孤芳自赏、故步自封，则在激烈的市场竞争中难以生存。

对于微观企业而言，探索与开放同样重要。舒尔茨与奈特倡导企业应具有冒险精神以及抗风险能力。无论企业发展到何种地步，探索与开放都是企业保持核心竞争力的不二法宝。探索与开放精神是企业百尺竿头更进一步的不竭动力，也是企业在变幻莫测的市场上保持活力的重要倚靠。探索精神赋予企业家在市场上持续开拓的潜能，地理上不断开拓新市场，纵深上不断探索发掘客户新需求，行业上不断探索发展企业第二增长曲线。开放精神让企业开放向外，能够"走出去"，扩大业务发展市场，领略学习不同行业、不同地域的先进技术与文化，赋予企业海纳百川、随行就市的强大发展与适应能力。

在变化中求生存是现代企业的一大课题。中国对外开放的步子越来越大，在行业日新月异的变化下，"降维打击"或许不期而至。新时代下，无数新领域、新市场正蓬勃兴起，蕴藏着无限的发展潜能，只有"走遍千山万水"，敢探索，拥抱开放，才能精准把握时代脉搏，在时代浪潮中逢凶化吉、抢占先机。

（二）说尽千言万语：沟通合作精神

"说尽千言万语"是温州老一代企业家深谙沟通艺术与合作真谛，并为之不懈努力的证明。老一辈建立渠道，拓宽销路，互利合作，积极参与政企沟通，实现了温州政商融洽互促，"小商品"发展出大市场，家庭小工坊化身"大工厂"的历史成就。

寓情于理，晓以利，达成交易，沟通与合作精神必不可少。温州发展之初，一没资金，二没技术，三没人，靠的是供销员走遍千山万水，寻找商机与销路，再费尽口舌，说尽千言万语，将找到的商机与市场链接形成切切实实可以产生收入的通路，实现温州的资本原始积累。

沟通与合作并不局限于企业与顾客之间，也在行业内部。市场经济的自然法则是竞争，但竞争中亦有合作。伴随企业的发展，商业运行日趋复杂、竞争条件日趋严峻，仅凭个人难以支撑起企业的发展。"说尽千言万语"，沟通与合作精神是实现企业长久运行，并在竞争中不断壮大的灵丹妙药。沟通与合作精神体现于温州经济壮大的方方面面，这一精神也早已内化于其骨血之中。温州人从事各种事业都偏爱以群体聚合的方式进行。对内，温州民营经济发展之初便是始于家庭工坊，并逐步发展为家庭工厂、家族企业。血脉维系下家族企业在温州经济发展中占据着颇为重要的位置。也正是依托于血脉联系，温州人沟通与合作更为亲密、便利，能够凝聚人心，劲往一处使。好的商机机会借由血缘关系在家族中传导，实现家族创业的成功。家族关系不仅容纳了温州早期家庭工坊的生产形态，在温州企业现代化转型中依然发挥着不小的作用。至今温州一些规模较大的企业，诸如主营手机、电脑等连接组件的铭基高科，主营乳制品、烘焙食品加工的一鸣食品等依然在家族成员的管理之下良好发展。

不局限于血缘联系，在沟通与合作精神引导下，温州民营经济持续壮大，发展出多种多样的合作生态。伴随企业壮大和市场竞争日益激烈，一部分家庭企业不可避免地出现法人治理结构单一、企业抗风险能力较弱、企业经营决策制约较少等问题。温州人同样也积极拥抱更现代的企业经营管理方式，寻求更具发展潜能的合作模式。温州是股份制的发源地。从几家几户的集资投股，再到联户、联营、合资、合伙，温州大量家庭企业转型为现代股份合作企业。温州市委、市政府敏锐觉察，制定了《温州市关于农村股份合作企业若干问题的暂行规定》等多部文件予以引导。产权分明、风险明晰的合作方式顺应了企业发展规律，推动温州民营经济行稳致远。

艰苦的历史条件培养了温州人强烈的忧患意识，"众人拾柴火焰高"，无论是本土经营还是海外发展，温州人总是乐于抱团。共同的地缘将温商紧密联系在一起，构建了一个基于地缘、血缘和业缘的强大网络。每一位成员的贡献汇聚成一股强大的合力，他们互通有无，维持市场秩序，解决行业矛盾，互利互惠。温商在乌兹别克斯坦、俄罗斯、越南等国家已建成 3 个国家级境外经贸合作区和 1 个省级境外经贸合作区，温州的国家级境外园区数量位列中国地级市之最。时至今日，温州商会不仅为会员提供了一个交流信息、分享资源的平台，还积极促进商务合作，共同开拓市场，相互扶持，共御风险。温州商会作为沟通与合作精神的实体体现，不仅强化了温商内部的凝聚力，提高了整体的竞争力，形成了温州的品牌力量，还搭建起了中外交流的桥梁，让温州精神在世界各地生根发芽，绽放出璀璨的光彩。正是这样的团结合作，使得温州商人在改革开放的浪潮中能够乘风破浪，携手同行。

"说尽千言万语"的沟通合作精神同样存在于温州政商的紧密沟通中。从改革开放前经济洼地到改革开放后化身民营经济桥头堡，温州乃至中国民营经济发展同中国经济体制改革发展有着紧密深刻的联系。改革开放后，"姓资姓社""是不是资本主义复辟"等困惑也在全国人民心头萦绕。体制转型中，温州人敢为人先，在勇立改革潮头的同时也不可避免地面临褒贬不一的评价与审视。即使是如今饱受赞誉的"温州模式"也曾经历毁誉参半的历史时期。走在改革前列注定与风险共舞。在社会主义市场经济体制尚未健全、人民思想包袱尚未卸下的情况下，小小的错误可能酿成家财散尽的苦果。政治政策与企业发展休戚相关，这也养成了温州人关心政治、研究政治、积极参与政治的习惯，培养形成了温商积极拥护党和国家，并与干部、政府积极合作，"说尽千言万语"，构建政企紧密联系的精神。在温州，许多民营企业老板出身自公务员，如德力西副总林小平、华峰集团副总陈积勋等，许多企业都设有党支部等党团组织，许多温州企业家也积极参与政府组织的各种活动。在沟通合作精神引导下，温州企业与政府形成良性互动。充分利用工商联、行业协会商会等平台，企业集中反映行业共性问题，提出建设性意见，参与到政策制定中来。政府也努力将政策落在实处，因地制宜，实现与民营企业步调一致，构建起一种协同创新、共谋未来的新型政商生态，为温州持续繁荣注入了强劲动力。

诚信是"说尽千言万语"里沟通与合作精神的压舱石。没有诚信，再巧舌如簧的沟通技巧都会黯然失色，前途再光明的合作关系也会分崩离析。信是为人之本，也是经商要义。管子有言："非诚贾不得食于贾。"温州民间有筹款从商的习惯，依托于诚信，温州创业者"说尽千言万语"，打动他人，即可筹得原始资金。曾经市场体系尚不健全，在功利思想推动下，温州人曾走过一段时间弯路，大规模大范围的假冒伪劣温州商品流通于市面。付出惨烈代价后，温州市政府与企业痛定思痛，政企齐发力，才逐渐扭转"温州制造"风评，再造诚信"金字招牌"。

温州商人应仲树的商业征途，深刻体现了"四千精神"中的"说尽千言万语"这一核心特质。应仲树于 1962 年出生自苍南县芦浦镇（现为龙港市芦浦片区）的一个普通农民家庭，从小生活艰苦，自家种的粮食不够吃，生活只能勉强温饱。为了生活，他于改革开放后，跟着五叔开始了自己的供销员生活。在那个信息闭塞、交通不便、人员流动极少的年代，应仲树勇闯山东、辽宁，贩卖土布。1979年后，腈纶一路走俏，应仲树开始在全国贩卖腈纶毛衣，短短四年，赚了将近20万元。20世纪80年代中后期，应仲树转战礼品市场，在母亲和姐姐的帮助下，向亲朋好友借得3000元，到汕头、厦门、广州购买样品，开始了自己新的事业。最终，在石家庄这一竞争相对较小的地区打开了礼品售卖的市场。他积极了解市场信息，了解哪些单位有礼品需求，再一次次跑遍这些单位，说尽千言万语，从门口的老大爷到单位领导，他和单位上下能接触到的人搞好关系。应仲树凭借诚挚的态度和不懈的努力，向领导展示样品，自曝产品出厂价，坦诚沟通，成功打动单位领导，赢得宝贵的订单。秉承踏实诚信的原则，只要别人给机会，应仲树就会认真做好，一定让顾客满意，一定不会欺骗顾客，商品出厂价、利润都会如实相告，很少与顾客扯皮，做不做生意、出现问题怎么解决都由客户说了算。凭借这种态度，应仲树和打交道的顾客建立了深厚的联系，一两年就在石家庄站稳了脚跟，第一年就赚了几十万元。之后应仲树转战北京做航空礼品，也很快和航空行业的客户成为朋友，哪怕客户的亲戚朋友来到北京都会接待。在沟通合作精神的引领下，应仲树的生意越做越大，在1993年成立了温州航空用品实业公司，同年赞助120万元取得第三届亚洲冬运会吉祥物独家使用权，并在1998年说服原本持怀疑态度的亲友和客户给予资金支持，投资2.8亿元建成全国最大的温州礼品城。时至今日，温州礼品城已是全中国规模最大、成交量最大、产品最好、价格最低廉的礼品城，获得了"中国礼品城""中国印刷材料交易中心"

"中国五星级商品交易市场"等荣誉称号。2003 年，应仲树本着搭建平台、集聚产业、强化行业、避免恶性竞争、合作共赢的精神，在温州礼品城的基础上成立了仪邦集团，构建商业零售、批发采购、旅游购物、餐饮、休闲、娱乐和电子商务业务综合体，开启了事业新的征程。

总而言之，"说尽千言万语"是以诚信为基、沟通与合作精神的体现。与消费者沟通合作，与行业内外沟通合作，与政府沟通合作，在沟通中谋合作，在合作中促沟通。沟通合作精神是中国民营经济在体制转型与全球市场挑战中，由弱到强、适应变化、引领创新的重要法宝。只有顺畅沟通、打动人心，企业才能在当今需求转弱、预期不明的环境下打开市场。只有团结一切可以团结的力量，肝胆相照、合作共赢，企业才能赢得商机。

（三）想尽千方百计：创新创业精神

"想尽千方百计"，是温州民营企业家精益求精、敢为人先、敢于突破常规的创新与先锋精神，即温州知名的"首创精神"。这种创新拼搏精神也正是温州经济发展的底色。群众乐于首创，突破创新，政府尊重群众首创精神，予以规范支持。"想尽千方百计"谋发展，"四千精神"中这一拼搏创新精神贯穿于现代温州创业始终。温州人敢于创新，常创常新，走在了改革开放的前列。

温州敢为天下先，冲破计划经济束缚，积极创新创业。温州是我国最早参与社会主义市场经济改革的城市之一，是较早建立的改革开放试验区之一，是较早设立的国家金融综合改革试验区，是农村改革试验区、国家自主创新示范区等。"八八战略"实施以来，温州已合计承担 50 余项国家级和省部级改革试点。温州人民探索创新，开创了无数个第一：温州发放了新中国第一张个体工商户执照；发布了第一份股份合作企业章程；建立了中国第一个农民城龙港镇；建成了中国第一条股份制铁路；建立了中国第一个小商品批发市场；成立了中国第一家私人包机公司；成立了第一家私人跨国农业公司；建立了第一个民间异地商会；建设了第一个境外中华商城；建立了第一家民间股份制城市信用社；建立了第一家实行浮动利率的银行机构等。

温州市前市长曾力赞道："温州这座城市的灵魂是创新。"[①]温州被誉为"浙江乃至全国市场体制创新的先行者"。温州也较早形成"一村一品"，进行区块间社会分工；较早实行全社会统一一体化的养老保险制度；最早规范形成股份合作企业等。在企业运营中温州商人同样积极发扬首创精神，通过模仿学习、应用、研发创新技术，在产品、工艺、服务及商业模式等多方面不断革新。在管理上也谋求现代化，大胆突破传统。温州著名企业德力西自创业以来就形成了"科技兴业"的发展战略，坚持每年投入营业额的5%用于研发，并在企业内设立科研基金、博士后科研工作站激励员工创新。其在管理运营上对在岗人员定编、定人、定岗、定责，大胆引入人才，实行董事局事业部制扁平式管理；在营销模式上突破传统行商坐贾的模式，较早进行网络营销，实行产销分离、销售社会化；等等。温州亚庆印业有限公司董事长吴作钏的创业历程是温州商人"想尽千方百计"创新创业的缩影。吴作钏出生于1962年，高中毕业后分配到灯泡电器厂当仓库管理员，并一步步成为财务人员、技术骨干。1985年他初次创业，成为一名供销员，和发小合作集资承接河南南阳土地证印刷的业务，但最终业务未谈成功，加之合作伙伴为人不厚道，让他承担了三人行程中极大部分的开销，本应退还的资金也

---

① 《"宁波帮"与"温州模式"》，《华夏时报》2003年11月2日。

被同伴隐瞒并挥霍一空。十年时间吴作钏亏损了 8 万元，他的妻子也因此得病。8 万元的损失给家庭带来了巨大的拖累与负担。尽管之后连遇挫折，承接的普及法律常识合格证书被临时叫停，业务货款被赖，但吴作钏都没有放弃，而是积极探索新的商业机会。偶然机会，凭借自己的热心肠，他在招待所帮药厂找到着急联系的负责人，赢得了对方的好感，谈下了业务，赚得了人生第一桶金。1989 年，他创办了苍南亚庆印业，与河南多家药厂及郑荣火腿肠的合作，为公司赢得了宝贵的发展机会。一路上，吴作钏一直秉持创新创业精神，开拓市场，引入先进技术。从开始的药厂印刷业务，到 1993 年做丝网印刷，到 1997 年承接商标印刷，再到 1998 年创立亚庆印业有限公司、1999 年斥巨资引进德国海德堡 SM52-4 八开四色胶印机和 CP2000 对开四色机、CP2000-52 胶印机等配套设备 20 多套，高薪从深圳聘请技术人员提升产能，再到业务逐渐拓展至印刷包装领域，吴作钏的创新创业从未停下脚步。

创新精神是企业发展壮大的持久动力，是企业家的天职与灵魂，是推动经济持续增长、社会向前发展的原动力。熊彼特的理论认为，能够适应市场考验的长久创新精神就是企业家精神。"想尽千方百计"，就是要敢为人先、坚持创新、逢山开路、遇水架桥。当今我国创新创业条件发生很大变化，创新由劳动驱动、资本驱动向技术驱动转型，企业经营模式趋于规范成熟，技术发展越发艰深，"赢家通吃"效应趋于显著，专业化分工趋于严密。我国民营经济发展早期，商机无处不在，能产就能销的创新创业环境在大多数行业已不复存在。新时代下，创新创业需要更现代化更敏锐的洞察力、更专业的人才团队、更巨大的投入体量、更长的资本回报期。同时，挑战与机遇并存，新一代科技革命已经来临，产业变革加速推进。万物互联、大数据、生成式人工智能、新能源、区块链、云计算、元宇宙、生物制造、航空航天等新兴产业带来了新的蓝海市场，也赋予了传统企业转型升级、初创企业家新的可能。无论是利用新兴技术提升企业运营管理水平，提质增效，还是与新兴产业深度融合，实现技术革新和业务模式的重塑，开拓新的增长点，这一源自"四千精神"的敢为人先、拼搏创新精神依然大有可为，依然有其独到价值，值得当代创新创业者结合时代特征传承并发扬。

（四）吃尽千辛万苦：吃苦耐劳精神

"吃尽千辛万苦"是对温州创业者经历、克服创业路上物质心理双重困难的真实写照，体现了温州早期创业者在逆境中坚韧不拔、奋勇拼搏、吃苦耐劳的奋斗精神。以前，温州"三少一差"（人均耕地少、国家投入少、可利用资源少、交通条件差），人们挣扎在温饱线上，三分之二的百姓处于贫困线以下。长期困难的生活磨砺出温州人能干能吃苦、敢干敢奋斗的品质。"生活逼出来，市场放出来，群众闯出来"，温州蹚出了中国民营经济发展的样板，经过拼搏奋斗，实现了富足。到1985年，在全国人均年收入仅700元的情况下，温州已有40户年净收入超5000元。

自古英雄多磨难，温州人白手起家，从无到有，自力更生，尝尽创业之苦。"晚上睡地板，白天当老板"是这一时期温商的真实写照。改革开放后，无数农民洗脚上岸，加入十万供销员大军。商机与市场坐等不来，需要双手挣来，双脚跑来。改革开放早期，中国交通体系尚不健全，也远不如今天舒适，而温州又三面环山，交通闭塞。跑供销要跑得多、跑得远，就要供销员常与舟车劳顿、长途跋涉做伴，吃尽千辛万苦。在绿皮火车、长途汽车上挤得"上不着天，下不着地"也是旅途常态。早期温州人经济紧张，手里的每一分钱都要精打细算，住低档旅馆、睡火车硬座下面也不足为奇。以温州金桥纸业有限公司董事长金胜都跑供销的经历为例。金胜都自幼贫困，家中只有一间破瓦房，晚上遇到下雨天还得起床接漏雨，最困难的时候一天仅能吃两顿饭。到跑供销的时候，金胜都同样饱受考验。16岁时他去江西井冈山、九江和浙江湖州等地贩卖当地出产的手工土布，需要一路辗转，从钱库出发，先乘船到方岩，再从方岩搭轮渡到鳌江，在鳌江坐汽车直达金华，最后在金华买火车票去江西。车票绝大多数都是站票，有的线路有时候车上人极多，摩肩接踵，甚至站的地方可能都没有。金胜都在云南跑生意时磨难依然众多，云南地处边境山区，去村镇里面需要翻山越岭走上数个小时，路途艰难。风餐露宿、挨饿受苦是常有的事。同时各地饮食迥异、生活环境有别，这也对供销员提出了考验。早期供销员往往一个人承办一家企业的工作，从签订单到生产制作到送货上门，都离不开供销员。最早几年，货物都是金胜都一个人大包小包带到云南，亲自送货上门，到后来才得以好转，可以包车托运。早期供销员外出住宿条件也极为有限，以前外出依赖介绍人和介绍信，到上海采购物资更是需要驻沪办出具专门的介绍信。在上海住旅馆需要登记、分配入住，外地人员根据介绍信的级别被分配相应的旅馆。一般的小单位只能被分配到一般的旅馆或者澡堂。金城房地产开发有限公司陈觉因早年在上海跑业务，只能住大通铺，一个房间十几张床，有时还经常在澡堂过夜。

需要"说尽千言万语"才能收获订单的精神之苦也是创业不可避免的一部分。创业之路绝非一帆风顺，温州基础底子差，早期创业者知识水平较低，面临资金短缺、技术落后、市场封闭等重重困难。创业本身也是机遇与风险并存，是对智慧、勇气与运气的考验。

方向不对，就有可能血本无归。在当时相对落后的信息、通信和交通条件下，供销员往往只能靠着"两条腿"和后来出现的"三分邮票"（寄往各地的业务信）寻找交易对象。供销员天南海北闯码头跑业务，冒着极大的风险。应仲树曾说："供销员出去要坐车、坐飞机，要住宾馆、请客人吃饭，但不是所有人都能接到业务，真正成功的没几个。"即使如此，"穷怕了"的温州人还是不断走出温州，寻求出路。结合本地实际，以能吃苦的坚忍奋斗精神为支撑，温州人逐渐摸索出"小商品，大市场""小区块，大产业""小资源，大制造""小资本，大经营"的创业之路，并随着时代变迁不断寻求突破。

远行海外的温州人同样吃尽千辛万苦。温州人出门在外，远离故乡亲友，无所依靠。他们必须迅速适应陌生的环境和文化，克服语言障碍，寻找生存和发展的空间。在异国他乡，温州人常常从最底层的工作做起，开餐馆，卖小商品，经非常之苦，经营起自己的事业。以远渡意大利普拉托的温州华侨为例，早期温州移民迫于生计，多由偷渡而来。他们在这里举目无亲、身无分文，甚至背有债务。这里开具给华工的工资仅有当地人的五分之一。当地人通常做三休一，温州人则将休息时间都用来工作，晚上睡觉时间也多有牺牲。"吃尽苦中苦，方为人上人"。温州人逐渐还清债务，积累起财富，并学习到了当地先进的服装纺织技术，甚至反哺到了国内，带来了温州近五十年第一次发展机遇。

"千淘万漉虽辛苦，吹尽狂沙始到金。"困难没有将温州人击倒。温州民营经济在温州人的刻苦努力下茁壮成长。温州市政府将温州民间首创规范上升为地方制度。政企双向奔赴，共享改革红利。阳光总在风雨后。企业发展路上永远不缺乏挫折与困难。困境或许不期而遇，"四千精神"中的坚韧与奋斗精神正是企业最好的应对指南。只有敢吃苦才能少吃苦，只有奋斗不屈服才能走出困境。

温州人凭借"走遍千山万水"的探索开放，将产品销往五湖四海，市场版图不断拓展；以"说尽千言万语"的沟通和合作精神，构建起一张张紧密的商业网络，赢得了国内外合作伙伴的信任与尊重。"想尽千方百计"的首创精神，则是推动温州民营经济持续升级，从劳动密集型向技术密集型、资本密集型转变，由粗放向规范发展的不竭动力。在"吃尽千辛万苦"的过程中，温州企业依托坚韧与奋斗精神，每一次经济风浪过后，都能以更强的姿态站稳脚跟。"四千精神"反映了改革开放时期温州乃至整个浙江创新创业者勃发肯干、百折不挠、积极有为、诚信开放、爱国爱乡、团结踏实的时代精神。"四千精神"是一种群像精神，其内涵凝结于这四个句子中，更活跃体现于每一位勇立改革潮头、拼搏奋进的民营企业家身上。

二 "四千精神"的成因

温州能成为"四千精神"的发源地，与其特殊的地理环境、历史传统、文化氛围和敢作敢为的地方政府分不开。四个条件缺一不可。"四千精神"没有诞生在其他地方，就是因为其他地方没有同时具备这四个条件。

（一）人多地少、围山靠海的地理环境

温州地处浙南山区、东海之滨，历史悠久，已有 2000 余年的建城史。其地理环境独特，拥有蜿蜒曲折的海岸线、多达 700 余个岛屿、密布的河流水系，还有起伏的丘陵地形。一方水土养一方人，正是温州这样的地理条件，对当地社会经济发展产生了深远的影响，多重因素综合，孕育了温州人吃苦耐劳、敢闯敢拼、开放创新的"四千精神"。

首先，温州一面临海，三面环山，辖区内多山地丘陵，本地自然

资源相对匮乏，是我国人口最稠密、人地关系最紧张的地区之一。在改革开放之初，温州农村超过一半的劳动力都是剩余劳动力，仅靠温州本地的农业资源极难供养。温州人均占有耕地 0.52 亩，只有全国平均水平的三分之一左右，素有"七山二水一分田"的说法。即使是到 2023 年，温州市实现地区生产总值 8730.6 亿元，其中第二产业和第三产业增加值分别为 3606.7 亿元和 4944.3 亿元，而第一产业增加值仅有 179.6 亿元，仅占约 2.1%的份额，远小于 2023 年全国 GDP 中第一产业 7.1%的相对占比。这样的地理条件使得温州人通过农业发展实现自给自足、脱贫吃饱饭极为困难，迫使温州人不得不寻求其他生存和发展方式。历史上温州就已侧重发展手工业、对外商贸等对本土自然资源依赖性小的行业，因而重农抑商的中国传统文化对这片土地的影响较小。

其次，所谓"失之东隅，收之桑榆"，农业发展面临诸多掣肘的温州却是商业发展的天然宝地。一方面，温州市内河网密布，瓯江、飞云江、鳌江三大水系贯穿其中，为渔业、水运提供了便利，同时也促进了温州商品经济的发展和对外交流。另一方面，温州毗邻东海，海岸曲折，拥有长达 355 公里的海岸线，坐拥诸多良港。以温州港为例，它早在战国时期就已是我国沿海重要港口之一。这样的港口条件也形成了当地开放扩张的商贸传统。

温州雨水充沛，年降水量达 1800 毫米，毗邻大海，除自然资源匮乏外，每年 7~10 月暴雨、泥石流、台风等自然灾害也多有发生。温州艰苦困难的自然环境制约了温州的发展，却成为磨炼温州人意志和能力的熔炉。宝剑锋从磨砺出，梅花香自苦寒来。匮乏的自然资源促成了温州人对脱贫致富的强烈渴望，也要求温州人必须竭尽所能，能吃苦，有决心有毅力，讲诚信，高效利用好其所拥有的一切资源，团结到所有可以依靠的人。也无怪乎温州人可以走遍千山万水、说尽千言万语、想尽千方百计、吃尽千辛万苦，诞生了温州商帮，并在今天世界各地都形成大大小小的温州商团。也无怪乎改革开放号角甫一吹响，温州人便迅速走出家门，跨千山万水，吃万般苦，奋发努力，敢为天下先，建立了第一家股份合作企业、第一家进行利率浮动试点的金融机构等，掀起改革开放后中国民营经济发展的浩荡大潮。

温州自然资源有限，同时伴海而生、商贸便利，为了生活，温州人不得不走南闯北。这一地理格局天然赋予了温州人不惧艰险、勇于乐于探索、开放拼搏的基因。同时，共同应对恶劣生存环境的经历，又将温州人紧密地联系在一起，塑造了他们恋家而不守土的独特性格。在"温州经济丛书"的题词里，江泽民同志对温州的地理环境及其对当地人文精神和文化内核的塑造做出了精准的概括："世界的人都知道温州人会做生意，沿海靠山赋予他们这种开放的精神、冒险的精神，最重要的是温州人能吃苦。"正是这样的自然环境，为"四千精神"的产生准备了条件。温州人在长期与自然环境的互动中逐渐形成的宝贵品质，伴随温州人的脚步，最终在改革开放后崭露风采，成为推动温州乃至中国经济发展的强大动力。

（二）开放包容、重视工商的历史传统

地理环境影响了一代代的温州人，一代代的温州人传承下来的文化基因也塑造了现在温州人的精神底色。虽然海运畅通，但毕竟山岭相隔，历史上温州由于与周边地区交流较为有限，远离杭州等文化中心，形成了较为独立而又开放的历史传统。

温州具有悠久的移民传统，是移民之乡。温州气候温和，"虽隆冬而恒燠"，三面环山，一面临海，偏居一隅，"瓯居海中"，又非兵家战略要地，故而社会发展相对稳定，可谓一处世外桃源，因而从西晋到清初，多有外地移民来此定居，如西晋衣冠南渡、宋室南渡等。移民的迁入丰富了温州本土的文化风貌，多样的地域文化交融形成了温州特有的开放包容、外向的文化传统。时至今日，已有近 70 万温

州籍华人华侨在海外 131 个国家或地区建立 300 余个侨团。恋家不守土，敢闯敢跨千山万水的精神也早早在这片土地萌芽。

就生产经营传统而言，如上文所述，温州发展侧重于手工业与商业，并以此著称。历代天南海北的移民也将各种工艺传入温州。自唐宋以来，温州就素有"百工之乡"的美誉。《温州府志》曾言道："土薄难艺，民以力胜，故地不宜桑，而织纴工，不产漆而器用备。"温州陶瓷、造船、漆器、织染、细纹刻纸、刺绣、瓯塑、瓯绣、油伞、草席、鞋革、黄杨木雕等产业均闻名遐迩。其中乐清细纹刻纸等项目先后被列为人类非物质文化遗产。此外，温州还荣获"中国黄杨木雕之乡""中国细纹刻纸之乡""中国刺绣艺术之乡"等一系列国家级荣誉。"故人力取其精而倍其赢，于是温之漆器名天下"，甚至于目前出土的漆器铭文中多见使用"温州"字样标榜品质。在本地资源有限的情况下，长期从事手工业生产培养了温州人精益求精和勤于工作、勤于思考的习惯。面对市场的不断变化，温州的手工业者也必须快速适应和灵活变通，以满足消费者的需求。历史上温州手工业百花齐放、不断推陈出新正是这一精神的鲜明写照。手工业发展传承而来的这一精神也正为"四千精神"中"想尽千方百计""吃尽千辛万苦"筑牢了根基。

商贸传统是"四千精神"的重要根基。如今温州人足迹遍布天南海北，敢于"走遍千山万水"寻求商机与温州的商贸传统也有着莫大的关系。温州有着悠久的开放贸易历史，早至战国时期，温州就已存在一定的海外交流。魏晋南北朝时我国传统农业与商业重心向南迁移也为温州发展提供了一定助力。伴随着陆上丝绸之路的衰落，海上丝绸之路逐渐崛起，凭借优越的地理区位优势，温州成为海上丝绸之路上的重要枢纽城市。历史上多次的移民迁入也为温州的经济商贸发展注入了活力。温州本地早早起步的手工业更是商业发展的得力翼助。一方面，温州手工业产品交换需求带来的商货贸易促进了温州商业发展；另一方面，温州发达的造船业也推动了温州海内外商品的进一步流通。北宋咸平二年（999年），温州被确立为对外开放贸易口岸。南宋时期，温州成为当时四大海港之一，甚至南宋朝廷专门设置市舶务等官方机构进行贸易管理，其中温州所辖永嘉被形容为"商业之沃壤，一都之巨会"，仅此一地商业税足有2500多贯，达当时南宋其他县平均水平的7倍之巨。这是温州海外商贸的鼎盛时期。温州的海外商贸在元朝得以延续，在明朝因为政府"海禁"有所回落但依然活跃，至清朝时因政府"闭关锁国"受到了不小的打击。然而，温州的商贸传统流传至今。

悠久的从事工商业传统赋予温州人独特的竞争优势：他们精通技艺，擅长经营，敢于拼搏，勇于创新，为改革开放后温州人实现从农民到商人、工匠的迅速转变奠定了基础，让温州人更早适应改革开放后的新局面，发扬"四千精神"。

（三）义利并举、经世致用的文化氛围

论及温州人历史文化命脉，永嘉学派是避不开的话题。永嘉学派作为南宋时期在浙东温州地区兴起的重要儒家学派，被誉为"温州人的文化密码"、温州人精神的"重要文化根脉之一"，对温州乃至更广泛区域的文化、经济、教育及思想领域产生了深远的影响。南宋时期，以永嘉学派为代表的浙东学派与程朱理学、陆九渊心学、湖湘学派鼎足而立，在中国古代文化史上留下了浓墨重彩的一笔。永嘉学派关注现实问题，讲求经世之道。其提倡"义利并举、农商并重、经世致用"，坦言功利务实，重视商业，开"事功"思想之先河。永嘉学派集大成者叶适主张"通商惠工，以国家之力扶持商贾，流通货币"，反对"重本抑末"，主张提高商人地位，"四民交致其用，而后治化兴"。元明清时期，永嘉学派有所衰退，至道光中期再度振兴，延续文脉，重新发掘出"事功"

思想之时代价值。经过孙衣言、黄体芳、孙诒让等大家接力传承发扬，永嘉学派思想再度焕发生机。晚清到民国初期，温州，特别是瑞安地区，涌现出众多科宦家族和知识分子团体，秉承着"事功"思想，西学东用，投身于维新变法，致力于温州的现代化转型与现代商贸。政治、科学观念的培育，为"四千精神"奠定了根基。温州这片商贸热土与永嘉学派天然契合，又或者说正是这样一片开放包容、思维活跃之地才孕育了永嘉学派的经世致用精神。经过宋代士大夫之总结、弘扬与践行，这种精神成为一种区域精神文化、一种文化基因，根植于温州人民心间。得益于永嘉学派"事功"思想的长久熏陶，温州人形成了吃苦耐劳、敢为人先、务实肯干、敢闯勤思、重商重学和崇尚创业创新的精神。近现代以来，温州这片深受永嘉学派经世致用精神浸润的土地，涌现出一大批大企业家、手工艺大师，科学上也涌现出一大批温州籍学者。姜立夫、苏步青、李锐夫等著名数学家均出身温州。解放初期，国内大学的数学系主任，足有四分之一是温州人。进入改革开放的新时期，温州更是将"义利并举"的哲学融入血脉，将传统商贾文化与现代文明相结合，发扬"四千精神"，并在金融体制创新、城建体制改革等方面频出新招，为全国树立了典范。温州的民营企业依托这一精神力量，从无到有，从小到大，不断萌发与壮大，构建起一个又一个富有创新特色与强大生命力的中小企业集群，引领着民营经济发展的潮流。

（四）实事求是、敢作敢当的地方政府

1. 拨乱反正的时代政策

"四千精神"既脱胎于温州人民千年的文化传承，也深刻受到温州地理格局长期的浸润影响，同时也是与特定时代背景、与政府政策交互作用的结果，是中国改革开放初期，特别是江浙地区民营经济发

展过程中的一个鲜明烙印。

1978 年以前，温州市的各种资源优势没有得到较好发挥。改革开放前，国家对温州的总投资仅 5.95 亿元，温州成为全国人均投资最少的城市之一。较少的投资直接导致温州国有经济基础较为薄弱，国有经济对于当地居民就业、物资供给、市场影响均较弱。1978 年，温州国有企业创造的工业产值仅占总产值的 35.6%，远低于浙江 61.34% 的平均水平。人地关系极度紧张、物质基础较差是那个时代温州的基本特征。当时全国普遍实行计划经济，由于历史原因，小生产、小贸易、自由市场等事物都容易受到极端化、严肃化、政治化处理，被扣上"走资本主义路线"的大帽子，如 1977 年的纪录片《铁证如山》对福建晋江石狮镇的市场进行了严厉批判，称其"资本主义泛滥"。在温州，民营经济发展也饱受争议，"要找资本主义，到温州去""温州资本主义泛滥"等论调不绝于耳。在错误"左"倾思想和计划经济体制掣肘之下，温州手工业、商业的传统优势没有得到有效发挥，地理资源劣势凸显，不能做到谋长节短。这一时期温州经济差、底子薄、群众生活极度困难，曾流传着"平阳讨饭，文成人贩，永嘉逃难，洞头靠贷款吃饭"的说法。

1978 年，党的十一届三中全会胜利召开，掀开了新中国历史新的一页。十一届三中全会确定的路线、方针与政策，给温州经济与"四千精神"的发展创造了理想的环境。解放思想、实事求是思想路线的确立，中央态度和政策的转变让"四千精神"的发展冲破了计划经济的桎梏，诸如家庭联产承包责任制等的推行，也将温州人从农村土地上解放了出来。正是依靠敢闯敢干的"四千精神"，温州人在改革开放初期先人一步，从本地实际出发，开拓创新，开放创业。十万供销员勇闯全国，为温州带来原材料、商机与市场，一手打造了改革开放早期温州"小商品，大市场"的特色发展之路。"四千精神"也在这一时期崭露头角。

经历关于真理标准大讨论后，人们的思想包袱得到一定的减轻。如前文所述，温州干部群众对于发展模式依旧顾虑重重。依托于温州手工业、商品经济的"四千精神"相应也受到冲击。幸运的是，这一时期的冲击得到了较为及时的拨乱反正。1982年，浙江省委进驻乐清，以"投机倒把"和"扰乱市场秩序"等罪名抓捕柳市镇有"八大王"之称的八位个体经营户。1983年，中央下达一号文件《当前农村经济政策的若干问题》，支持农村发展商品生产。"八大王"得以平反，被宣布无罪释放并归还收缴的所有财物。1984年12月，浙江省委召开省委七届二次全体会议，认为温州发展符合地方实际。1985年后，浙江省委书记王芳和费孝通、万里等国家领导人先后前往温州考察，大多对温州发展予以肯定。"改革开放胆子要大一些，看准了的，就大胆地试、大胆地闯。对的就坚持，不对的赶快改，新问题出来抓紧解决""要害是姓'社'还是姓'资'的问题。判断的标准，应该主要看是否有利于发展社会主义社会的生产力，是否有利于增强社会主义国家的综合国力，是否有利于提高人民的生活水平。"邓小平南方谈话彻底打消了人们的疑虑，也让温州人感受到来自国家、政府的关爱，心中底气也更足，信念更坚定。在这股强大的政策东风之下，"四千精神"在温州扎深了根基。

2. 当地政府实事求是的引导政策

温州当地党和政府的正确引导对于"四千精神"的形成也起着至关重要的作用。"四千精神"既是温州百姓积极探索、奋斗创业的自发结果，也是当地市委、市政府大胆革新、因地制宜、积极正确引导的产物。

改革开放甫一开始，温州市各级政府就从实际出发，从温州历史出发，坚持解放思想、实事求是的路线方针，突破长期以来不准农民务工行商的限制、不准办工业集中发展的限制，支持温州百姓发展，鼓励引导群众创新创业，制定了一系列政策，如允许家庭经营工商业、允许合同转让、允许"挂户经营"等，以地方政府规定的方式，让温州供销员、民营工坊、企业以合法化、合理化的形式存在，为温州人走向全国奋斗创业、"四千精神"蓬勃发展清扫阻碍。

温州地方政府积极保障民营经济发展，呵护民营企业信心。1982年12月16日，温州召开鼓励发展商品经济的"两户大会"，对"专业户""重点户"先进代表进行表彰，宣布了发展"专业户""重点户"的10条政策措施，包括鼓励农户转入其他行业经营；除粮食、木材外，其他农副产品在完成国家统购和派购任务后，允许产销直接见面；允许个体行商和流动购销专业户在国家计划指导和工商行政部门统一管理下长途运销等，稳定了温州人民继续奋斗的信心。

之后，随着温州生产力的发展与市场竞争的激化，早期民营经济过于分散与粗放的经营模式在一定程度上阻碍了温州进一步的发展，而此时温州已经出现股份合作的现代企业形式。温州市政府敏锐观察、冷静思考、大胆实践，在政府规章中明确股份合作制的种种规范与要求，尊重与发扬群众首创精神，灵活发挥政府功能，加速孵化与培养"四千精神"。

投身于改革开放创业大潮中的温州人，既深刻受到温州传统"事功"思想（某种层面上又可以说是功利思想）的影响；又受到改革开放前长期贫困的影响。他们的主体是农民，一定程度上受制于文化水平普遍较低，以及小农经济认知的狭隘性。当时温州发展在一定程度上呈现野蛮生长的现象，过度追求物质需要，导致"四千精神"也受到唯利是图等消极思想的劣化影响。在温州飞速发展的同时，"温州制造"也因假冒伪劣而名扬全国。在整顿柳市电器质量问题时，当地政府坚持"真打真扶、又打又扶"

的原则，推动了柳市低压电器的有序发展。温州皮鞋同样是温州假冒伪劣产品的"重灾区"，有"一日鞋""晨昏鞋"之别称。对于经济发展中出现的一些短视与问题，温州市委、市政府同样坚持"坚决打击、坚决扶持""先放后导"的原则，将"四千精神"导向正途。1987年，自杭州武林门烧毁温州假冒伪劣鞋后，温州开始确立引导"以质取胜、以诚取胜"的理念。1994年，温州市委、市政府提出"质量立市，名牌兴业"的战略口号，实施"358"质量系统工程，召开"质量立市"万人大会，出台《温州市质量立市实施办法》。1995年开始，温州产品抽检合格率就已上升至88.9%，超越全省平均水平1.27个百分点。2002年，温州召开信用建设动员大会和"中国·温州现代商业文明论坛"，武林门烧毁皮鞋的8月8日，也在温州市政府和温州企业家代表的见证中被确立为温州的诚信日。而今，温州"中国电器之都""中国鞋都"美名再次响彻海内外。"诚信"已深深扎根于温州人精神中，扎根于"四千精神"中。

"四千精神"是温州人精神的宝贵结晶，换言之，也是温州干部群众精神的精华体现。"四千精神"形成离不开温州群众积极开拓、拼搏创新创业的实践，也离不开温州干部锐意进取、引导支撑、积极探索。

三　"四千精神"引领的成效

（一）温州经济高质量发展

在"四千精神"的引领支撑之下，温州经济发展"三步走"，地方经济高质量发展，在诸多方面都实现了令人惊叹的巨大跨越，创造了民营经济发展的伟大成就。

1978 年到 1992 年，是温州民营经济萌芽探索阶段。这一阶段，温州结合本土底子差的实际，大力发展家庭工业、联户工业。家庭式小作坊和乡镇企业如雨后春笋般涌现，主要集中在轻工业如鞋业、服装、电器配件等领域。苍南、乐清、永嘉、瑞安等地农村出现了诸多商品专业市场和专业商品产销基地，如乐清柳市低压五金电器配件产销基地，永嘉桥头纽扣、表带产销基地，苍南金乡徽章、标牌产销基地，平阳北港兔毛市场，瑞安仙降塑革靴产销基地，平阳萧江塑料产销基地等。股份合作企业也在这一时期由群众首创并得到规范。前文提到的多个"第一"在这一时期多有涌现，农村劳动力外出转移同样取得很大成果，温州人走遍全国，从事供销、包修水坝、下井挖煤、弹棉花、补鞋、理发。人民生活也实现了从贫困到温饱的历史跨越。

1992 年到 2003 年，是温州的"二次创业"阶段，也是温州经济迅速规范化、现代化发展的阶段。这一时期，温州的经济总量得到十足增长，民营资本得到积累，国民经济综合实力得到增强。如图 1 所示，自改革开放以来，温州经济保持着高速发展的态势，1980~2019 年，温州经济总量总体上保持高速增长，并长期保持较高的质量和稳定性。温州经济增长率绝大多数时期高于全国平均水平以及浙江省平均水平。尤其是在 20 世纪 90 年代初期，温州的经济实现了显著的增长，人民生活由温饱发展到总体小康。

从 2003 年到现在，是温州转型升级走向科学高质量发展的阶段，这一阶段以中共十六届三中全会科学发展观的提出为开端。21 世纪以来，温州人民生活成功由总体小康向全面小康跨越。2020 年，温州全市生产总值增长至 6871 亿元，按可比价格计算比 1978 年增长 156 倍，年均增长 12.8%。2023 年，温州全市生产总值持续增长，达 8730.6 亿元，经济总量稳居浙江前三、全国第 30，在国际权威品牌价值评估机构 GYBrand 评估的 2024 中国百强城市排行榜中位列第

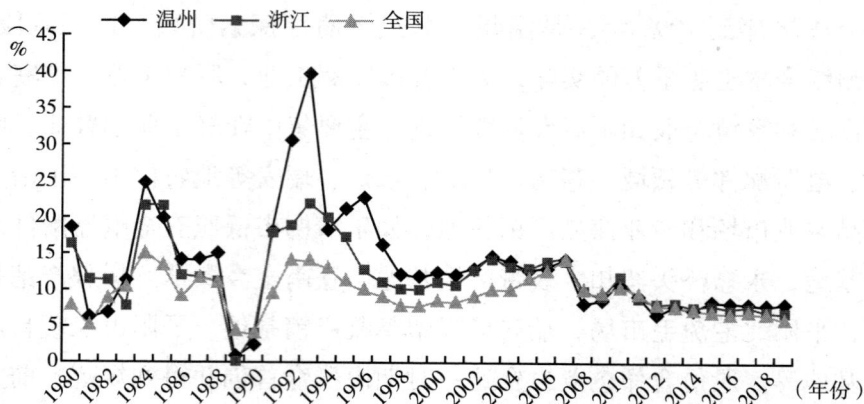

图1 1980～2019年温州、浙江和全国的经济增长率

说明：数据来自历年《温州统计年鉴》《浙江统计年鉴》《中国统计年鉴》。

34。人民生活保障上，2023年温州全市居民人均可支配收入达67380元，远高于全国平均3.92万元的水平，按世界银行收入划分标准，已达到中等偏上收入水平。2023年全市居民恩格尔系数为28.0%，年末每百户城镇居民拥有家用汽车62.8辆，每百户农村居民拥有家用汽车39.8辆。居民生活不复20世纪70～80年代在温饱线上挣扎的窘态。民营经济发展上，2019年，温州民营经济实现增加值5618亿元，占全市生产总值比重高达85%，遥遥领先于国家及浙江省平均水平，贡献了90%的税收，引领90%的科技创新，吸纳92.9%的就业人口，以及占据了98%的企业数量。2023年，温州实现规模以上工业增加值1619.8亿元，其中非国有非集体经济企业更是贡献了高达99%的份额，仅私营企业就已贡献69.8%的比重。文化传承上，2023年末永嘉昆剧、乐清细纹刻纸、瑞安东源木活字印刷术、泰顺编梁木拱桥营造技艺入选联合国教科文组织非遗名录，全市有国家级非遗项目35项，省级、市级非遗项目上百项。2023年温州创成全国版权示范城市，获评"中国工艺美术之都"。温州"质量立市""信用温州"建设持续推进，品牌建设取得丰硕成果，产业集群、品牌集群高速发展，2008 年，温州名列"中国十大品牌之都"，拥有中国驰名商标 113 件、中国名牌产品 38 个、中国行业标志性品牌 8 个。除此之外，温州还有"中国锁都""中国鞋都""中国制笔之都""中国纽扣之都""中国低压电器之都""中国五金洁具之都"等美誉。

这些年来，从温州经济异军突起，到温州制造享誉全球，再到新兴业态不断涌现，无一不是"四千精神"引领下的硕果。温州不仅成为中国东部沿海的经济重镇，更成为高质量发展建设共同富裕示范区市域样本的重要打造对象，成为观察中国民营经济发展的一个重要窗口。其发展成就惠及全国，乃至影响全球华商。

（二）温州企业做大做强

改革开放以来，温州企业依托"四千精神"，在产品工艺上精益求精，在市场上开疆拓土，从家庭工厂到现代化企业，从专业市场到现代产业集群，重振了"温商"的声名，筑牢了温州民营经济的基石。

改革开放后，温州企业从家庭工坊、乡镇企业做起，攫取了创业路上的"第一桶金"。20 世纪 90 年代后，市场进一步成长，政策进一步宽松，温州市政府开始推进"质量立市，名牌兴业"工程，重建温州品牌形象，温州企业开始规模化、专业化生产，"小商品，大市场"的格局得到确立。中小企业形成战略集群，产业集群成为特色，大量农村劳动力向第二、第三产业转移，大量温州人奔赴全国各地乃至世界各地做生意，以至于在北京等地形成了"温州村"的奇观。对外开放持续扩大，建立了以经济技术开发区为中心、以扶贫开发区为配套的外向型经济基地。企业主动创新发展，呈现"两个趋势""三项变革"，即集团化趋势、股份合作企业向现代化企业转型趋势、产权制度变革、董事会制度变革和企业家制度变革。民营企业资本结构向多元化发展，经营模式由以专业市场为依托向品牌化与资本经营综合发展。借由垂直直连的营销联系手段、现代的信息网络技术，全国乃至链接世界其他地区的营销网络逐渐形成；依托活跃的异地温州商会，全国乃至链接世界其他地区的温州人互动网络逐渐形成，同时也推动了行业自律管理、政企沟通、国际合作等。温州民营企业由粗放向规范、由数量向质量快速发展，进一步走向现代化、成熟化。温州市政府持续推进创新扶持，包括进行民营经济科技产业基地建设、进行金融综合改革试验。

21世纪以来，温州民营企业不断自主创新，发展创新理念，改革经营模式，如结合现代互联网技术，创新营销模式，发展出"虚拟经营"等经营样态。企业传统生产制造向高附加值产业发展，进行技术、创意设计、商业模式创新以及企业制度改革等多维度探索。民营企业依赖集群发展、商会优势，持续推进创新集群建设，发扬长处，进行优势合作互补。民营企业在技术创新上保持锐意进取，从"温州制造"向"温州创造"转变。2023年温州已建立国家高新区1家、国家级孵化器4个、国家级大学科技园1家、国家级众创空间16个、省级市级众创空间若干，拥有高新技术企业超4300家、省级科技型中小企业14155家，全年授权专利4.87万件，其中发明专利授权3778件，是2002年的210倍。

技术在创新，温州企业市场空间也在持续扩大。许多民营企业开展跨国商事业务，并购国外公司，涉足海外市场，建立海外产业研发基地等。2023年温州民营企业货物出口总额达2222.9亿元，占全市的95.7%，出口到全球200多个国家或地区。逾245万温州人在国内外经商，超38万温州人活跃在57个"一带一路"国家。科技创新上，2006年，温州在海关总署评选的"中国外贸竞争力百强城市"中列第16位。在海外发展的温商也持续做大做强，仅2006~2012年，海外温商就已在全国各地投资3000余亿元，创办工业企业3万多家。受到温州市政府"鸟巢计划"等温商回乡创业投资计划的感召，许多温州企业回乡发展，2017～2022 年在外温州人回归资金超3000 亿元，每年的温商回归资金占温州内资招引的一半以上。

2022 年，温州拥有 A 股上市企业 30 家，列 A 股上市公司数量排名城市的第 37 名。2024 年温州拥有 A 股上市企业 37 家，但这与拥有上百家 A 股上市公司的北京、上海、深圳等城市相比仍有不小差距，这是因为温州民营经济以数量众多的中小企业集群为主力。在"四千精神"的引领作用下，温州人带着创新创业热情，积极投身商海，开办企业。如图 2、图 3 所示，温州每千人拥有市场主体数和每千人拥有企业数均长期且远高于全国平均水平。2023 年，温州在册市场经营主体超 140 万户，平均每七个人中就有一个经商创业。

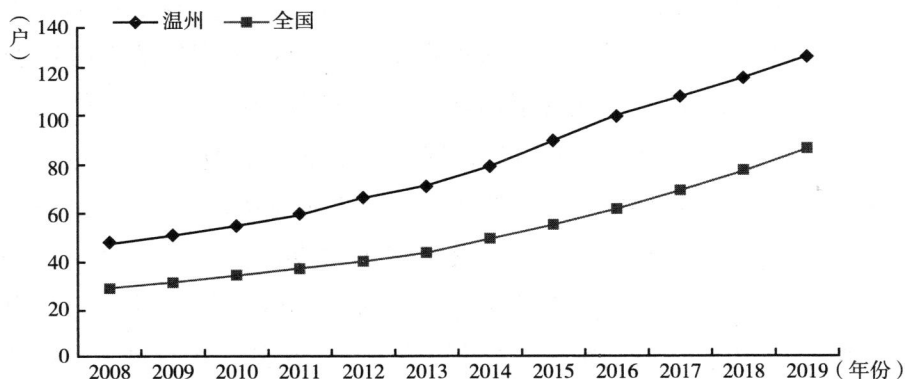

图 2　2008～2019 年温州和全国每千人拥有市场主体数

说明：数据来自历年《温州统计年鉴》和国家市场监管总局。

产业发展上，2023 年，温州工业经济稳中向好，规模以上工业企业实现增加值 1619.8 亿元，同比增长 9.4%，高于全国和全省平均水平 4.8 个和 3.4 个百分点，居全省第 3 位；实现利润总额 402.5 亿元，同比增长 10.7%，利润率 5.4%，高于全省平均水平；实现营业收入 7432.5 亿元，同比增长 4.9%。温州上市公司数量未拔得头筹，

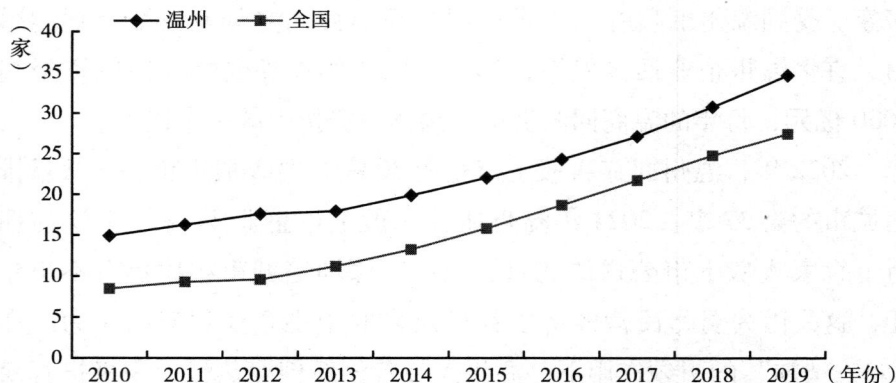

图3　2010~2019年温州和全国每千人拥有企业数

说明：数据来自历年《温州统计年鉴》和Wind数据库。

没有涌现出阿里巴巴、腾讯这样的"巨无霸"企业。其不是依靠个别"巨无霸"企业，而是凭借众多在细分领域精耕细作的专精特新"小巨人"、隐形冠军企业的集体崛起实现民营经济的做大做强。专精特新"小巨人"企业是指那些长期专注于细分市场，做到专业化、精细化、特色化及新颖化，表现优异，创新能力强，市场占有率高，是行业佼佼者的中小企业。温州聚焦特色重点产业，产业链分工深化，培育了一大批专注于专精特新领域的"小巨人"企业。这些企业集中分布于电气、泵阀、汽车零部件、数字经济、新材料、智能装备、新能源等行业，以其独特的专业化、精细化、特色化及新颖化的竞争优势，在各自的细分市场上熠熠生辉。仅2022年，温州就已新增国家级专精特新企业55家；2023年，温州已累计培育国家级专精特新企业107家、省级专精特新企业824家、市级创新性企业2073家。温州专精特新企业数量在浙江省内名列前茅。温州的发展策略深深植根于其传统产业的优势。

服装、鞋革、低压电器、汽配及泵阀作为五大传统支柱产业，为温州经济的稳定与发展奠定了坚实基础。温州不少企业出自这些领域，很多专精特新企业同样出身于此。时至今日，在这些传统领域，温州企业依然稳固保持领先地位。以电气领域为例，乐清低压电器全国市场占有率达 65% 以上，集群覆盖 200 多个系列、6000 多个种类、2.5 万个型号以上的产品。在中国电器工业协会指导编纂的《2024 年中国电器行业系列白皮书中》，温州低压电器企业独领风骚。白皮书按照销售规模区分从"百亿级"到"五亿以下"六个级别，每个级别都频频出现温州企业的身影。温州正泰集团是"百亿级"中唯一的中国企业，"50 亿～100 亿"中温州德力西同样是"独一档"的存在。低压电器下多个细分领域，温州企业同样遥遥领先。细分领域中工业 OEM、建筑和个人用户中正泰集团都做到了市场占有率第一。低压电器海外市场开拓上，正泰、德力西、人民、高能、常安等温州企业大放异彩，正泰和德力西的低压电器出口份额合计达 41.2 亿元，占到全行业的一半。以服装为例，温州拥有"中国服装定制产业基地"招牌，精品定制西服占全国市场九成份额、高端西服也拥有近乎国内一半市场。在 2023 年温州市综合企业名单中，有 51 家属于制造业。它们合计实现销售收入 2202.4493 亿元。51 家制造业企业中，上述传统优势产业有 32 家。据统计，温州市综合百强企业 2022 年年度销售总收入为 3888.2705 亿元，正泰电器、德力西集团、人本集团等六家企业销售收入超百亿元，榜单入选门槛达到实现销售收入 7.8156 亿元。以下两位企业家的创业历程生动展现了"四千精神"引领温州民营企业做大做强。

1. 南存辉白手起家创建电器巨头正泰集团

现任第十四届全国政协常委、经济委员会委员，正泰集团股份有限公司董事长，中国民间商会副会长，浙江省工商联主席、省商会会长，中国电器工业协会会长，浙商总会会长的南存辉正是电器行业温州民营企业家做大做强的代表。南存辉出身温州柳市一个普通的农民家庭，家庭生活贫困。还在读初中时，就因父亲脚骨意外被水泵砸碎丧失劳动能力而挑起支撑家庭的重担。南存辉没有被困难击倒，身为家中长子，年仅 13 岁就不得已放弃学业，学习继承了父亲修鞋的手艺上街修鞋补鞋。计划经济时期国营企业大多只生产整机，不单独生产零配件，这给了柳市人创业发展的机会。从收集清退的废弃电器回收完好零部件，到自己生产零部件、组装整机，很快柳市电器行业发展起来了。南存辉嗅到了商机，拿出修鞋积蓄，和朋友合伙开店，开始第一次创业，挣得了 30 多元的第一桶金。在这次小小的成功激励下，1984 年南存辉顶住家中压力，说尽千言万语，打动了家人，和同学胡成中筹资 5 万元，成立了求精开关厂，主营电器制造。南存辉深谙诚信之道，认为"做事如做人，信誉高于天"。无论是早年的"求精"还是后来的"正泰"，都蕴含了南存辉认定的"说尽千言万语"中蕴含的诚信精神。他曾说："早年的艰难生活至少给了我两点启示：一是产品或服务质量必须过硬，以质取胜，才能赢得顾客青睐；二是诚实劳动终会有所回报，使你获得更多的财富。"南存辉言行合一，用心经营好了求精开关厂，在柳市假冒电器猖獗扩张的时期保持了自己的初心，七年没有分红，全部投入企业建设与再生产，之后的正泰集团于 1994 年在全国同行中率先通过 ISO0001 国际质量体系认证。1991 年，南存辉与外资合作，引入国外先进技术和设备，建立起中美合资温州正泰电器有限公司，主营低压电器。正泰通过兼并联合，走上集团化经营道路。

　　正泰集团同样秉承"四千精神"中开放探索的创新精神。为了企业行稳致远，正泰三次进行股权改革，主动稀释股权，实现从家族企业向企业家族转变。第一次即建立正泰之时，家族股权稀释个人股权，利用家族合力发展企业。第二次于 1994 年启动，以品牌为纽带，以股权为链接，整合并购 48 家加盟企业，社会资本稀释个人及家族股权，同时正泰也整合获得了更大的资本能力，实现了由家族企业向企业集团的转变。第三次于 1996 年启动，南存辉提出"股权配送，要素入股"的股权激励方案，减少家族持股绝对数量，对为集团做出贡献的技术、管理、经营人才进行股权配送，增强人才向心力，将家族企业转变为创业者相对控股公司。从 1994 年温州正泰集团成立，到 1997 年浙江正泰电器股份有限公司建立，南存辉不断扩大自己的商业版图。到 2000 年，正泰资产规模达到 11 亿元，在全国民营企业综合实力五百强中位列第七。到 2002 年，相比于求精开关厂时期 5 万元资产、8 名员工、1 万元产值的规模。正泰实现了近 20000 倍的资产增长，1000 余倍的员工数量增长，60 万倍的产值增长。进入 21 世纪，南存辉积极拥抱开放创新，提出坚守主业、创新驱动、打造"升级版"，实现从制造向智造转变。正泰早早进行多行业布局：2004 年 1 月，成立正泰电气股份有限公司，进军高压输配电产业；2006 年，成立浙江正泰太阳能科技有限公司，进军光伏新能源领域。目前正泰集团已在全球建立上百座光伏发电站，成为中国民营企业中规模最大的光伏电站运营商，2024 年进入第一季度全球光伏逆变器制造商榜第一梯队。对外开放上，正泰积极响应"一带一路"倡议，通过国际合作，正泰的高低压设备和总承包服务进入 80% 的"一带一路"国家，并逐渐实现了从产品输出，到服务输出，再到投资输出的转变。目前正泰已拥有北美、欧洲、亚太、北非四大全球研发中心，业务遍布全球 140 多个国家和地区。创新路上南存辉同样步履不停。正泰依托正泰云、正泰能源物联网、正泰工业物联网的战略布局，推进大数据、物联网、人工智能与制造业的深度融合，打造平台型企业。同时，正泰积极与海内外高校合作，构建集团专业领域研究员集群等。目前正泰拥有 100 多个系列、5000 多个品种、20000 多种规格的产品。在全国工商联发布的 "2021 民营企业研发投入 500 家" 和 "2021 民营企业发明专利 500 家" 榜单中，正泰集团股份有限公司研发投入排第 46 位、发明专利排第 30 位，在温商中位居双榜第一。2023 年，在全国工商联发布的 "2023 中国民营企业 500 强" 榜单中，正泰以 12371892 万元营业收入居第 70 位。

2. 郑秀康克服万难打造皮鞋行业龙头康奈集团

温州皮鞋第一人、康奈集团原董事长郑秀康是温州鞋业发展的一个范例。郑秀康出身贫困，16 岁辍学进厂学做模具，经过多年磨炼，逐渐成长为一家国营机械厂副厂长。1979 年，为了补贴家用，33 岁的郑秀康成为一名鞋匠学徒。凭借努力与天赋，很快超越师傅成为一名出色的制鞋匠。1980 年，借着改革春风，依靠自身过硬本领，郑秀康决定全力投入制鞋，向工厂提出停薪留职，下海创业。通过各方集资，他在家中几平方米大的地方开办了红象皮鞋作坊。最辛苦的时候，郑秀康和同伴每天都要工作 16 个小时，几乎没有休息日，白天工作，晚上就在里面支起木板睡觉。如此兢兢业业经营数载，到 1985 年，国家一允许个体户办厂，郑秀康敢为人先，当天下午便注册了鸿盛皮鞋厂和鸿盛商标。此时鸿盛皮鞋厂已拥有 50 余名员工，产品售往上海、杭州等大城市。1987 年，由于温州同行的粗制滥造、以次充好，温州鞋业被推上风口浪尖，遭受重创，郑秀康遭受无妄之灾，企业经营运作受到冲击。困难没有让郑秀康屈服，反而让其千方百计寻找破局之路。1989 年，他前往 "世界鞋都" 取经，学习西方现代化制鞋经验，决定以意大利皮鞋行业前十名企业为标杆。回国后，郑秀康提出 "争创全国同行业第一流质量、第一流款式、第一流服务" 的质量方针，斥巨资从青岛引进机械绷帮流水线，建成了温州第一条现代化制鞋流水线，并将厂名改为"长城鞋业"，注册"康奈"商标。无论是长城还是康奈，都寓意郑秀康诚信经营的信念。1993年，康奈获评"中国十大鞋王"，成为武林广场大火后第一家进驻全国商场的温州皮鞋厂商。1996年，郑秀康获"真皮鞋王"荣誉。1999年，康奈商标被国家工商行政管理局商标局认定为中国驰名商标；2001年，康奈皮鞋被国家质量技术监督局确认为中国首批质量免检产品，并获浙江省质量管理奖。到今天，康奈已获得400多项荣誉、20余个全国第一。21世纪初，康奈启动"走出去"战略，将目光投向海外市场，与海外知名鞋类研究机构合作，因地制宜调整设置海外发展战略，并凭借优良品质和并不昂贵的价格打开了销路。2001年，康奈在巴黎开设了中国皮鞋在海外的首家专卖店，随后几个月，相继于美国纽约皇后区、意大利罗马开设专卖店。2003年，康奈营业收入就已突破10亿元。在郑秀康的领导下，康奈在中国皮鞋行业中综合指标排名前二，中档皮鞋市场占有率达20%以上。

四 发扬光大"四千精神"面临的挑战和努力方向

时间步入21世纪，温州民营经济发展步入新时代，"四千精神"的传承与发扬也进入新的历史时期。随着温州民营经济发展的领先地位不断受到挑战，"四千精神"作为温州乃至浙江创新创业精神的凝练，作为浙江企业家精神的代表，受到了来自社会、政府等多方面的关注。习总书记多次强调"两个健康"，关心民营企业家精神的培养。2017年9月8日发布的《中共中央、国务院关于营造企业家健康成长环境弘扬优秀企业家精神更好发挥企业家作用的意见》提倡

"弘扬优秀企业家精神，造就优秀企业家队伍，强化年轻一代企业家的培育，让优秀企业家精神代代传承"。2018 年 8 月 9 日，中央统战部、全国工商联正式同意批复温州在"两个健康"上进行创新探索。温州启动"两个健康"建设以来，累计出台 230 余项惠企政策、150 多份制度性文件。同年，温州建成 5 万平方米、总投资 20 亿元的世界温州人家园，内设民营经济博物馆，纪念老一代民营企业家创业的激荡岁月。2020 年，温州成立"两个健康"法治研究中心，持续擦亮"两个健康"金字招牌。2022 年 1 月 1 日，温州发布全国首部关于"两个健康"的地方性规章《温州市"两个健康"先行区建设促进条例》。2023 年 3 月 21 日，温州召开"弘扬'四千精神'、续写温州创新史"座谈会。同年 4 月 18 日，中国华商研究院举办"弘扬新时代浙商精神——'四千精神'的时代意蕴"学术研讨会，与会专家学者和民营企业家代表共同探讨如何进一步弘扬新时代"四千精神"。从 2019 年开始，温州连续举办"青蓝新学"班，传承"四千精神"，培养"四有"新生代企业家。

新时代新在变化，就民营经济而言主要体现于两个方面。一是外在创新创业环境相比于改革开放初期发生了翻天覆地的变化。今日之中国物质基础雄厚，经济迈向全球化，经济模式迭代升级。互联网+、大数据、人工智能等新兴技术浪潮汹涌，市场环境、商业业态发生了巨大转变。二是民营企业家群体代际更迭悄然进行。老一辈民营企业家逐渐老去，根据广东省工商联抽样统计数据，广东私营企业家平均年龄为 63 岁，中位数为 44 岁。一群出生于 20 世纪 70、80、90 年代乃至 21 世纪，成长环境、人生经历以及价值观念迥异于老一辈企业家的新生代力量正活跃于各行各业。外在环境变迁与内在代际交替两方面都给"四千精神"的发展弘扬带来了前所未有的挑战。

（一）新环境给"四千精神"带来的挑战

外在环境变迁对"四千精神"发展与弘扬的挑战体现两个方面。一是创新创业物质环境较差，后来者创新创业困难，缺乏新鲜血液的持续注入和多样化的创业实践，巧妇难为无米之炊，"四千精神"的长远发展与广泛弘扬也将受到限制。二是创新创业环境要求更多，"四千精神"内涵需要结合时代特征灵活应用，丰富内化。新环境下的"四千精神"面临的挑战具体而言包括以下几个方面。

1.宏观经济环境的不确定性增加

当前全球创业环境笼罩在多重不确定性和挑战之中，宏观经济形势的不稳定性和国际政治环境动荡且扑朔迷离，共同构成了对创业活动的重大考验。自2008年全球金融危机以来，世界经济经历了深刻变化和调整。2020年新冠疫情冲击下，全球经济形势更为复杂，国际货币基金组织称此次疫情导致了自大萧条以来最严重的衰退，全球经济增速大幅下调。新冠疫情不仅对全球经济造成巨大短期冲击，还将产生长远影响，定义形成了全球经济大变局的新时期——"后疫情时期"。哈佛大学教授丹尼·罗德里克指出，未来几年全球经济有三大趋势：政府与市场关系将出现偏向政府的再平衡，全球化与国家自治将出现偏向国家自治的再平衡，全球经济增长速度将放缓。疫情冲击无一例外地增强了这三大趋势：加强了政府的作用、助长了逆全球化力量、沉重打击了全球经济增长。后疫情时期，全球生产与贸易模式面临调整，产业链和价值链经历重构；金融体系承受更高杠杆与低利率压力，货币政策创新频现但效果有限，财政刺激增加导致政府债务攀升；技术创新加速，特别是数字化和智能化成为新动力；收入不平等加剧，贫富差距问题更加突出。2008年金融危机以来累积的问题在疫情冲击下集中暴发了出来。在此背景下，俄乌冲突和巴以冲突等地缘冲突不断，不仅直接损害了相关地区的经济，而且通过能源价格波动、粮食安全问题和全球供应链的连锁反应，影响了全球的经济前景。加拿大央行行长麦克勒姆在 2023 年 10 月就警告称，这些冲突正在损害经济，并给前景增添了不确定性。相比于改革开放早期创新创业蕴含的无限机遇，如今创新创业风险收益比率需要重新慎重衡量。这种环境下创业的试错成本显著抬升，每一项决策的失误都可能带来更沉重的财务后果。而拥有"铁饭碗"的公务员成了香饽饽，报考人次逐年递增。从 2012 年到现在，国考人数逐年递增，2023 年更是突破 300 万人大关，平均 77 名考生竞争 1 个工作岗位。创新创业往往不在大多数人的考虑之中，更遑论发扬"四千精神"。

2. 创新创业的形式和形态发生了变化

在历经数十年的迅猛发展后，中国市场的竞争态势已步入白热化阶段，众多领域俨然成为饱和的"红海"，优质商机似乎已被先驱者占据。随着科技进步的加速，企业技术迭代频繁，创新创业的门槛显著提升，同时，创新也占据越来越重要的位置。像从前那样温州人带着"三把刀"（菜刀、剪刀和剃刀）出门闯世界，在家中开家庭工坊就能创业赚到钱的日子今天再难觅到。寻找独到的市场切入点与创新解决方案，成为横亘在创业者面前的一大难题。根据中国青少年研究中心 2022 年 9 月对在职青年和大学生进行的创业意愿及其对企业家和企业家精神的认知等方面的调研，资金不足、人脉稀缺以及专业技能短缺，是创新创业落地的客观限制，是当前"有想法没行动"的青年预备创业者面临的主要"拦路虎"。其中高达 75.8% 的人表示资金是首要障碍，62.5% 的人认为不具备相应的专业能力是首要障碍，57.7% 的人则认为资源匮乏，如关键的人脉关系是首要障碍，阻碍了他们的前进道路。

在日新月异的时代，创新创业的征程已非昔日那般简单直行。在互联网、大数据等先进技术的驱动下，创新创业的样态也逐渐改变。

创业的舞台变得更加广阔且错综复杂。当今，数字化转型正以前所未有的速度重塑各行各业。根据 IDC 的研究，截至 2024 年，中国超过 40% 的企业已经成为数字化的坚定支持者，到 2025 年，全球由数字化产品和服务驱动的数字经济的占比将达到 58.2%，数字化产品和服务将成为主流。随着中国对外开放的逐步扩大，创业者要面对多元化和国际化的商贸对象，要拥有更敏锐的创新思路，还要具备快速适应和驾驭信息化升级的能力。不能跟上时代节奏，灵活应用"四千精神"，即便是经验丰富的老一辈企业家也可能面临被时代洪流淘汰的风险。全球化和技术的快速发展、市场环境的变化也给"四千精神"提出了新的要求。新时代讲求科学发展，尊重市场经济规则，强调绿色、科学、协调、规则、可持续意识。企业发展需要一定的战略前瞻性，需要"务虚"，即对一些工作决策进行充分研讨，对一些非直接产生经济效益的事项进行投入等。以"务虚"求"务实"，不能只急功近利。

同时，"四千精神"是民营企业草创时期的产物，随着一大批企业迈过初创的门槛走向成熟，由于企业类型和发展阶段不同，它们所面临的商业生态环境呈现前所未有的复杂性和多样性，并不完全与"四千精神"完美契合。要想在成长的道路上走得更远，企业对"四千精神"要做到与时俱进、灵活应用，即做到因地制宜不拘泥，在坚持原有"四千精神"的基础上，与新技术和全球化视野相结合，同市场和时代风向相适应，在企业发展的各个阶段不断丰富和实践"四千精神"的新内涵。

3. 政府的保障制度不完善

当前环境下，民营企业保障制度依然不够完善，直接伤害创新活力与市场公平性。一部分问题早已存在，根深蒂固，另一部分问题则在新时代市场样态中才凸显出来，严重挫伤民众创新创业积极性。

创新创业成果的保护困境尤为突出。不同于早前经济的粗放式发展阶段，如今市场环境虽趋于成熟，却也使得新兴的创新创业项目在激烈的竞争中更容易遭受侵袭。大型企业凭借其规模优势和市场影响力，能够迅速吸收并改良市场实力弱势方的创新成果，而初创企业由于缺乏足够的法律和制度屏障，且侵权抄袭诉讼周期长，维权成本高、惩罚力度小，往往难以有效捍卫自己的知识产权和商业创新成果。这种"成果易失难守"的现象，极大挫伤了创新者的积极性，抑制了经济的长期发展潜力。具体在温州，这一方面同样做得不太好。2017~2019年，温州知识产权刑事案件发案数约占全省的1/4，知识产权保护环境落后于全省。

政府制度创新能力有待提高，履行自身职责水平有待提高。如前所述，"四千精神"不仅是温州百姓敢为人先、拼搏创业的精神提炼，也离不开当地政府的实事求是、敢作敢为。脱离政府的体制机制创新，"四千精神"的传承发展也会遇到问题。浙江工商大学副校长张仁寿教授指出，温州模式遇到的最大问题，是作为公共产品的制度供给不足。

履行职责包括在行政管理中政府有的放矢，科学制定政策，改进政策程序，优化营商环境。温州进行了长期的金融改革，出台制定了一系列惠及小微企业的政策制度，但小微企业融资难问题依然存在，融资渠道较为单一。制度完善程度、覆盖面、有效性、落地效果、监督效果均有所不足。如对小型企业的成长关心不足，2016~2021年，虽然温州小型企业增长了74%，但中型企业比2016年减少了13%。

履行职责也包括政府在作为市场参与者时积极履行身份责任义务，坚守契约精神，不给企业增加负担。这一点同样尤为关键。即使剥离政府对市场的监管属性，单以其在市场中的参与规模和影响力而言，其举动对市场动态的影响依旧举足轻重。2023年温州市政府采购规模达338亿元，其中92%为中小企业，政府按时履约对于中小企业的生存极为重要。

（二）新生代给"四千精神"带来的挑战

新生代指在改革开放后成长起来的一代年轻人。作为民营企业家的子女，"民企二代"是新生代中极为重要的一个群体。新生代在相对优渥的物质环境和观点多元化的社会环境中成长，这给发扬光大"四千精神"带来了挑战。

1. 生活条件和文化背景差异导致新生代对"四千精神"的认识不够

老一辈企业家成长于资源相对匮乏的年代，见识过改革开放前生活的艰难。他们往往是白手起家，经历了从无到有的艰难创业过程。改革开放后，人们的物质生活条件发生了翻天覆地的变化。1990年时，全国人民温饱问题基本解决，一部分居民向小康迈进。2000年，全国农村贫困人口的温饱问题基本解决，曾经普遍存在的商品短缺问题成为历史。相比之下，新生代在其青少年时期见证了人民生活日新月异的黄金年代。相对富足的生活条件让新生代对"四千精神"难以感同身受。

新生代比较普遍地接受过现代教育，解决问题的思路更开阔，不局限于包含"四千精神"的传统方法。老一辈企业家普遍学历不高。与老一辈企业家早早便投身社会洪流，通过实战积累经验，摸爬滚打，亲历"走遍千山万水""说尽千言万语"形成鲜明对照的是，新生代大多接受过多年的现代教育，校园时光占据了他们的大半人生。长时间的校园学习使他们在创新思维、先进技术理论和国际化视野上更有所长，更习惯也更精通利用所学知识，使用互联网、大数据等现代工具探索高效、新颖的解决方案。但是，学校温室的庇护也使得他们在体力毅力、人际沟通及探索精神上，相较于前辈显得较为青涩。

新生代中的民企二代大多具有更加优渥的家庭条件，因而在生活条件差异导致的"四千精神"认知上不足更明显。温州某管理咨询有限公司的魏姓总经理，在上海工作几年后回到温州继承父业。

他认为，新生代尤其是民企二代中认同"四千精神"的不多；民企二代即使躺平、不努力也可以过得很好；相比于平常家庭孩子，他们实现人生价值的方式多了许多，即使选择创业也可以走更为轻松的道路。对于父辈从事的劳动密集型产业，很多二代认为"过于辛苦"，不感兴趣。他们乐意去更为繁华、生活更为便利的杭州、上海等城市，从事"见效快、利润高"的金融、IT、创意等行业。据清华大学五道口金融学院全球家族企业研究中心主任高皓介绍，温州传统制造业的民企二代中，接受并延续家族既有产业者仅有约10%。

民企二代绝大多数都接受过高等教育，其中出国留学、拥有硕士学位者不在少数。长期海外留学经历导致民企二代对中国现实缺乏了解，人际交流沟通能力不足。这导致他们更加无法体会到"四千精神"的闪光点。

2. 社会观点多元化导致新生代对"四千精神"的接受有限

改革开放以来，世界各国文化的涌入，使得新生代的价值观更加多元和开放，也更加强调个性化，而非固守艰苦奋斗的传统理念。价值观的多元化虽然提供了更多的选择空间，但也导致了核心价值观的模糊。伴随着消费主义、享乐主义的盛行，新生代更加注重眼前的享乐和快速获得成功，忽视长期目标，追求工作与生活的平衡，强调个人价值和幸福感。这与老一代企业家"牺牲小我，成就大业"的观念有所区别。新生代有个性化和更多元的追求，对"四千精神"的认同度有限。

（三）发扬光大"四千精神"的努力方向

1. 与时俱进，丰富和拓展"四千精神"的内涵

新时代背景下，弘扬"四千精神"不能停留在过去的成就上，而应紧扣时代脉搏，不断丰富和发展其内涵。在新的历史条件下，弘扬"四千精神"一定要面向未来。面向未来，我们对新一轮科技革命和产业变革一定要有足够的前瞻性。譬如，2018年，中共江苏省委十三届三次全会为"四千四万"（踏遍千山万水，吃尽千辛万苦，说尽千言万语，历经千难万险）精神赋予了新的内涵：积极适应时代的"千变万化"、主动经受创新的"千锤百炼"、在发展的前沿展现"千姿万态"、在新的征程上奔腾"千军万马"。浙江的"四千精神"同样要做到与时俱进，在保留原有特质的基础上，增添适应新时代要求的创新、协调、绿色、开放、共享等新元素。

2. 立足企业家，采用丰富多彩的宣传方式

"四千精神"是企业家精神，集中体现于企业家群体之中。企业家群体是"四千精神"最鲜活、最厚重的教科书。因此，"四千精神"的传承与接力应以企业家为主体。一方面，要认识到企业家的奋斗历程是最好的宣传册。宣传内容需聚焦于真实可感的企业家故事，将他们的汗水与智慧编成引人入胜的故事，让听众在情感共鸣中自然而然地领悟"四千精神"的内涵。另一方面，要更好地尊重和关注企业家，营造尊重企业家和企业家精神的社会文化氛围。

宣传教育方式要与时俱进，贴合现代人的信息接收习惯。具体而言，可以利用手机网络平台的广覆盖与互动特性，建立企业家与公众之间的互动桥梁，让"四千精神"的学习宣传不再局限于枯燥的文字叙述，而是通过视觉、听觉、真人互动等多重体验，使内容更加鲜活、易于接受。同时，倡导柔性宣传，避免生硬说教，采用故事化、情感化的表达方式。

B.5
民营企业家健康成长之边界：
构建亲清新型政商关系

周慧珺*

摘 要： 2016 年，习总书记在参加全国政协十二届四次会议民建、工商联界委员联组会时将新型政商关系概括为"亲""清"两个字，为公职人员和民营企业家的正常接触交往提供了明确的方向，也提供了政策依据和操作指南。温州是我国非公有制经济发展的重要阵地，也在支持非公有制经济人士健康成长、推动政商关系良性发展方面做出了持续贡献。本文重点阐述温州在"亲""清"两个方面实施的主要措施及成效，包括在"亲"字上深入精准服务企业，积极帮助企业纾困解难；鼓励企业家主动反馈问题，参与涉企事务评议；创新拓展新渠道，加强政企沟通；完善行业商（协）会建设；形成政商交流长期纽带。在"清"字上加强廉政队伍建设，明确政企交往边界和规范；深化清廉民企建设，提升法治观念和廉洁意识，构建廉洁规范的政商生态。通过一系列政策举措，温州形成了构建亲清新型政商关系的经验启示，包括政企恳谈会定期举行，打造形成了政企沟通特色品牌；积极正常接触，多管齐下助力企业高质量发展；"三清单一承诺"不断升级，为政商交往划定边界。未来政策的可能发展方向包括推动涉企政策融合发力，切实为企业发展保驾护航；进一步明确商（协）会职能，有效发挥商（协）会桥梁作用；持续加强法治和廉政建设，维护公平公正的市场秩序。

---

* 周慧珺，中国社会科学院经济研究所助理研究员，主要研究方向为区域经济。

关键词： 新型政商关系　政企沟通　清廉民企

2016 年，习近平总书记在参加全国政协十二届四次会议民建、工商联界委员联组会时明确指出：“新型政商关系，概括起来说就是‘亲’、‘清’两个字。对领导干部而言，所谓‘亲’，就是要坦荡真诚同民营企业接触交往，特别是在民营企业遇到困难和问题情况下更要积极作为、靠前服务，对非公有制经济人士多关注、多谈心、多引导，帮助解决实际困难。所谓‘清’，就是同民营企业家的关系要清白、纯洁，不能有贪心私心，不能以权谋私，不能搞权钱交易。对民营企业家而言，所谓‘亲’，就是积极主动同各级党委和政府及部门多沟通多交流，讲真话，说实情，建诤言，满腔热情支持地方发展。所谓‘清’，就是要洁身自好、走正道，做到遵纪守法办企业、光明正大搞经营。①”这一讲话明确了构建亲清政商关系的必要性，也为公职人员和民营企业家的正常接触交往指明了方向，提供了政策依据和操作指南。此后，构建亲清政商关系又先后写入党的十九大报告、党的二十大报告，成为促进非公有制经济人士健康成长的重要策略和方向。

温州是我国非公有制经济发展的重要阵地，也在支持非公有制经济人士健康成长、推动政商关系良性发展方面做出了持续贡献。本文将重点阐述温州在“亲”“清”两个方面实施的主要措施及取得的主要成效，包括在“亲”字上鼓励政企坦荡真诚接触交往，要求政府积极作为，为企业解决实际困难，共同促进民营经济高质量发展；鼓励企业家积极建言献策，参与公共事务；通过政企恳谈会等多个渠道

---

① 《习近平在参加全国政协十二届四次会议的民建、工商联委员联组会时的讲话》，https：//www.gov.cn/xinwen/2016-03/04/content_ 5049192.htm。

加强政企交流和沟通；完善行业商（协）会建设，让商（协）会成为政企交流的长期纽带和桥梁。在"清"字上加强廉政队伍建设，明确政企交往边界和规范；深化清廉民企建设，提升法治观念和廉洁意识，打造风清气正的营商环境。此外，本文还将总结提炼温州经验，探讨未来的政策方向，以期推动全国范围内亲清政商关系的良性发展。

一 "亲"：坦荡真诚接触交往，积极作为解决困难

　　构建亲清政商关系既要有"亲"的连接，又要有"清"的原则。在"亲"字上，温州不断探索创新，建立完善多种政策支持和沟通机制，逐渐实现了政府与企业间的和谐互动。具体而言，一是搭建起政府深入、精准服务企业的桥梁，主动积极帮助企业纾困解难，坚定信心。温州积极推出各类帮扶政策，通过一对一设置助企服务工作人员等形式，深入企业一线，了解企业困难，提供针对性支持，切实解决企业实际问题，增强企业对政策的信任感和依赖度。二是建设形成企业家参与公共事务的桥梁，鼓励企业家参与涉企评议，增强企业家参与感。温州通过设立营商环境观察员、企业家接待日等方式，使企业家在涉企事务中有更多发言权，增强企业家对政策的认同感和归属感。三是创新拓展政企接触交流的新渠道新契机，强化政企沟通。温州通过举办"亲清直通车"——政企恳谈会、成立法治助企服务中心等方式，增进政府与企业之间的相互了解和信任，形成良好的政企关系氛围。四是完善商（协）会建设，形成政商交流的长期纽带。温州大力支持商（协）会的发展，通过规范商（协）会运作、提升商（协）会服务能力等举措，使商（协）会成为政府与企业之间的重要桥梁，确保政企关系的长期稳定和健康发展。

（一）深入精准服务企业，积极帮助企业纾困解难

长期以来，政府对企业发展的支持和帮助主要体现在提供和谐稳定的营商环境和发布相关的产业政策上。为了更及时和准确地了解企业在发展中遇到的困难和问题，提高助企效率，增强民营经济人士成长和民营企业发展信心，温州市积极探索，创新举措，搭建起政府深入和精准服务企业的桥梁，让相关政府部门工作人员下沉一线，对接企业，承担起政策宣传、问题排摸等重要职责。

一是开展精准服务行动，一对一帮助企业。为推动助企行动常态化、主动化、靠前化，温州市开展了"万名干部进万企"行动（"两万"行动），组织形成企业服务队伍，面对面协调解决企业遇到的各项问题，推动企业高质量发展和政企关系良性互动。各县（市、区）积极响应，开展工作。例如，洞头区2022年选派了一批"两万"助企干部，组建文旅业、建筑业、工业、商贸业、运输业和其他等助企服务小组，着力助推各个行业企业发展。2023年，洞头区以"政策帮享、诉求帮解、融资对接、市场开拓、产业链畅通、稳岗引才、企业培育、创新赋能、权益保护"等为主要内容，继续在全区范围内进一步深化"万名干部进万企"精准服务行动，主要针对成长型科技型中小企业、"四新"企业等，同时兼顾文旅业、渔农业、交通运输业、服务业、商贸业、建筑业等行业重点企业，总共选取175家企业作为服务对象，在做好面上企业服务工作的同时，点对点重点帮扶和服务产值亿元以上的工业企业、专精特新企业等，由区四套班子领导担任一级助企服务员，同时由涉企重点职能部门主要负责人、优秀中层干部担任二级助企服务员，确保全区各行业重点企业一对一服务覆盖率达到100%，停产减产重点企业帮扶率达到100%，切实做到"企业有需要、服务在身边"，不断提升企业获得感。其主要措施包括以下几点。①坚持"无事不扰、有求必应"原则，每月至少联系

或走访1次挂钩企业，做好常态化服务。②深入企业一线，调研了解企业状况。全力解决企业当前存在的问题。根据需要，由区"两万"办定期牵头召开有关工作例会，开展工作交流、协调解决重点难点问题等，强化企业问题诉求的跟踪督办，完善跨部门联合会商会办机制。③定期梳理小组报送的数据、信息和情况反馈，建立健全服务工作督导机制，每月梳理通报各助企服务员的走访率，问题排摸率、化解率。加强考核激励，保证助企工作不流于形式、不浮于表面。2024年，为持续深化"两万"服务企业机制并使之制度化、常态化，洞头区还形成了清晰明确的助企服务工作考核方案，在企业走访、信访投诉、监督检查等多个方面设立了具体而详细的量化指标，切实保障了"两万"行动的效率和质量。此外，平阳县开展"大走访大调研大服务大解题"活动，深入基层和企业走访调研，加强对中小微企业联系服务，主动回应诉求，精准破解当前民营企业发展中遇到的普遍性和个性化难题，防范化解风险隐患，及时总结企业和商会在创新发展、转型升级和改革攻坚、开放提升中的好经验、好做法，助力打造最优营商环境。

二是主动送政策、送法进企业。大多数企业，尤其是中小企业在与政府互动中难免遇到各类问题，例如行政审批流程烦琐，增加企业运营成本和降低项目推进速度；政策信息传递不到位，导致企业对最新政策不了解，错失政策红利等。针对这些可能存在的问题，温州各县（市、区）主动提前服务，例如，在促进财政税务政策落地方面，温州市鹿城区税务局在某高新技术企业采用了一企一策辅导的形式，走进企业开展走访问需，通过"线上服务+线下辅导"模式及时跟进企业需求，提供一对一精细辅导，对企业在享受税收优惠政策中遇到的困难实行精准帮扶，有效缓解了企业的资金压力，助力企业效率提升。不仅如此，鹿城区还启动"助鹿鞋，宣鹿税"鞋革行业专项纳税服务，通过在温州市鞋革行业设立亲清服务站，在全区范围内精选多家企业设置"税企直联点"，配备税务服务专员，提供"税管家"服务，实时解决企业的涉税问题。开展重大项目税务服务，及时对接项目需求，使税费优惠政策"直达基层、直达企业"，为重大项目解难纾困，助力企业做大做强。同时，鹿城区在引入部分项目时，也以良好的营商环境及超前服务意识，按下项目建设"快进键"。通过多部门的审批联动，提前介入服务，大大缩短项目审批期限，紧盯项目开工节点任务，及时协调解决项目中存在的审批、土方外运等问题，显著提升工程进度效率，确保按时、保质、保量完成开工任务，彰显了鹿城区招大引强，促进经济高质量发展的力度和决心。乐清市在惠企方面也形成了"一对一"精准推送。梳理辖区内的重点税源、高新技术、专精特新等企业名单，分户归集企业优惠总金额、重点减免事项和数据，形成专属"红利账单"，点对点推送，帮助算好收益账，让企业更有获得感。结合"万名党员进万企"、"一心一意为企业、政企合力谋发展"等地方助企活动，依托行业商（协）会，为理事以上的企业送达"红利账单"。

除此之外，温州小微企业众多，很多小微企业还存在合规能力不足等问题。针对这一点，在构建亲清政商关系的大背景下，温州市鹿城区构建全链条"司法康复"体系，同样提出了风险前置管理的方案，包括聚焦重点主体，开展网格驻点服务。鹿城区参照社会治理网格化管理模式，将全区 5.1 万余家企业划分成 1377 个网格，实现企业法律顾问网格化全覆盖，按需为企业提供法律服务，并针对楼宇、园区等个别复杂主体聘请七个法律顾问团提供长期顾问服务，帮助企业诚信守法经营。此外，这一方案还提出，要聚焦重点环节，开展法治体检服务。针对规上、规下、小微等企业，差异化定制关于商业合同签订、债权债务处置、知识产权保护、劳动用工等不同类型的法治体检项目。瓯海区企业综合服务平台联合温州市中小企业服务联盟金融服务团成员走进企业，认真了解企业运营情况及销售情况，就企业未来发展规划、政策需求、发展存在的困难及诉求等进行深入交流；对相关惠企政策进行详细讲解，为企业排忧解难，详细介绍"帮企云"平台的功能和用途，推动数字赋能，为企纾困。泰顺县公安局在全县范围组织开展"蓝盾护企"专项行动，先后走进辖区内的大小企业，与企业员工深入交流网络安全防范工作，结合网络安全法律法规、典型案例、网络安全防范要点进行讲解，分析了企业当前面临的网络安全风险隐患，分发风险提示单，指导企业开展自查，消除网络安全隐患，提高企业防范网络风险能力。平阳县开展送法进企业活动。2023年，平阳县海西镇联合滨海新区派出所邀请事务所的律师，以"企业风险防控的关键点"为主题，向各企业代表讲授企业经营过程中合同规范及风险防控的相关法律知识。

（二）鼓励企业家主动反馈问题，参与涉企事务评议

企业家是促进民营经济发展的坚实力量，也是社会事务的重要参与者。构建亲清政商关系，不仅要靠政府主动走进企业，了解企业，也要鼓励企业家走出企业，一方面主动反馈问题，强化政企沟通；另一方面提升城市主人翁意识，积极参与到公共事务，尤其是涉企公共事务的治理和建言献策中来。为此，温州市及各县（市、区）出台多项政策，鼓励企业家主动反馈问题，加强沟通交流，参与涉企事务评议。

一是敞开大门，欢迎企业家咨询和交流。2023年，洞头区建立企业问题"一表通管"闭环管理机制，在"两万"行动之外设立区领导企业家接待日。原则上设每周二为区领导企业家接待日，每周安排一位副区长负责接待企业家，每月初将接待领导信息在"洞头发布"等平台公布。设立企业家接待室，敞开大门收集企业相关问题，并第一时间将问题进行交办、督办，及时给予企业回应。区主要领导

定期或不定期开展企业接待活动。这一企业家接待日的设立，充分体现了政府对企业和企业家的重视，增强了企业家的归属感和信心，也便于政府及时了解企业在各个方面的合理诉求和反馈，调整和优化相关政策，营造更加公平、公正、透明的营商环境，提升企业的满意度。不仅如此，洞头区还以96666为企业服务热线，专线接听企业来电，实现问题快速响应。96666热线统一纳入市区管理，与12345热线双号并行。以"帮企云"2.0为助企服务主要平台，做好企业问题快速响应和办理。企业家接待日、"一联八"收集到的企业问题，由联络员负责录入平台并建号一表跟踪，其他渠道收集的企业问题参照执行。在收集问题之后，还要求区"两万"办按照"以条为主、条块结合"的方式对企业提交的问题做好流转前分类研判，按企业问题内容、难易程度、普遍性等实行分级分类交办。问题办理根据复杂程度流转交办不同的办理对象。简单问题能够直接答复的，实行即办制，由助企服务员、区"两万"办工作人员等直接答复、解释。涉及区级部门、街道（乡镇）职能范畴的问题，由区"两万"办通过平台流转给对应的责任单位办理。牵头办理单位无法化解的问题，由区"两万"办确认后报区政府办理。对办理权限在市级部门或跨县区域、其他需要市级以上层面协调解决的问题，由区"两万"办提交至市"两万"办或由区"两个健康"办提交至市"两个健康"办协调解决。鹿城区则推进新时代"两个健康"法治研究中心建设，运用数字化多媒体技术，营造沉浸式体验；设立专门咨询室，依托"互联网+"平台，整合涉企案件信息查询等事项，解答企业的急难愁盼问题；开辟合规建设专区，通过视频、图片、文字资料集中展示企业经营中存在的法律风险、高频罪名、典型案事例等；在"两个健康"主题城市书房内展示助企纾困成果，为服务保障民营经济提供全面法治保障。

二是建立营商环境评议制度，鼓励企业家为公共事务建言献策。

企业家作为市场经济的直接参与者，对营商环境有着最直观的感受和最真实的了解。他们可以利用观察者的角色，及时反馈日常经营中遇到的问题和困难，根据自身的经验和亲身经历对现有涉企政策进行评估，为政府提供真实、具体的参考数据，提出具有针对性和可操作性的意见和建议。作为涉企政策的直接关系人，企业家还能够帮助政府监测政策执行的效果，发现执行中的偏差和不足，推动政策的有效落实，确保政策能够真正惠及企业。更为重要的是，通过这一机制，企业得以更好地了解政府的政策意图和实施步骤，而政府也能更深入地了解企业的需求和困难，形成良性的互动关系，共同推动营商环境的改善。

为有效畅通政企沟通渠道，精准解决企业诉求，加快推动营商环境持续优化向好，助推经济高质量发展，苍南从商（协）会领导班子及秘书长、企业高管等领域中选聘营商环境观察员，观察内容包括各涉企部门、单位在服务发展营商环境工作当中，贯彻落实中央、省、市、县营商环境政策情况，有损营商环境的行为，制约营商环境发展的因素等。此外，其工作任务还包括宣传和解读中央、省、市及县提升营商环境有关政策和工作措施，了解和收集涉企政策的贯彻落实情况；发现、收集和反馈在营商环境建设中的正负两面典型现象等工作，并积极为优化营商环境建言献策。县工商联会安排专人联系观察员，直接收集意见、建议。不定期组织召开观察员座谈会，有关部门代表直接回应观察员提出的问题，并就相关政策执行情况与观察员交换意见、进行讨论。为保证观察员制度的实际效果，县工商联对营商观察员每年年底进行一次考评，原则上要求每名营商环境观察员每年反映 6 条以上的意见和建议。

类似的，洞头区也开展了营商环境优化提升"改革体验官"行动。体验官了解并反映企业、群众在办事过程中遇到的堵点、痛点问题，收集、反馈社会各界对营商环境建设的意见建议，以及对营商环境优化提升措施落实情况开展体验式调查，推动各项改革举措落地见效。其职能包括四个方面。①政策询问。对中央、省、市出台的相关惠企惠才政策和创新做法在本地的落实情况进行了解，提出工作建议。立足行业平台和领域，帮助做好正面舆论引导，主动传播正能量。②问题反馈。走访联系企业群众，主动收集企业和群众在日常生产经营过程中遇到的问题并记录，及时将问题向区委改革办或其他相关职能部门汇总反馈。③建议提供。通过定期开展调研了解企业群众诉求建议，为优化营商环境建言献策，提出改革建议对策。④工作监督。对政策落实中宣传执行是否到位、兑现落实是否及时、服务是否全面进行全过程监督，督促形成新型亲清政商关系。区委改革办会为"改革体验官"提供必要的工作条件和便利，包括建立调研体验机制，即定期确定"改革体验"主题，开展实地观察、数据分析、现场访谈、模拟体验等活动，深入了解民意民情，收集各类涉及营商环境的信息，提出合理化意见建议。建立答疑整改机制，即定期汇总"改革体验官"发现的问题线索及工作建议，并协同相关部门召开碰头会。针对可即时回复的内容，由部门现场予以解答；仍需整改提升的，督促相关责任单位予以整改化解。建立回访观察机制，即不定期组织开展"回头看"，以企业实际体验为出发点，选取不同类型问题化解情况进行回访，对问题解决情况进行评估，确保工作举措真正落实。乐清市 2023 年发布《关于推动构建亲清政商文化体系，打造营商环境县域新高地的实施方案》，方案中同样提出要持续深化"万人双评议"。注重优化评议方法，通过对企业开展调研走访、发动企业人员参与测评等，提高企业话语权。评议时，对破坏营商环境的严重行为实行"一票否决"，倒逼涉企部门进一步转作风、提效能、优服务。

值得提出的是，鼓励企业家参与公共事务评议等措施的背后是温州对民营企业家高看一眼、厚爱三分。民营企业是经济增长的重要引擎，是创新驱动的重要力量，在推动经济发展和社会进步中发挥着不可替代的作用。尊重和支持民营企业家，不仅是对他们在经济建设中巨大贡献的认可，也是为了激励更多优秀人才投身民营经济，推动经济高质量发展。为此，温州市政府一直尊重民营经济人士，关注并支持民营经济人士健康成长，为鼓励企业家参与涉企事务评议、构建亲清政商关系打下了坚实的基础。通过高看一眼、厚爱三分的做法，温州得以更好地构建亲清新型政商关系，优化营商环境，增强市场信心，也更好地激发全社会的创新活力和创造力，促进科技进步和产业升级，推动社会的可持续发展和共同富裕。

（三）创新拓展新渠道，加强政企沟通

为了进一步加强政企沟通，推动政商关系良性发展，温州市积极出台"亲清直通车"——政企恳谈会等制度，受到了企业家的高度肯定，成为政企交流的重要渠道。近年来，温州还不断探索，拓展政企沟通新机制新模式，建立企业服务中心、企业法治服务中心等，提供了更为高效的交流沟通平台，助力构建新型政商关系迈上新台阶。

一是深入落实"亲清直通车"——政企恳谈会机制。"两个健康"直通车是温州市推动营商环境优化提升"一号改革工程"的重要工作载体，也是强化政企沟通，构建亲清政商关系的重要举措。2024年，温州进一步优化"两个健康"直通车政企定期沟通机制，由各地、市经信局、市工商联及各涉企部门等通过帮企办、企业维权平台、"两万"行动等收集上报问题，市"两个健康"办汇总梳理问题交相关单位征求意见并进行合法性审查，市有关单位、各地将问题提交市领导、属地负责人研究明确处置建议和审查意见，市委办、市府办会同市"两个健康"办分析研判后形成会议方案分别报市委书记、市长审定，市委书记、市长按月召开"两个健康"直通车会议，市有关单位、各地贯彻落实直通车交办事项并及时反馈工作进展。其

中，政企恳谈会采取"1+4+N"（即"1 个主场、4 个条块专场、N个其他专场"）的形式，主场为市本级主场，4 个条块专场分别为县（市、区）或温州海经区专场、商协会专场、产业链专场和条线专场。

表 1　温州市"两个健康"直通车举办情况

单位：个

区域	期数	参加企业数	研究问题数	交办问题数	办结数	需省级协调事项数	备注
市本级	15	95	99	99	81	0	
鹿城区	13	114	135	53	49	0	现场答复 82 个
龙湾区〈含温州湾新区〉	40	235	250	161	124	0	现场答复 89 个
瓯海区	30	40	66	66	58	0	
洞头区	16	74	137	122	101	0	现场答复 15 个
乐清市	19	53	97	97	84	0	
瑞安市	12	80	95	69	63	0	现场答复 26 个
永嘉县	7	42	62	62	47	0	
文成县	16	163	83	37	37	0	现场答复 46 个
平阳县	10	56	76	71	62	0	现场答复 5 个
泰顺县	13	62	82	77	68	0	现场答复 5 个
苍南县	21	116	87	43	43	0	现场答复 44 个
龙港市	9	112	62	53	48	0	现场答复 8 个
合计	221	1242	1331	1010	865	0	现场答复 321 个

资料来源：温州市"两个健康"办，数据截至 2024 年 5 月 7 日。

　　二是积极探索创新模式，加强政企交流沟通。除"亲清直通车"——政企恳谈会的形式之外，温州还积极探索政企交流的新模式、新契机。2023 年，温州市苍南县坚持"晓企情、解企忧、勤服务、优效率"原则，整合县工商联原"亲清直通车"——政企恳谈会、县经信局原"亲清"茶叙会两个载体，升级形成政企恳谈会 2.0版，即苍南县"三桌"恳谈会，每两月召开一次，县委或县政府主要领导、县委县政府分管领导、各涉企问题责任单位主要负责人参加，每一期确定一个主题，以"圆桌餐叙、方桌茶叙、长桌座谈"等"三桌"形式，畅聊企业发展，面对面协调解决企业急难愁盼问题。交办事项原则上7个工作日内办结并向问题诉求企业反馈办理情况，对短期内无法解决的个别重大事项将成立专班进行攻坚，并跟企业做好解释沟通工作。县"两个健康"办定期向县委县政府主要领导上报办理情况。县委、县政府督查室全程跟踪督办问题落实情况，定期向问题诉求企业核实问题办理进展，对进展滞后事项进行提醒督办，督促各责任部门按期落实办理意见。这一形式有助于定期解决在苍企业跨领域、跨部门、跨层次的重点问题诉求，不断优化发展环境、激发发展活力、提振发展信心，合力打造"政企连心、共谋发展"的助企服务新品牌。

此外，设立企业服务中心，整合资源为企业发展保驾护航也成为加强政企沟通的新机制。2023年6月，为了打通为企服务的"最后一公里"，乐清市以经济发达乡镇（街道）、功能区为重点在全市开展企业服务中心建设，该中心要求构建"市级统筹、属地主建、部门协同"的实体化运行机制，形成"一核双联N延伸"模式，即以乡镇（街道）企业服务中心为核心，联动属地中小微企业综合服务平台和行业商（协）会，对接落实法律、财税、创新、用工、融资等N个服务领域。职能定位为以"一心一意为企业、政企合力谋发展"专项行动为抓手，打造"11365"服务体系，即1个工作目标、"1+N"个助企服务平台、三方资源、六大功能、五项机制。其中，三方资源包括建立政府牵头的助企服务员团队，集合企业融资、育才引才、法律服务、市场拓展、技术创新、管理提升等服务机构，组建高等院校等各类专家智库，充分体现了乐清市构建亲清政商关系，打造服务企业发展全生命周期的"企业之家"的信心和决心。

三是以企业面临的关键问题为基础建立沟通机制。企业常常在融资、项目审批、合规等问题上遇到困难，需要政府承担起答疑解惑、政策宣传等责任，为企业健康发展提供保障。2023 年，平阳县深入实施重点企业上市进度的节点化管理，实施"部门+乡镇+金融专员（顾问）"的联动帮扶，扎实推进各项优惠政策在平阳快速落地，正式设立省金服会平阳金融顾问工作室，成功举办平阳县第四期金融专员（顾问）培训班，开展金融顾问走进"慈善基地"活动，为企业融资等活动提供了专业化的服务。不仅如此，平阳县还以"平阳金融大讲堂"等活动为载体，定期组织部门、乡镇、企业负责人及金融专员（顾问）开展专题培训、资本沙龙、走进交易所（上市公司）等活动，不断提升企业的资本市场意识。永嘉县同样积极搭建与市场主体沟通交流的平台，依托"亲清沙龙""大走访"等活动载体，促进政企、纪企常态化面对面沟通交流，及时了解市场主体发展中的痛点，帮助解决企业发展中的难题，提振市场主体发展的信心。开通营商环境问题举报直通车，联合 12345 热线设立营商环境监督投诉专线，面向广大市场主体受理投诉问题，形成"受理研判—办理处置—督查督办—反馈问效"的工作闭环机制，推动企业投诉及时有效解决；同时加强与县信访局、县经信局的协作联动，定期梳理"帮企云"平台、12345 热线、"民呼我为"平台、检举控告平台等各类投诉平台的涉企问题，建立涉企问题清单，督促事权部门逐一研判、全力解决；对企业多年得不到解决的问题，倒查职能部门履职尽责情况，严肃处理解决企业诉求过程中不担当、不作为、慢作为的问题，全力破解营商环境梗阻。

法治合规问题是企业经营面临的一大难题，也是政府重点关注的领域。2023 年，乐清市在乐清市总部经济园设立法治助企服务中心，在全市各镇街产业区域板块设立法治助企服务站，落实市纪委、市公安局、市检察院、市法院等单位，以及律师、会计师、审计师事务所等专业机构入驻法治助企服务中心办公，实体化、专职化、专业化运行咨询纾困工作室等职能部门。洞头区建立企业服务中心合规指导专窗轮值服务机制，在洞头区企业服务中心建立企业合规指导专窗，由合规牵头部门、重点涉企执法部门、公职律师和合规法律服务团队等开展轮值，负责公开发布合格指导清单、减罚免罚清单、柔性执法清单等审慎监管清单；解答企业对于合规经营和风险防控的问题，指导企业事前防范、事后整改、信用修复等；提供精准合规沟通平台，方便企业寻找经验丰富的合规团队；收集企业在合规经营、行政执法等方面的意见问题，做好统一登记、跟踪反馈等工作。

鹿城区为了进一步优化营商环境，联动搭建了民营企业维权平台。具体而言，鹿城区依托区社会矛盾纠纷调处化解中心平台，建好助企惠企"绿色通道"，专门受理涉企公益损害和诉讼违法举报，健全涉企控告申诉案件优先办理、及时反馈机制，依法妥善回应企业诉求。探索涉企案件"四位一体"办理模式，包括涉企案件精准办理等。整合涉企案件信息查询等服务事项，与区工商联合作建设服务保障非公经济的平台，加强驻区工商联检察服务站、驻区企业联合会工作室、驻企联络站、企业合规建设联系点等站点建设，完善检企联系制度，主动听取企业意见建议，准确了解企业司法需求。企业对基层站所违规违纪行为不清楚的，由派驻纪检组参与解惑答疑。龙湾区积极探索企业合规建设新路径，创建行业协会企检服务中心，助力打造一流法治化营商环境。该中心由区检察院牵头，区司法局、区工商联以及相关执法司法机关参与，在行业协会、商会设立，主要针对企业生产经营中面临的违法犯罪风险。中心的工作职责包括提供合规法治咨询、提供定制式法治服务、提供合规法治体检、畅通诉求表达渠道等。通过为企业提供涵盖全生命周期的法治服务，该中心致力于实现企业在合法合规中健康发展、企业家在遵纪守法中健康成长的良好效果。

（四）完善行业商会协会建设，形成政商交流长期纽带

行业协会商会［简称"商（协）会"］是企业家和政府之间相互联系的重要桥梁和纽带。一般来说，商（协）会一方面能够规范行业标准，引导企业遵守法律法规诚信经营，形成良好的市场秩序，提升行业公信力；促进企业间信息共享、经验交流和商务合作，有助于企业提升自身竞争力。另一方面，商（协）会汇集了大量行业信息和企业声音，因此也能够成为政商沟通的重要渠道和长期纽带，帮助政府更好地了解行业动态和企业需求，维护良好政商关系。温州在商（协）会建设方面不断推进改革，并依托商（协）会开展多项活动，推动商（协）会形成政商交流的长期纽带。具体而言包括两个方面。

一是推进行业协会商会改革发展，为商（协）会充分发挥作用打下基础。行业商（协）会作为连接政府与企业、企业与企业的桥梁，发挥着促进经济发展、规范行业行为、提供服务支持等重要作用。然而，行业商（协）会本是市场经济长期发展的产物，随着数量的增加和影响力的扩大，其管理和运行中也暴露出会费收取违规、自主性不强等诸多问题。这些问题不仅影响了商（协）会自身的发展，也对政商关系和整个市场经济秩序产生了不良影响。为此，要让商（协）会真正发挥桥梁和纽带作用，首先要规范商（协）会建设，从法律法规、制度建设、内部管理等多个方面入手，建立健全规范商协会建设的长效机制，促进商（协）会的健康发展和有效运作。2023年，浙江省出台行业协会商会专项整治实施方案，重点整治会费标准及财务管理制度、财政性资金使用、领导干部兼职和取酬、重点领域活动和其他专项整治期间投诉、举报反映的情况，致力于巩固深化脱钩改革和收费治理成果，建立健全结构清晰、权责明确、运转协调、制衡有效的行业协会商会治理机制，督促行业协会商会形成定

位科学、功能健全、队伍专业、服务高效的运行体系。温州市及各县（市、区）积极响应，2024 年，苍南县出台加快推进行业协会商会改革发展的方案，提出规范和完善行业协会商会设立审查登记管理制度、落实归口管理、建立健全行业协会商会退出机制、优化行业协会商会结构布局、进一步明确行业协会商会职能、进一步完善行业协会商会运行机制等内容，致力于通过推进优化布局和改革发展，培育形成布局优化合理、内部运行规范、作用发挥充分、服务发展有效的商（协）会组织体系。还有部分县（市、区）也已经开展商会改革行动。举例来说，永嘉县印发基层商会改革发展实施方案，主要任务包括强化党建引领等。该方案以促进"四好"商会建设为总目标，紧紧围绕政治建会、团结立会、服务兴会、改革强会的总要求，切实加强党的统一领导，按照社会化改革思路，充分发挥商会的主体作用，为进一步优化营商环境、推动永商回归做出更大贡献。乐清市开展行业协会商会乱收费专项清理整治工作，重点对强制或变相强制入会并收取会费、只收取会费不提供服务等社会和企业反映强烈的问题进行清理规范和专项整治，旨在规范和引导行业协会商会行为，增强行业协会商会服务企业能力，促进行业协会商会健康有序发展。

二是依托商（协）会开展多项活动，建立政企沟通渠道。商（协）会作为企业的代言人，能够及时了解企业的实际需求和发展方向，有助于政府更好地推动产业转型升级和创新发展。2023 年，为充分发挥商（协）会的桥梁纽带作用，苍南县在全县工商联系统 39 家商（协）会建立营商环境直通车服务站，服务站职责包括学习宣传、畅通渠道、信息收集和问题化解四项。其中，学习宣传即通过商（协）会会员大会、理事会、会长会等，从各个层面引导会员企业家深入学习习近平新时代中国特色社会主义思想，传达学习中央、省、市、县有关民营经济重要论述及讲话精神；加大政策宣传力度，大力宣传优化营商环境有关政策措施，主动将政策提供给企业，提高政策知晓度；做好相关政策的解读工作，帮助企业用足用好政策，促进形成亲商、安商、重商的民营经济健康发展氛围。畅通渠道即积极搭建商（协）会和会员企业的联系沟通平台，建立商（协）会领导班子定向联系会员企业机制，主动联系会员企业负责人，以满足企业需求为目标，畅通信息沟通和会员企业反映问题渠道，及时了解企业的相关需求，在政策法规允许的范围内，办好会员提出的每一件事情，做到工作联手、服务联动、沟通联心。信息收集即通过组织召开政企恳谈会，邀请乡镇领导、基层部门站所工作人员与企业面对面座谈。开展走访活动，深入会员企业，收集企业在生产等过程中遇到的具体问题等。问题化解即将企业反映的共性问题和个性问题分门别类进行梳理，提出切实可行的意见和建议，寻求解决困难的办法和途径，并以书面形式转交县工商联民营企业投诉服务中心，或直接报送属地党委、政府。不仅如此，苍南县还在商（协）会建立"共享法庭"，帮助解决涉企案件，把涉企纠纷化解在基层。龙湾区也充分发挥行业商（协）会专业、自治、协调、监督的积极作用，积极探索新时期社会矛盾多元化解新机制，推动成立龙湾区"商协共治"调解中心。其调解范围包括商会（行业协会）会员或非会员企业及个体工商户、个人自愿向调解中心申请调解的纠纷等。这一调解中心的设立充分发挥了商（协）会化解民营经济领域纠纷的资源优势，推动商（协）会调解与仲裁调解、诉讼调解、劳动争议调解相接相融，以非诉讼方式化解矛盾、避免诉累，为企业的健康发展赋能。

不仅如此，政府还依托商（协）会开展了党建等丰富多彩的活动，凝心聚魂促发展。例如，洞头区完成区工商联所属 12 家商（协）会党建全覆盖，组建商（协）会联合党支部。指导商协会围绕"学党史办实事"开展活动，基层商（协）会党支部先后开展"传承五四薪火 凝聚青春力量"海霞村参观学习活动、"传承海霞精神，爱岛尚武谋发展""瞻仰南湖红船、重温初心使命"等主题党日活动。鹿城区工商联邀请省市区三级工商联执委企业家，牵头组织南郊商会、大南商会等12家商会、企业与某经济薄弱村结对开展"万企兴万村"活动，因村制宜帮助找准共富路子。除此之外，鹿城区还出台商（协）会自律诚信建设方案，指导商（协）会建立本行业、本领域自律公约，发挥行业商（协）会在加强市场监管、参与社会治理方面的积极作用。牵头成立行业协会产业联盟，发挥龙头企业带动效应，加强沟通对接，实施帮扶共促。引导组建民营企业志愿服务队3支、商（协）会志愿服务队14支，动员企业家执委积极参与"五水共治"、"平安鹿城"、全国文明城市建设复查等社会事务。

二 "清"：加强廉政队伍建设，打造风清气正营商环境

在构建亲清新型政商关系中，"清"发挥着原则和底线的作用，唯有在清正廉洁的环境下，企业才能公平竞争，市场才能充分发挥资源配置的作用。因此，规范政商互动、杜绝权钱交易，是确保民营经济人士健康成长的关键，也是维护市场秩序、维护社会公平正义的重要保障。作为民营经济重镇，温州不仅在"亲"字上下功夫，积极主动作为，为企业排忧解难，更在"清"字上不懈努力。一方面，在政府端加强监督保障，以严明的法纪制度要求公职人员，明确政企交往底线。通过建立健全廉政制度、强化监督机制和严格问责制度，确保政府官员在与企业交往中保持廉洁自律，不牟取私利，做到公正执法、廉洁从政，维护政府的公信力和权威性。另一方面，温州从企业端入手，推动企业树立廉洁经营理念，建立健全企业廉洁制度，确保企业在市场竞争中诚信守法经营，并建设清廉民企；通过表彰和宣传清廉企业，树立典型榜样，以点带面发挥示范作用，营造全社会尊

重廉洁、崇尚诚信的良好氛围，构建廉洁规范的政商生态。具体而言包括两个方面。

（一）加强监督保障，明确政企交往底线

在民营经济发展初期，企业规模普遍较小，政企信息传递效率不高，涉企事务流程不明晰，"挈篮子"、找关系办事一度成为很多民营企业和民营企业家加快项目审批、提高企业竞争力的便捷方式，公职人员借此谋取私利、扰乱市场秩序的现象也时有发生。此后，温州针对"挈篮子"等可能的问题展开整治，出台了一系列具有可操作性的政策措施，推进党风廉政教育，提升公职人员的法律意识和廉洁意识，明确政商关系的规范和界限，确保政商关系有章可循、有据可依。

1. 推动政商关系亲清正循环集成改革，升级"三清单一承诺"

近年来，温州市在构建新型政商关系、推动廉政建设等方面不懈努力，形成了包括政商交往"正面清单""负面清单"、清廉民企建设"引导清单"、反对"挈篮子"承诺在内的"三清单一承诺"。"三清单一承诺"逐渐成为温州市公职人员和企业接触交往的准绳和底线，也成为温州构建政商关系的一大亮点。随着民营经济的不断发展，政商关系构建也迈上新台阶。2023 年，温州市印发《推动政商关系亲清正循环集成改革工作方案》，具体举措共八项，其中的一项重要内容就是迭代升级"三清单一承诺"。根据最新党内法规和国家法律法规，优化调整 2019 年发布的亲清新型政商关系"三清单一承诺"，细化制定鼓励支持公职人员积极作为、主动参加助企公务活动的"八个允许"，明确公职人员与民营企业及其经营者交往的"八个不准"和民营企业与机关单位及公职人员交往的"八个不得"，组织全市相关人员书面签订反对"挈篮子"承诺书，划定"亲""清"行为边界。表 2 详细列出了 2019 年"正面清单""负面清单"与目

前"八个允许""八个不准"的对比情况。不难看出,"八个允许"中更详细明确地列举了政企交往的可行情形;"八个不准"则有针对性地增加了不准利用亲属以权谋私等条款,对公职人员的要求也更加严明;"八个不得"则对公职人员搭股经商、违规借贷等行为提出了严令禁止。

此外,这一工作方案中提出的具体举措还包括三条。①优化提升"十五条"举措,包括以2020年关于充分精准履行审查调查职能,助力打造一流营商环境的政策文件中保护民营企业家权益的15条举措为基础,修订出台新版实施意见,依法保护民营企业产权和企业家权益。②数字赋能涉企执法监督,包括推进涉企执法大数据e监督,不断建立优化公权力大数据监督模型,推动形成闭环监督模式,把权力关进"制度+技术"的笼子等。③选取"小切口"撬动"大治理",包括深化运用"项目化""小切口""一盘棋"工作方法,监督推进三个"一号工程";聚焦土地出让、资金拨付等重点领域,紧盯决策程序等关键环节,重点整治贯彻落实上级党委政府优化营商环境决策部署不力、不正确履行涉企服务和执法监管职责、违规干预插手市场经济活动或违规从事营利性活动等问题。这一方案旨在通过改革,积极创造稳定公平透明可预期的发展环境,不断擦亮"亲清商港·温州有度"品牌,为温州深化推动"两个健康"提供有力保障。

表2 "三清单一承诺"升级前后细则对比

"三清单一承诺"中"正面清单"	"八个允许"
参加有利于民营经济发展的企业上市策划、重大项目开工仪式等活动	受邀参加民营企业或商(协)会举办的重大项目对接签约、重点人才招引、重大工程开工奠基、企业上市、市场推广、申报项目以及有助于经贸交流活动的培训、招商等公开性商务活动

续表

"三清单一承诺"中"正面清单"	"八个允许"
参加商(协)会举办的年会、茶话会、学习考察等旨在交流信息、听取意见、推动发展的商务活动	受邀参加民营企业或商(协)会举办的座谈会、研讨会、茶话会、年会、产品推介会等公开商务会议
到企业调研或上门服务,确需企业提供用餐的,可按公务接待标准在企业食堂安排工作餐	确需协助企业到外地开展公务活动的,可与企业同时出行、就餐,并按公务出差标准结清差旅费用 上门服务企业或开展调研,确因工作误餐的,可以按照员工就餐标准在企业食堂安排工作餐,并交纳费用 邀请企业或商(协)会人员就事关地方经济、企业发展等重要工作进行调研和商议时,可以按照公务接待标准安排公务用餐
优化涉企服务,为民营企业和温商回归项目提供全方位支持,需要急事急办、特事特办的,应予积极回应或协调办理	
主动向民营企业提供有效的政策解读与明确指引,帮助企业争取各类扶持政策	
坚持实事求是、尊重历史,在法律法规允许的范围内,及时解决民营企业各类历史遗留问题	
参加其他有利于营商环境优化、有利于新时代"两个健康"先行区创建,但不违反相关纪律要求的活动	参加其他有利于营商环境优化、有利于新时代"两个健康"先行区创建的活动
	组织企业或商(协)会参加旨在推广产品或服务的展销会、推进会、会展等经贸交流活动
	组织企业或商(协)会相关人员参加政策宣传、产业提升、人才培养和推广应用新技术、新模式等培训活动

续表

"三清单一承诺"中"负面清单"	"八个不准"
在涉企服务中故意刁难、办事拖拉、推诿扯皮	不准在涉企监管服务中故意刁难、吃拿卡要和不作为、慢作为、乱作为，对民营企业随意性执法、选择性执法，向企业乱摊派、乱检查、乱收费、乱罚款、乱募捐、乱扣留，漠视企业合理诉求
对民营企业随意性执法、选择性执法，向企业乱摊派、乱检查、乱收费、乱罚款	
把政策优惠当成熟人的"福利""红包"，或以政策、纪律为借口把民营企业合理诉求拒之门外	
利用职权索取或接受民营企业宴请、旅游、娱乐等活动安排，收受礼金礼品礼卡、有价证券、电子红包等财物	不准利用职权或职务上的影响违规收受企业及其经营者赠送的礼金礼品礼卡、电子红包（包括在涉企微信工作群抢红包）、有价证券、股权等财物，接受企业及其经营者提供的宴请、旅游、健身娱乐等活动安排（包括因私外出期间由异地商会、企业提供宴请、旅游等活动安排）
其他违反中央八项规定精神和相关纪律规定、破坏营商环境、影响新时代"两个健康"先行区创建的行为	不准在政商交往中有其他与党中央重大决策部署不符，违反党章党规党纪、法律法规和规章的行为。公职人员尤其是领导干部在与民营企业经营者交往中可能存在利益冲突情形的，应当事先报告或者主动申请回避
违规在民营企业中搭股经商，强制或暗示民营企业购买指定产品或服务，向民营企业违规借贷放贷、揽储揽保、承揽工程	
在市场准入、证照办理、项目审批、土地征用、市场监管、税收征管、金融贷款、财政补贴等环节吃拿卡要、以权谋私	
	不准利用职权或职务上的影响优亲厚友，搞权钱交易、利益输送，违规干预和插手正常市场经济活动或经济纠纷，为企业及其经营者谋取不正当利益或者损害其合法权益

"三清单一承诺"中"负面清单"	"八个不准"
	不准利用职权或职务上的影响违规由企业及其经营者支付应当由单位或者个人及其配偶、子女负担的费用，以本人、配偶、子女及其配偶和其他特定关系人名义向企业及其经营者筹资、借款、借物，以提供中介服务等各种名义向企业及其经营者收取费用或者其他好处
	不准违规安排配偶、子女及其配偶和其他特定关系人到本人管辖地区和业务范围的企业任高级职务或者挂名领取薪酬
	不准默许、纵容配偶、子女及其配偶和特定关系人在本人管辖区域和业务范围内的企业谋取不正当利益
	不准离职或者退（离）休后违规接受原任职务管辖地区和业务范围的企业、中介机构或者其他营利性组织的聘任

资料来源：温州市《关于开展"三清单一承诺"行动、打造全国一流营商环境的实施方案》《推动政商关系亲清正循环集成改革工作方案》。

文件下发之后，各县（市、区）积极响应，深入落实。例如，永嘉县下发文件，要求每位公职人员认真检视个人涉企公务活动是否符合政商交往"正面清单"所列的八种情形，是否存在"负面清单"中所列的"八个不准"情况，以及对可能衍生"挈篮子"问题的制度缺陷进行重点排查，对存在的问题切实做好整改。同时各单位结合行业特点和工作实际，制定细化本部门（单位）政商交往清单，切实规范政商交往活动。龙湾区根据这一文件和营商环境优化提升"一号工程"的相关部署制定了工作清单，清单包括迭代升级"三清单一承诺"、依法保护合法权益、数字赋能涉企执法监督等。此外，龙湾区发文要求全区公职人员深入贯彻落实亲清新型政商关系"三清单一承诺"，时刻对照"八个允许""八个不准""八个不得"规范言行，相关人员签订反对"挈篮子"承诺书，并要求各纪检监察组织积极开展日常监督，坚决纠治服务企业过程中的"四风"问题，及时做好亲清政商交往有关问题线索处置工作。

除此之外，2023年，平阳县紧扣打造全省营商环境最优县目标，出台"双十条""正负面清单"，要求一是拉近政商交往"亲"距离。从"亲"的角度，按照干部管理权限和工作需要，党员干部、公职人员经单位批准，允许参加十种情形的涉企公务活动。二是净化政商交往"清"环境。党员干部、公职人员在与民营企业及其经营者交往中，要以法律法规、党纪政纪为准绳，严格遵守"十个严禁"。这一文件允许的十种情形中鼓励领导干部与企业家正常交往、加强与企业的沟通、认真听取意见与建议等内容，体现营造"亲商、重商、安商、扶商、护商"浓厚氛围和良好营商环境的决心和信心。

2. 打击干部乱作为，影响市场正常秩序，破坏营商环境的行为

公职人员是优化营商环境、推动政商关系良性发展的具体执行者，在一些地方和部门，公职人员掌握着重要的审批权，权力运行不透明、不规范，容易滋生腐败和权力滥用。如果部分干部在履职过程中执行不力、不负责任，甚至滥用职权、谋取私利，则会破坏市场公平，降低政府公信力，恶化政商关系。因此，政府要转变职能，减少对企业经营活动的直接干预，更多通过法律、政策、标准等间接手段，引导和规范市场行为；要加强法治建设，强化法律法规对干部干预企业经营活动的约束，对于已经在营商环境优化活动中形成阻碍、影响市场正常秩序的行为，要坚决取缔，严抓整改。温州市针对党员干部在优化营商环境中执行不力等问题制定了"破梗阻·优服务"专项行动，重点针对"政令中梗阻"、"项目中梗阻"、"审批中梗阻"、"助企中梗阻"和"执法中梗阻"五类问题展开整治。各县（市、区）积极响应，例如，永嘉县开展"破梗阻·优服务"护航营商环境优化专项行动，要求对照5类"中梗阻"问题，系统开展自查自纠，落实整改责任，抓好问题销号。紧盯"中梗阻"背后违反中央八项规定精神问题，紧盯行政审批、执法监管、招标投标、工程项目推进等重点领域"中梗阻"背后腐败行为，深挖彻查强揽工程、阻挠建设、利益输送等问题，深入治理涉企第三方机构腐败问题。对暴露出的"中梗阻"问题，既要追究直接责任，也要追究相关领导责任。对共性问题深入开展系统治理，做实"后半篇文章"。

此外，围绕干部干预企业经营活动，影响市场正常秩序的问题，乐清市在全市范围内开展干部干预企业经营专项整治，在多个重点领域进行整治，例如在工程建设项目领域，插手干预工程建设项目承包发包、款项拨付、建设管理、竣工验收和物资采购等事项。在企业上下游采购销售领域利用职权或者职务上的影响，强制、推荐或暗示企业购买或销售指定产品等。乐清要求畅通举报渠道、全面起底线索、监警联动助企、严格执法报备、精准廉洁评议、构建数字监督、探索从业限制。龙湾区在关于分解落实优化营商环境监督护航行动工作责任的实施方案中也提到，全区各纪检监察组织要对标浙江省营商环境"一年重点突破、两年全面提升、五年整体跃迁"的发展目标，有计划、有节奏、有重点地推进五大行动各项任务。要紧密结合"作风建设深化年"行动、"破梗阻·强担当·优服务"专项行动以及"严管厚爱激励担当作为十大举措"，坚决纠治不作为、慢作为、乱作为，旗帜鲜明敢容错、善容错、真容错。要建立健全营商环境跨部门联合监督机制，强化职能监管，对重点问题定期会商研判、动态跟踪问效。要强化对损害营商环境案件的分析研判，深入剖析典型案件暴露出的共性问题，及时通过纪检监察建议书等形式，督促业务主管部门找准症结、完善制度、堵塞漏洞。

3. 加强监督，建立健全护航民营经济发展壮大常态化工作机制

为进一步巩固发展良好政商关系和政治生态，强化政治监督，形成常态化机制，温州市下发了关于建立健全护航民营经济发展壮大常

态化工作机制，形成了三个方面共十条工作任务。

一是建立健全服务企业发展快响机制。包括健全"纪企直通"机制，即建立营商环境亲清联络站等效能作风监测平台，精选行业协会商会、招商引资项目等，由纪检监察干部担任"护企联络员"。围绕审批服务优化、重大项目落地等领域加强一线监督，针对企业反馈的"办不成事"典型问题，探索推行纪检监察干部"一线查访、全程督办"服务监督工作机制，精准深挖背后的流程缺陷、制度漏洞、部门壁垒，督促相关责任单位切实整改到位，实现系统施治、标本兼治。完善投诉维权机制，即充分发挥检举举报平台作用，建立健全受理、办理、处置联动和督办问效机制，及时高效处理营商环境投诉等。完善协同破难机制，即加强数据、信息对接，建立与涉企服务监管部门单位的定期会商、信息互通、线索移送机制，确保第一时间掌握企业关注重点、矛盾交织热点等。

二是建立健全优化营商环境护航机制。包括健全快查快处机制，即优先受理、优先处置、优先查处妨碍企业发展、损害营商环境的问题线索等。完善专项治理机制，即坚持问题导向，选准"小切口"，通过起底问题线索、开展一线调研监督等方式，深入挖掘治理营商环境的"堵点""痛点"等。建立数智监督机制，即优化监督模型、加强数据碰撞、强化风险预警，动态归集营商环境领域突出问题等。

三是建立促进政商亲清保障机制。包括完善"三张清单"制度，即完善"三清单一承诺"执行落实机制，督促重点涉企职能部门结合行业特点和工作实际，制定细化本部门（单位）政商交往"正面清单""负面清单"，健全完善党员、公职人员政商交往报批、备案制度，抓好执行情况的监督检查，切实规范政商交往活动等。完善"尽职免责"机制，即落实"三个区分开来"，探索建立审批、执法等涉企重点领域尽职免责专项清单等。完善"暖心咨询"机制，即主动接受党员干部咨询纪法、说明情况，及时精准解答党员干部在党规党纪、政策解读等方面常见疑惑问题，帮助其提高对廉洁从政从业、构建亲清政商关系、尽职免责等相关政策的把握能力，及时纠正党员干部苗头性、倾向性问题，帮助党员干部消除思想顾虑、筑牢廉洁防线，更好激发党员干部在服务企业、推动发展中主动担当作为。

永嘉县实施护航营商环境提升"优商助企"八大行动方案，要求在全县建立 10 个营商环境监督护航工作组，定期组织监督调研，深入一线与项目负责人等人员面对面沟通了解情况，靠前监督、精准施策，督促项目责任单位和属地政府等规范履职、高效服务、纾困解难。不仅如此，永嘉县还积极搭建县纪委监委与市场主体沟通交流的平台；推动招投标领域以案促治、政务审批提速增效，公职人员违规借贷、违规经商行为整治，涉企乱收费查纠整改等，持续提升营商环境，为永嘉高质量发展保驾护航。2024 年，该县持续关注亲清氛围不浓等问题，开展护航营商环境优化年"四优四促"专项行动，致力于优化梗阻症结跟进监督模式，促服务改革"有为"；优化涉企问题联防联查机制，促法纪效果"有威"；优化干部队伍廉洁教育载体，促工作作风"有畏"；优化社会监督协同参与渠道，促亲清关系"有位"。

（二）深化清廉民企建设，构建廉洁规范的政商生态

在市场经济日益繁荣和竞争加剧的今天，保持风清气正的氛围不仅是维护市场秩序、增进社会诚信的重要举措，其实也是适应企业自身健康发展的需要。在以往官商勾结，造成恶性竞争的案例中，企业为寻求方便、牟取暴利、提升行业竞争力而主动破坏市场秩序，拉关系托人情，与政府官员建立非正式的利益链条的情况同样不少。因此，廉洁教育、廉洁文化推行的行动不仅要在公职人员队伍中开展，也要在企业、商（协）会中普遍开展。温州通过健全制度体系、强

化廉洁教育和思想政治教育、完善监督机制等，鼓励企业依法依规经营，遵守市场规则，坚守商业道德，不行贿、不送礼、不搞关系；加强法治教育，提高企业员工的法治意识和自律意识，形成守法经营、诚信经营的企业文化，有效防范和化解廉洁风险，推动政商关系良好发展。

1. 深化清廉民企建设

清廉民企建设是温州提升企业形象，构建新型政商关系，加强廉政建设的品牌。清廉民企不仅自身受益，还能在市场中发挥示范效应，带动更多企业共同营造良好的市场环境和政商生态，推动社会诚信体系建设。随着经济建设不断取得新成就，清廉民企建设也不断迭代升级，发挥更大的作用。温州市《推动政商关系亲清正循环集成改革工作方案》中就提出，要打造清廉民企建设2.0版。把清廉民企建设作为构建亲清政商关系的重要一环，与时俱进完善温州特色清廉民企建设模式，构建民营企业源头防范和治理腐败的体制机制。充分发挥清廉民企建设联盟作用，积极打造清廉民企样板，引领完善行业自律和企业内部廉洁风险防控措施，努力将清廉建设成果向更多民企拓展延伸。设立亲清工作站，帮助民企完善内部控制机制，教育引导民企规范开展政商交往。

各县（市、区）也将清廉民企的建设工作作为构建亲清政商关系、维护市场秩序、促进经济高质量发展的重要渠道。瓯海区试行清廉民企星级评价方法，基于多项评价标准对民营企业进行综合评价，评价标准包括坚持党建引领、组建纪检组织、落实专人负责、严格落实党内组织生活、完善企业廉洁内控机制、建立廉洁责任追究制度、落实廉洁谈心谈话制度、健全廉洁承诺制度、积极推行党务厂务公开、开展理想信念教育、坚定诚信经营理念、深入开展法纪教育、强化本土案件警示、开展清廉文化活动、开辟清廉文化阵地、开展示范创建活动、共建共享清廉联盟、拓宽监督举报渠道、建立反腐协作机制、严肃查处腐败问题等 20 条。泰顺县同样发布了深化清廉民企建设和五星单元创评活动的通知，在清廉民企建设示范企业五星单元的评价过程中引入了党建引领、诚信守法、清廉治理、亲清政商和清廉文化五个一级指标，细分为拥护党的领导，始终听党话、感党恩、跟党走，坚持产业报国、实业强国，大力弘扬企业家精神、新时代"四千精神"和浙商精神；带头履行契约义务，信守商业承诺，恪守行业规则，提升企业品牌信誉；通过政企沟通、维权服务等平台，依法反映合理诉求，自觉遵守政商交往底线，不行贿、不欠薪、不逃税、不侵权、不偷排、不逃废债等二级指标，全面考察企业的廉洁建设情况。事实上，早在 2022 年，泰顺县就形成了清廉民营企业建设的评价标准，分为核心标准、外在表现和内在要求三大板块，又细分成不行贿、不欠薪、不逃税、不侵权、不踩红线、有文化、有活动、有阵地、有培训、有成效、好法人、好班子、好架构、好制度、好口碑等简洁明了的评价标准，努力形成民营经济清明、清朗、清新的良好生态，推动民营经济人士健康成长和民营企业健康发展。

商（协）会是政企构建的良好桥梁，也容易成为滋生腐败等问题的载体，因此，清廉商会的建设同样重要。早在 2021 年，泰顺县就印发了"清廉商会"建设实施方案，制定了"八要"正面清单、"八不要"负面清单和"五举措"重点工作清单。"八要"正面清单包括要加强政治引领，认真学习贯彻习近平新时代中国特色社会主义思想，开展党史等主题教育，深化理想信念教育实践活动，坚定不移听党话、跟党走等。"八不要"负面清单包括不准在重大原则问题上有与党中央不一致的言论和行为等。"五举措"重点工作清单则包括收集行业建议，即及时收集会员企业经营发展中遇到的营商环境问题，并进行甄别和梳理汇总，为政府职能部门优化服务、提升效率提供参考等。龙湾区 2021 年出台商（协）会规范化管理的相关制度，从制度层面规范商（协）会运行。不仅如此，龙湾区也制定印发了

"清廉民企"创建制度手册，从物资采购、存货管理等方面对清廉民企建设提出具有可操作性的制度，对规范民企内部运行有着指导性作用。

洞头区则针对清廉民企建设出台了正向激励十条举措，在助企政策、法律服务、融资等方面对清廉民企有所优待，从制度上增强清廉民企的荣誉感，鼓励企业以已有清廉民企为榜样，以成为清廉民企为目标。具体而言，该文件的激励举措包括：对三星级以上清廉民企给予发文命名、授予荣誉牌匾，并给予建设经费奖补；同等条件下优先推荐三星级以上清廉民企负责人为工商联执委、商（协）会班子成员候选人、各级劳模、区级优秀民营企业家等；在申报各级政府质量奖、品字标认证、守合同重信用企业等企业荣誉时，同等条件下优先推荐三星级以上清廉民企；清廉民企可优先设为区营商环境监测点，企业负责人可优先聘为区营商环境特约监督员；清廉民企可优先参与评部门、评基层站所等评议活动；成立护企联络员队伍，对清廉民企开展结对联系工作，了解相关部门惠企政策、涉企服务等工作落实情况；清廉民企有问题建议可通过"亲清一点通"应用或直接向纪检干部反映，对清廉民企反映的问题，护企联络员应及时跟进协助解决；为清廉民企建立公共法律服务团队，根据企业需求，组织调解员、公证员、律师、基层法律服务工作者等提供人民调解、法律体检、法律咨询、法律宣讲、员工维权、公证服务等多元法律服务；设立总授信额度为3000万元的"清廉贷"，在同等条件下对清廉民企提高贷款额度，降低贷款利率，三星级以上清廉民企可申请"清廉贷"50万~100万元，清廉民企可申请"清廉贷"20万~30万元；清廉民企员工可参照海霞诚信贷申请个人信用贷款。在招投标工作中，优先推荐符合资质条件的本地清廉民企参与小额工程（非依法必须招标的建设项目）投标。

2.加强廉洁宣传，深化思想政治建设

党的十八大以来，我国一直高度重视反腐倡廉工作，并将其作为经济社会持续发展和国家治理的重要任务。预防腐败需要一体推进不敢腐、不能腐、不想腐，只有三个层次相互联系、相互补充，才能构成反腐败的完整体系和有力抓手。其中，"不敢腐"旨在通过规范的法律法规和强有力的执行力形成震慑效应，使得相关人员不敢轻易铤而走险，触碰法律的红线。"不能腐"旨在通过法律和监督机制的完善，加强、健全对权力运行的规范和制约，堵塞腐败的制度漏洞，使腐败行为难以发生。相比之下，"不想腐"是最高层次，只有从思想上、信念上解决问题，才能从根本上杜绝腐败行为。要加强思想政治教育，通过学习增强理想信念和党性修养，树立正确的权力观和政绩观；要弘扬中华优秀传统文化，通过学习和践行社会主义核心价值观，培养道德情操和人格修养，形成崇尚廉洁、以廉为荣的价值观。此外，还需要加强宣传教育，通过各种形式的宣传教育活动增强法律意识、廉洁意识，形成崇尚廉洁的社会氛围，使广大公职人员、企业工作人员从思想上筑起拒腐的堤坝，自觉抵制腐败行为，做到"不想腐"。因此，温州市不断加强廉洁宣传，加强企业家理想信念教育，将刚性约束、制度震慑和提高思想觉悟融为一体，着力提升企业市场声誉，营造风清气正的市场环境。

具体而言，2023年，文成县工商业联合会建立"亲清直通车"联络站走访调研常态化工作机制，加强政治教育，引导广大民营经济人士感党恩、听党话、跟党走。洞头成立企业家宣讲团，推动广大洞商主动担当、积极作为，在加强思想政治引领、推动产教融合、促进校企合作等方面发挥更大更新作用，让有政治素养的企业家发挥榜样作用，通过专题报告会、学习会、研讨会，以及网络、电视等线上线下形式向全区广大民营经济人士、企业职工、职教中心师

生等宣讲党的二十大精神、党中央及各级政府颁布的重要政策、法规、战略部署，企业家个人创业经验等。

事实上，温州市反腐倡廉、提高思想觉悟的工作一直在路上。早在 2021 年，为落实"清廉龙湾"总体部署，龙湾区工商联主动发挥职能，在清廉民企建设工作上积极探索，努力推动政商双向发力、同频共振，紧跟党史学习教育的热潮，组织召开 3 次党史专题学习会，组织企业家演唱红歌《我们都是追梦人》献礼建党 100 周年。组织企业家走进集美、井冈山红色根据地开展正向教育，让革命精神转化为触动心灵的廉政读本。加强教育阵地建设，英桥王氏家风家训馆成为全市民营经济人士理想信念教育基地，目前共接待了 8 批次来自各地的民营经济人士。区工商联公众号大力宣传"政商交往正负面清单"，向全区民营企业家发出推进清廉民企建设倡议书，引导广大民企主动弘扬和践行新时代企业家精神，尊廉、崇廉、守廉。2022 年，龙湾区开展"纪企'廉'动·清风护航"主题活动，要求总结营商环境效能监测点的工作成效，在规上民营企业、重点行业商（协）会、重大招商引资项目、重要工业园区等，组建纪检监察干部、公安、工商联及街道相关科室负责人参与的"亲清指导队"，对民企党建引领、清廉教育引导、惩防体系建设等工作提供上门指导，协助查办腐败案件。优化"罗山清风"宣讲团，吸纳整合公安、司法、市监、律师等骨干力量和专家学者，全方位、多层次宣讲企业感兴趣的全面从严治党、党纪法规、企业反腐制度建设等内容，进一步加大民企反腐倡廉宣传教育力度。充分发挥龙湾区警示教育基地作用，认真组织营商环境相关职能部门和基层站所党员干部及民营企业代表参观警示教育基地、警示教育展和参加腐败案件法院旁听等教育活动，着力解决影响营商环境的痛点难点堵点问题，为打造国际一流的营商环境提供纪律保障。

三　温州构建亲清政商关系的成效

在长期探索实践的过程中，主动精准服务企业、强化政企沟通已经成为温州提升企业竞争力、推动民营经济高质量发展、构建新型政商关系的重要举措。通过精准政策传递、创新服务方式等措施，温州在优化营商环境、提升企业满意度和增强企业发展信心等方面都取得了成效。

举例来说，在主动深入精准服务企业方面，鹿城区在推进滨江CBD开发建设工作中不断落实靠前指导，做优服务保障，加强跨部门协同作战，主动问需企业，量身定制方案，累计走访调研企业20余次、现场指导协调40余次，解决扩大临建场地、安排土方消纳区域、解决临时水电接入等问题20余个。不仅如此，该区构建全链条"司法康复"体系，截至2023年11月，已有200余位法律顾问为3200家企业提供矛盾纠纷调解、企业经营风险化解等服务1.2万余次。乐清市则建立"十百千"直联点征集税费服务诉求，为全市10家中介机构、100家重点税源企业、1000家结对企业，专门配备税务服务专员，精准响应涉税需求，实时解决实际困难；梳理高频、共性、热点问题，归纳形成涉税问题知识合集，并通过纳税人学堂广而告之。泰顺县做深做细金融助企服务"精"的特色，提升金融服务质效。一方面，县工商联专设金融指导员办公室，由派驻金融指导员开展一企一策精准服务，提供专业化、个性化的金融辅导。另一方面，县工商联携手建行、农商行等金融业执委通过走企业、进商会、联系村等方式，开展"金融赋能·助力共富"系列活动。苍南县开展"大走访大调研大服务大解题"活动，领导班子带头走访企业40多家、金融机构19家，梳理出企业问题清单20条，帮助13家企业解决融资需求。龙湾区全区领导干部2019~2023年累计赴企业开展服务 17168 家次，收集涉企问题 8719 个，化解 8707 个。瑞安市不断深化为企服务体系，常态化做好企业诉求的收集研判和协调交办工作，建立健全企业问题应报尽报直报机制和问题闭环化解机制，为民营经济高质量发展增动能、添活力。平阳县重点打响"周三助企日"助企品牌，由企服平台负责人、服务机构专家和助企员组成企业服务专家组，深入企业掌握经营困难，了解企业需求，对其开展精准服务，增强与企业之间的黏性。截至 2023 年底已走访企业 500 余家，收集技改项目流程不专业、缺土地厂房、人才难招、资金紧缺等问题；通过企业码平台"帮企云"应用响应企业诉求共 307 条，满意率 100%。

在强化政企沟通方面，"两个健康"直通车（政企恳谈会）机制为广大民营企业解决了很多急难愁盼问题，得到了企业家的高度肯定和好评，"两个健康"直通车（政企恳谈会）也获得了 2023 年度温州市改革突破金奖。具体而言，一是建立常态化问题收集机制，多触角梳理问题；二是建立全链条问题处置机制，多维度解决问题；三是建立立体式问题跟踪机制，多方面总结问题。推动"解决一件事"向"解决一类事"转变，各单位举一反三探索类似问题系统化解举措，现已出台 19 项衍生政策。组织开展"回头看"，根据回访，企业对直通车事项办理满意率为 97.21%。各县（市、区）积极落实，开展工作，也取得了一定成效。以鹿城区为例，鹿城区建立了"亲清直通车·鹿力同心面对面"政企定期沟通服务机制，建立了包括问题梳理收集、协商研判、交办处置和督办问效在内的工作流程，要求定期全方位收集、反映企业生产发展过程中面临的难点诉求，由区委统战部、"两个健康"办及相关分管部门等研判。通过每月召开的政企恳谈会，鹿城区收集了人才用工、政策保障、要素保障等一系列问题和意见建议，例如有企业建议政府部门加大对温州本地中小型数字经济企业的培育和扶持力度，从资金投入、税费减免、办公场所保障或房租减免、政策倾斜等方面提供支持。在政策允许的范围内，政府采购数字化相关项目向本地优质的、有能力的中小型企业倾斜。也有企业建议根据企业和岗位性质多元化人才评估认定标准，让更多制造业骨干员工享受到人才政策福利。除此之外，苍南县 2023 年分别聚焦矿山井巷业高质量发展、苍南特产网建设等问题开展恳谈会，听取企业家意见和建议，为发挥苍南的行业优势、促进特色产业高质量发展收集重要的市场资料。龙湾区则搭建政企沟通桥梁，聚焦企业急难愁盼问题，常态化召开政企恳谈会。2023 年以来，区领导召开"两个健康"直通车（政企恳谈会）41 期，邀请企业 269 家开展"面对面"恳谈，研究涉企问题 240 个。

不仅如此，设立企业服务中心、整合资源为企业发展保驾护航也成为加强政企沟通的新机制。永嘉在瓯北、乌牛、桥下等重点工业镇街建立镇街企业服务中心，加快涉企事项靠前办、跟踪办、网上办等服务模式创新，全面构建"赋能发展找中心、破解难题在中心"的基层企业服务新模式。2023 年以来，累计开展涉企服务 200 余家（次）、涉企活动 93 场，全县工业厂房出租备案 480 家（房东），签订土地二级市场交易（出租）投资监管合同 567 家。此外，鹿城区工商联主导建强"鹿商会客厅"主阵地，举办"亲清下午茶"、"鹿商大讲堂"等论坛讲座、招商洽谈活动 52 场，培训 600 余人次，推动 27 家企业达成合作意向。该会客厅也成为区级政企恳谈会的固定举办场所。

在行业商（协）会建设方面，也有一批优秀典型案例在不断涌现。泰顺县罗阳镇商会积极挖掘群众反响好、公信力强、服务意愿高的乡贤会员，搭建乡贤调解平台，规范制度运行、常态开展活动，助推社会事业发展。具体而言，其不断规范运行制度，通过"线上常驻、线下轮驻"模式，实现乡贤调解全天候，同时积极引入专业法律顾问，在调解过程中秉承"凡事都要有章可循"的原则，进一步规范了调解工作，不断提高调解工作的质量和效率，提升了化解矛盾纠纷的能力和水平。依托商会支部党员活动日、企业走访等方式，搭建企业之间、政企之间沟通平台，组织商会党员开展法治宣传等活动。翁宗福、吴柏联等乡贤品牌调解室共调解各类矛盾纠纷 50 余件，帮助政府部门化解群体性信访件 2 件及县级信访积案 3 件；同时化解经济方面纠纷 12 起，切实维护了当事人合法权益，成功实现了矛盾化解在一线。不仅如此，罗阳镇商会充分搭建沟通平台，引导本土企业山友公司联合 21 个村成立了"山友 e 联"党建品牌，与各村股份经济合作社签订农业种植和收购协议，覆盖 19 个乡镇 1.5 万亩基地，带动农户近 2000 户，亩均增收 0.5 万~1 万元。

在坦诚接触、积极作为、为企业纾困解难的同时，温州市始终重视"清"的边界和底线，严厉打击官商勾结、破坏市场秩序、污染营商环境等行为，要求公职人员严格按照升级后的"三清单一承诺"约束自己，鼓励企业争做清廉民企。举例来说，鹿城区统筹推进涉企案件办理和专项监督，严厉打击破坏营商环境、侵害企业权益等行为。平阳县深入开展"清风护航"十大行动，开展"两站两员"联企清风行动，2023 年在全县 1079 家规上企业和 43 个商（协）会，分别设立亲清联络站、亲清驿站，面对面发放亲清联络卡 1500 余张，全面检测企业痛点、难点、堵点，推动解决问题 35 个，督促修订小额工程项目建设管理等制度。这些举措为构建亲清政商关系、优化营商环境奠定了基石，也为民营经济的高质量发展提供了强有力的作风保障。

四 关于构建亲清新型政商关系的经验 启示和未来政策方向

构建亲清政商关系是新时代增强企业家信心、营造良好营商环境、维护社会和谐稳定、促进民营企业高质量发展的重要手段。温州作为中国民营经济的重要发源地，出台了一系列优化营商环境、提升政府服务效能、加强政企沟通的举措，持续推动政商关系良好发展，为促进民营企业健康发展和民营企业家健康成长打下了坚实基础。本文旨在总结温州的成功经验，并探讨未来可能的政策方向，以期为其他地区提供有益借鉴，推动全国范围内亲清政商关系有序发展。

（一）构建亲清新型政商关系的经验启示

一是政企恳谈会定期举行，打造形成了政企沟通特色品牌。在市场经济发展初期，政企交流的一大难点就在于没有透明、公开的沟通渠道，这种缺乏可能导致两种极端现象：一方面可能出现暗箱操作、官商勾结，政府官员和企业私下达成利益交换，导致权力寻租和腐败问题；另一方面则可能是政府与企业之间毫无交集，从不沟通，形成信息壁垒和隔阂，政府难以及时了解企业的真实需求和困难，企业也无法获得政策的及时支持和指导。随着民营经济不断发展壮大，产业政策持续出台，政府涉企事务不断增加，政企之间的正常沟通交流也显得越发重要。为了强化政企沟通，温州积极出台了"亲清直通车"——政企恳谈会机制，定期邀请企业参与交流座谈。温州市"两个健康"办数据显示，截至 2024 年 5 月 7 日，全市举办政企恳谈会累计达 221 场，参加企业 1242 家，研究问题数量和办结数量分别为 1331 个和 865 个，一些县（市、区）开展政企恳谈会的频率超过每月一次。不难看出，政企恳谈会已经成为温州企业家与政府面对面交流，陈述问题、提出建议的常态化渠道，也已经成为温州政企沟通的特色品牌。

二是积极正常沟通交流，多管齐下助力企业高质量发展。企业是企业家安身立命的基础，要构建亲清政商关系、促进"两个健康"，就离不开对企业，尤其是企业健康发展问题的关注。针对这一点，温州及各县（市、区）出台了各项政策，多管齐下，主动积极深入企业，助力解决企业难题，为企业发展保驾护航。例如"万名干部进万企"活动选派公职人员对接企业，点对点了解企业困难；"大走访大调研大服务大解题"活动深入基层和企业，精准破解难题；乐清市为企业专门配备税务服务专员，精准响应涉税需求；泰顺县派驻金融指导员开展一企一策精准服务；平阳县设立"周三助企日"，组建专家组深入企业了解企业需求，进行精准服务；等等。这些政策在"清"的规范下充分考虑企业和企业家需要，从财政、融资、合规等多个角度全面发力，在推进企业高质量发展、增强企业家信心和激发投资热情方面都发挥了重要的作用，也为促进政企沟通交流、构建亲清政商关系打下了基础。

三是"三清单一承诺"不断升级，为政商交往划定边界。亲清政商关系的边界在于必须"亲"而有度，"清"不仅是政商关系健康发展的基石，更是政府廉洁高效、市场公平竞争和社会和谐稳定的保障。如果不能明确规范政商交往的底线，任由公职人员和企业家拉帮结派、权钱交易、假公济私，则有违党的十八大以来党和国家反腐倡廉的初心。温州市在加强廉政建设、明确政商关系边界方面不断探索，形成了包括政商交往"正面清单""负面清单"、清廉民企建设引导清单、反对"挈篮子"承诺在内的"三清单一承诺"。近年来，温州对于"三清单一承诺"进行了持续的升级和优化，进一步列出了公职人员的"八个允许"、"八个不准"和"八个不得"。相比之下，优化调整后的条款在正面清单方面更加细致；负面清单中则添加了不准利用职权为亲属谋利等细则，范围更广，为政企正常交往划定了清晰明了的边界。

（二）构建亲清新型政商关系的未来政策方向

一是推动涉企政策融合发力，切实为企业发展保驾护航。2023

年，习总书记指出，要把构建亲清政商关系落到实处，为民营企业和民营企业家排忧解难，让他们放开手脚，轻装上阵，专心致志搞发展①。可见在构建亲清政商关系中，为企业和企业家解决发展过程中的困难是重要的一环。因此，不仅要在各个方面实施政策，助力企业发展，更要形成体系，形成合力，在顶层设计上实现统一规划；考虑到各项政策的衔接与配合，使各项政策相互补充、相互促进，提高政策执行的效率；建立长效机制，保证政策的可持续性，并对政策实施情况进行动态评估和调整，确保政策始终与经济形势和企业需求相适应。此外，企业的发展并非一帆风顺，特别是中小企业，因此不仅要关注蓬勃发展、蒸蒸日上的企业，也要关注遇到融资难、审批难等问题而面临严峻挑战的企业，着力从政策支持、金融服务、审批改革等多方面为企业纾困，构建有利于企业发展的良好生态环境。

二是进一步明确商（协）会职能，有效发挥商（协）会桥梁作用。行业商会协会是政企沟通的纽带，能够在构建亲清政商关系中发挥重要的作用。由于商会协会最早是由市场中企业自发建立的，容易出现商会领导是企业家，无暇投入精力到商会发展建设；没有专职人员，服务水平一般；只收费不服务等问题，进而导致商会协会助企效果不明显，反而可能成为贪腐的滋生地。因此，在规范商（协）会建设之后，还应进一步明确商（协）会的主要职能和义务。一方面，政府可以通过商（协）会与企业保持密切联系，深入了解企业在生产经营中遇到的实际问题和需求。商（协）会通过定期走访、调研和座谈会等方式，及时收集企业的意见和建议，向政府部门反馈。另一方面，商（协）会在政策宣传和解读中也可以发挥重要作用。商（协）会可以组织政策宣讲会、培训班等活动，邀请政府官员和专家

---

① 《习近平在全国政协十四届一次会议的民建、工商联界委员并参加联组会时的讲话》，https：//www.gov.cn/xinwen/2023-03/07/content_ 5745134.htm。

学者为企业进行政策解读，帮助企业准确把握政策内容。同时，商（协）会可以通过网站等多种渠道，及时发布政策信息和解读材料，扩大政策宣传的覆盖面和影响力，提高企业对政策的知晓度和理解度。

三是继续加强法治和廉政建设，维护公平公正的市场秩序。法治是最好的营商环境，法律是市场经济的基石，是对企业和企业家的规范和约束，也是对执法者的规范和约束。在法治环境下，政策具有系统性、延续性、公开透明度，企业就能安心发展，创新创业就能有保障。对于构建亲清政商关系而言，政企接触交流的边界和底线也同样重要，唯有划清底线、红线，才能真正实现政商关系的良性发展。因此，一方面，应进一步对公职人员和企业家接触交流的各类事项做明确规定，通过案例等形式直观展示条款适用的具体情境，提高其可操作性和可理解性，增强公职人员和企业家的法治意识和廉洁意识，做到让政商交往时没有模糊区，事事有章可循，有据可依。另一方面，应进一步明确企业本身在市场准入、经营管理、劳资关系、环境保护等涉企事务上的权利和义务，明确哪些行为可以通过教育引导进行纠正，哪些行为必须依法进行处罚，以确保执法的规范性和严肃性，避免在涉企执法中罪与非罪、经济纠纷与经济犯罪办理尺度不好把握的问题，防止执法人员在涉企执法过程中出现不作为、乱作为等问题，进一步确保公正和廉洁，维护公平公正的市场秩序。

B.6
民营企业家健康成长之传承："青蓝接力"

陈金凤*

摘　要：　温州民营经济发展到现在，企业家传承是个重大问题。为助力新生代企业家顺利接班、促进民营经济发展再上一个台阶，温州提出了"青蓝接力"行动。温州各区市县从组织建设、教育引领、创业扶持、待遇提升四个方面采取各种具体措施实施"青蓝接力"行动，为创一代企业家和新生代企业家的代际传承搭建了交流载体，为新生代企业家创业创新提供了制度保障，提高了新生代民营企业家的社会待遇和国家归属感，加强了对新生代企业家的思想建设，提高了新生代企业家的专业能力，促进了新生代企业家健康成长，促进了民营企业健康发展。温州"青蓝接力"行动的经验启示有三条：首先，导师制、培训班是促进新老代际传承的有效措施；其次，创业扶持政策是新生代企业家创业创新的重要制度保障；最后，整合资源、吸引人才是新老温商代际传承的主要思路。为了进一步推动"青蓝接力"行动，促进新生代民营企业家健康成长，促进民营企业健康发展，温州需要进一步加强政策稳定性，完善职业经理人接班机制，提供企业接班支持服务。

关键词：　企业交接　代际传承　"青蓝接力"　新生代企业家

---

*　陈金凤，中国社会科学院大学经济学院博士研究生，主要研究方向为产业组织、数字经济。

一 引言

民营企业家健康成长是"两个健康"的重要内容之一。民营企业健康发展与民营企业家健康成长相辅相成，民营企业家健康成长是民营企业健康发展的重要基础，民营企业健康发展是民营企业家健康成长的重要保障，促进民营企业家健康成长的重要性不言而喻。为此，中共中央、国务院发布了《关于促进民营经济发展壮大的意见》（下文简称《意见》），明确指出促进民营企业家健康成长；浙江省委、省政府和温州市委、市政府响应中共中央、国务院的号召，出台了一系列促进民营企业家健康成长的指导意见和行动方案。

2023年《意见》指出，民营经济是推进中国式现代化的生力军，是高质量发展的重要基础，是推动我国全面建成社会主义现代化强国、实现第二个百年奋斗目标的重要力量。为促进民营经济发展壮大，《意见》第六条明确指出，促进民营经济人士健康成长，全面贯彻信任、团结、服务、引导、教育的方针，用务实举措稳定人心、鼓舞人心、凝聚人心，引导民营经济人士弘扬企业家精神。具体要求包括：健全民营经济人士思想政治建设机制、培育和弘扬企业家精神、加强民营经济代表人士队伍建设、完善民营经济人士教育培训体系、全面构建亲清政商关系。

为了深入贯彻落实中共中央、国务院关于促进民营经济发展壮大的决策部署，持续擦亮浙江民营经济的金名片，浙江省委、省政府2023年印发《浙江省促进民营经济高质量发展若干措施》（下文简称《若干措施》），明确指出，促进民营经济人士健康成长，深入开展浙商"青蓝接力"工程，大力实施新生代企业家现代化能力提升和"双传承"计划，建立新生代企业家传承导师制，推动浙商事业新老交接、薪火相传。浙江省委、省政府还制定了浙江省民营经济32条落地细则（方案+手册+模板），落地细则明确要求全年培训新生代企业家不少于5000人次；开展各类企业管理培训不少于300班次，线上线下培训6万人次以上；明确促进民营经济人士健康成长的牵头单位为省委统战部，落地模板为温州市瓯海区；确定促进民营经济人士健康成长的重点任务；提出实施浙商"青蓝接力"工程、建立健全新生代企业家传承导师制、建立健全中小微企业培训机制、创新"入市第一课"和反垄断合规辅导；提出促进民营经济人士健康成长的主要内容；提出加强思想引领、提供成长指导、提升现代化能力、增强诚信合规意识、增强社会责任。

为了全面贯彻落实中央和浙江省文件精神，推动民营经济政策在温州先行先试、落细落实，促进民营经济发展壮大，助力经济高质量发展，温州市人民政府印发《温州市促进民营经济高质量发展若干举措》，列出了温州市贯彻落实《意见》《若干措施》任务清单（195条），明确了促进民营经济发展壮大的总体任务、重点工作、目标、落实举措、实施阶段、责任单位。在任务清单的第五项总体任务——优氛围增服务中，明确了重点工作为促进民营经济人士健康成长，提出温州市目标为到2023年底，全市培训新生代企业家不少于1000人次，并明确要求市委统战部、市"两个健康"办、市财政局、市工商联、瓯海区政府相关责任单位长期落实举措。①实施"青蓝头雁"培育计划，推进导师制、部门指导员制度等落实。②做好温州民营经济研修院实体化运作工作，擦亮"青蓝新学"培训品牌，加强与上海国家会计学院等合作，拓宽培训渠道，创新培训方式，提升培训实效。③积极促进温二代"四海归航"，实施温商"青蓝接力"计划，建立新生代温商培育"千名人才库"。④发挥年轻创一代企业家联谊平台作用，组织走进更多的央企、国企、上市公司与龙头企业，赋能创新企业高质量发展。⑤指导瓯海区创新"四有"新生代企业家培育模式，推动民营企业"两个健康"发展省级试点工作。

课题组针对温州民营企业家健康成长情况进行了问卷调查，调查对象为温州市创一代企业家和新生代企业家。对于创一代企业家的调查结果显示，约35%的创一代企业家面临代际传承问题，主要为子女不愿意接班；约47%的创一代企业家认为应该把企业交给自己的下一代，即将近一半的创一代企业家希望子承父业，由自己的子女接班企业。在希望子女接班的企业家中，近一半的创一代企业家认为应该提前5~10年准备接班事宜。大部分子女接班的创一代企业家希望从家族内部培养接班人，部分企业家青睐于高等教育机构的专业培训，还有部分企业家青睐于外部职业经理人。在政策支持方面，创一代企业家认为政府和社会应该建立职业经理人培养与引进机制、提供企业接班相关培训与咨询服务、优化法律法规环境、简化接班流程来支持企业接班。可见，创一代在代际传承方面面临子女不愿意接班问题、接班人培养问题、接班政策支持问题。

对于新生代企业家的调查结果显示，75%的新生代企业家认为企业传承意味着责任和义务，50%的新生代企业家是自己主动提出接班家族企业的。在接班之前，63%的新生代企业家接受过相关培训或教育。在接班过程中遇到的主要挑战是管理团队的磨合、与父辈工作方式和思维模式的差异、企业战略的制定与执行、企业文化的传承与创新。可见，新生代企业家在代际传承中面临接班培训教育问题、代际沟通问题、企业发展问题。

为了帮助创一代企业家与新生代企业家顺利完成代际交接，温州各区市县因地制宜，依据中央、浙江省和温州市出台的关于促进民营企业家健康成长的政策文件，实施"青蓝接力"计划，从组织建设、教育引领、创业扶持、待遇提升四个方面，采取导师制、联谊会以及出台创业支持政策等具体措施，促进温州创一代企业家与新生代企业家之间顺利传承，为新生代创新创业保驾护航，培育政治上有方向、经营上有本事、责任上有担当、文化上有内涵的"四有"新生代企业家，为吸引在外温商回归、促进民营企业健康发展提供了重要组织基础和政策基础。

二 温州探索"青蓝接力"的举措和成效

（一）温州各区市县"青蓝接力"行动方案

温州各区市县以"青蓝头雁"为引领，以"青蓝新学"为载体，以"青蓝接力"为目标，以政治引领、企业发展、回馈社会等为具体内容，从组织建设、教育引领、创业扶持、待遇提升等方面出发，为培育一批"四有"新生代企业家出台了行动方案（见表1）。温州各区市县实施"青蓝接力"的做法各有不同，分述如下。

表1　温州各区市县实施"青蓝接力"主要行动方案

区域	政策名称
温州市	《温州市促进民营经济高质量发展若干举措》《温州市新时代统一战线"青蓝接力"工程实施方案》
瓯海区	《关于开展非公有制经济人士"青蓝接力"培养行动的实施意见》《2019年瓯海区新生代"青蓝接力"培养行动工作计划》《瓯海区新生代企业家三年培养计划》
鹿城区	《关于开展非公有制经济人士"青蓝接力"培养行动的实施方案》

区域	政策名称
龙湾区	《龙湾区年轻创一代企业家"青蓝接力"行动方案》《温州湾新区、龙湾区2023年度年轻创一代企业家"青蓝接力"行动方案》
洞头区	《洞头区关于开展非公有制经济人士"青蓝接力"行动的实施方案》
瑞安市	《关于瑞安新生代企业家"强企领航"培养计划的实施方案》
龙港市	《关于开展非公有制经济人士"青蓝接力"培养行动的实施意见》
苍南县	《关于开展非公有制经济人士"青蓝接力"培养行动的实施意见》
泰顺县	《关于开展非公有制经济人士"青蓝接力"培养行动的实施意见》
文成县	《文商再出发"雄鹰"行动实施方案》
平阳县	《平阳县新生代企业家队伍建设"雏鹰"行动实施方案》《关于平阳新生代企业家健康成长"4020"工程的行动计划》
永嘉县	《关于开展非公有制经济人士"青蓝接力"培养行动的实施意见》

说明：以上为不完全统计，资料由温州各区市县提供。

2024年7月，温州市决定实施新时代统一战线"青蓝接力"工程，特制定《温州市新时代统一战线"青蓝接力"工程实施方案》。方案聚焦年轻民主党派骨干成员、无党派人士青年骨干、宗教界代表人士后备人才、新生代企业家、港澳台青年、华裔新生代六个群体，围绕政治和事业双传承，实现"找"有渠道、"学"有平台、"接"有帮助、"创"有业绩、"人"有地位，打响温州"青蓝接力"首创地品牌，打造统战领域全国"青蓝接力"新高地，为助力"两个健康"创新探索工作、"强城行动"和争创新时代统战工作高质量发展先行省做出新的贡献（见表2）。

新生代企业家方面的具体目标如下：2024年，各级工商联企业家执委中新生代企业家比例不小于35%，全市培训新生代企业家800人次以上，建成新生代企业家人才库，入库人数不少于1500人（新增500名）；到2027年，推动1000名新生代企业家有序传承、接续发展，新生代企业家在全省成为标志性群体。

表2　《温州市新时代统一战线“青蓝接力”工程实施方案》
标志性项目清单（关于新生代企业家部分）

项目名称	工作目标与具体举措
打造新生代企业家理想信念教育高地	开展“温青永远跟党走”活动，以“学思想、明方向、强信心、建新功”为主题，做强教育阵地，做活教育形式，建成“四千精神”陈列馆，争取承办全省新生代企业家理想信念教育活动，总结推广新生代企业家理想信念教育的“温州经验”
擦亮“青蓝新学”品牌	充分利用与上海国家会计学院战略合作关系，总结“青蓝新学”办学经验，擦亮“青蓝新学”品牌，持续推进新生代企业家培训工作。培训新生代企业家不少于800人次
探索“青年企业家+青年科学家”合作新模式	开展青年科技型企业家选树计划，全市建立30名左右青年科技型企业家人才库。举办“之江同心·新知新质”圆桌会议等活动，完善民营企业家与高校、科研院所项目协作机制，促进产业链资金链人才链融合发展。建立统一战线成员“青年科学家+青年企业家”供需库，促进有效对接。依托世界青年科学家峰会、世界华侨华人新生代创新创业大赛等重大活动，引导青年企业家积极参与，探索“青年企业家+青年科学家”合作新模式
形成一批理论创新案例	加强与中国社会科学院经济研究所、浙江省社会主义学院、温州大学等合作，总结新生代企业家“青蓝接力”、“双传承”工作实践经验，提炼促进新生代企业家健康成长的经验做法，力争在国家级刊物上发表1篇以上文章，在《民营经济发展报告（2023~2024）：民营企业家健康成长的温州实践》中辟专门章节重点介绍。发布“青蓝接力”工作实践优秀案例和参政议政优秀案例
全方位助力侨界新生代创新创业“七个一”举措	聚焦侨青创新创业和侨资企业高频需求事项，深入实施“七个一”举措，通过开展一次侨青群体和侨企大调研大服务、搭建一批侨创孵化平台、用好一只侨创基金、优化一系列政策举措、推进一批“侨创导师”聘任、建立一批侨创培训基地、举办一系列“双招双引”活动等举措为侨青创新创业、侨企发展提供全方位保障，构建侨界新生代创新创业良好生态，推动新生代人才集聚、项目回归、企业落地

项目名称	工作目标与具体举措
实施"青企联动"募基金行动	整合温州市新生代企业家联谊会、温州青年创新创业促进会等新生代企业家组织资源，打造"学、产、研、融、投"五位一体的产业孵化投资平台，实施"青企联动"募基金行动，聚焦战略新兴产业，引入青年科学家、创投家，力争设立 2 只人才成果转化基金或专项科创基金
打造"青创"系列 IP	合力打造"青创"系列 IP。整合温州市新生代企业家联谊会、温州青年创新创业促进会、世界温州人联谊总会青年委员会等新生代企业家组织资源，进一步打造"青创·新业""青创·码头""青创·新声"等"青创"系列 IP，为新生代企业家科技创新、产业升级赋能
世界温州人新生代培育工程	聚焦传承接力、创业创新，通过开展"青蓝接力·明志未来"、"同心"品牌活动、新生代国情研修班、青委会精英说、同心思享汇、同心政享汇等活动，广泛凝聚新生代青年聚焦"强城行动"，服务温州、服务温籍青年

说明：以上为不完全统计，资料由温州各区市县提供。

瓯海区是促进民营经济人士健康成长政策落地模板。瓯海区"青蓝接力"行动以 45 周岁以下的企二代与创一代为主要培养对象，企二代主要侧重于瓯海规模以上民营企业的接班人，或者依托父辈企业资源独立创业者；创一代侧重于行业独角兽或者专精特新企业负责人、新产业新技术新业态新模式等新经济领域企业负责人、具有潜力与成长性的企业负责人及自主创业优秀青年等。瓯海区"青蓝接力"实施方案以培养新生代企业家理想信念与奋斗精神、提升新生代企业家思想格局和战略眼见、传承瓯商精神、促进企业代际传承、提升企业经营管理与创新发展能力为培养目标，采取了建立入会审查制度、搭建政企交流平台、创新新生代企业家党建载体、创办企业家学院、建立新生代企业家成长基金、建设新生代"青蓝家园"、组织新生代行业联盟等措施，在强化忠诚意识、拓展世界眼光、培育战略思维、增强创新精神、锻造优秀品行等方面取得了显著成效。在《关于开展非公有制经济人士"青蓝接力"培养行动的实施意见》之后，瓯海区还制定了《2019年瓯海区新生代"青蓝接力"培养行动工作计划》《瓯海区新生代企业家三年培养计划》，在已有"青蓝接力"工作的基础上，实施"151"培养工程，力争三年内培养10名以上具有国际视野、善于经营管理、在国内外细分市场具有一定规模和影响力的"领军型"新生代企业家；培养50名以上经营业绩突出，能够对标行业优秀企业，做精做强、勇于担当的"骨干型"新生代企业家；培养100名以上富有创新精神，品行优秀、素质过硬，在区域内具有一定发展潜力的"新锐型"新生代企业家。重点培养新生代企业家四个方面的综合能力：培养新生代企业家理想信念与奋斗精神，提升新生代企业家思想格局和战略眼见。

龙湾区出台《龙湾区年轻一代企业家"青蓝接力"行动方案》《温州湾新区、龙湾区2023年度年轻一代企业家"青蓝接力"行动方案》，以"六大行动"为主抓手，从红色引领、青蓝接力、素质提升、责任担当、服务升级等方面，引导优秀年轻创一代企业家接好事业班、精神班、责任班，着力培养造就一批勇于创新、敢于冒尖的新锐企业家，形成一支"领军、骨干、创星"优秀年轻企业家队伍，培育壮大新生代"雏鹰"队伍，为新时代"两个健康"创新探索、谱写中国式现代化龙湾新篇章贡献智慧和力量。主要举措有深入实施红色引领行动、深入实施代际传承行动、深入实施素质提升行动、深入实施责任担当行动、深入实施凝聚融合行动等；推荐年轻企业家参加温州市年轻创一代企业家"青蓝新学"培训班；开展"青蓝接力"主题沙龙、走进导师企业等活动，搭建新老企业家对话平台，进行创业创新指导，传授实战经验；完善年轻创一代企业家培养对象数据库；鼓励参与对口支援、帮扶工作，以及社会公益、慈善事业；加大宣传力度，充分发挥新闻媒体的舆论导向作用，开设专栏，及时挖掘、宣传年轻企业家先进典型，讲好年轻创一代企业家创业创新的故事。

平阳县出台《平阳县新生代企业家队伍建设"雏鹰"行动实施方案》《关于平阳新生代企业家健康成长"4020"工程的行动计划》，以平阳民营企业接班人、自主创业和留学归国创业年轻创一代企业家、新生代平商为对象（一般年龄在 40 周岁以下，20 人左右），建立健全平商队伍人才发现机制、教育培养机制、激励评价机制，加大对新生代民营企业家的系统性教育培养力度，推进平商群体政治、事业双传承，旨在打造一支政治上明方向、经营上强本领、责任上敢担当、精神上勇奋进的新生代民营企业家队伍。主要举措有：加强思想政治引领、激发创业创新热情、搭建互学互鉴平台、支持对外开放、深化青蓝结对机制、实施对标提升工程、加强政企沟通联系、提供有力要素保障、选树示范引领典型、加大培养使用力度、优化完善容错机制等；开展走进"浙南红都"系列活动，每年培训新生代企业家200 人次以上；力争每年建成新生代企业博士后工作站 1 家以上，聘请高层次人才任职新生代企业"科技副总"1 名以上；支持龙头企业和新生代企业家联谊会、行业商会协会开展合计 300 人次以上新生代企业家沙龙创业分享会、"五四"等主题活动，开展异地新生代企业家产研交流和科创项目路演各 1 次以上，组织新生代企业家赴知名高校、科研院所、代表性头部企业和先进地区开展学习交流 2 次以上；建成 100 名"雏鹰人才库"和 10 名"雄鹰导师库"，打造"青蓝大讲堂"（万全商会），建成"青蓝茶室"（昆阳、鳌江、水头、萧江等）4 个以上，举办导师教学 5 场以上，涉及新生代企业家 200 名以上；县委县政府主要领导、各乡镇"一把手"每年举办新生代企业家"两个健康"直通车活动 1 次以上，政企恳谈会新生代企业家参与占比不少于 30%。

瑞安市出台《关于瑞安新生代企业家"强企领航"培养计划的

实施方案》，实施"125"培养工程，力争三年内培养10名以上具有国际视野、开拓精神、创新能力、社会责任感，在国内外细分市场具有一定规模和影响力的"领军型"新生代企业家；培养20名以上经营业绩突出，能够对标行业优秀企业、做精做强、勇于担当的"骨干型"新生代企业家；培养50名以上富有创新精神，品行优秀、素质过硬，在区域内具有一定发展潜力的"新锐型"新生代企业家。重点培养青年企业家以下四方面的综合能力：培养忠诚可靠的践行者、培养"四千精神"的传承者、培养创新发展的先行者、培养现代企业的领跑者。培养举措包括：加强理想信念教育、开展全方位的培训赋能、深化与长江商学院等院校的战略合作、组建"传承导师团"、组织开展高规格的圆桌论坛、搭建常态化的交流平台、积极畅通参政议政平台。

文成县出台《文商再出发"雄鹰"行动实施方案》，以"两个健康"集成改革为牵引，促进新时代"两个健康"创新探索，深入实施营商环境优化提升"一号改革工程"，着力打造一支爱国敬业、守法经营、创新创业、回报社会的创新型开放型民营企业家队伍。到2024年底，力争培训民营企业家及经营管理人才200人次以上；民营企业家人才库入库100名，新增新生代企业家人才库入库50名。到2027年，开展各类企业管理培训不少于10班次，力争培训民营企业家及经济管理人才300人次以上，培育领军型民营企业家5名、骨干型民营企业家50名，推动20名新生代企业家有序传承、接续发展。工作举措包括：打造民营经济人士理想信念教育高地、开展"1+N"教育培训①、深化"青蓝接力"行动、大力实施新生代企业家"双传承"计划等。全年开展理想信念教育活动3场以上；打响

---

① "1"是与高校对接，举办一期专题研修班（赴四川大学），"N"是指以"线上+线下"形式，联合涉企部门组织企业家参加系列专题业务能力培训。

刘英纪念馆、周定烈士纪念馆等 2 家市级理想信念教育基地品牌，争取建设市级以上理想信念教育基地 1 家以上。

鹿城区、洞头区、龙港市、苍南县、泰顺县、永嘉县以《关于开展非公有制经济人士"青蓝接力"培养行动的实施意见》为指引，强调牢牢把握"团结、服务、引导、教育"的工作方针，致力于服务会员、服务政府、服务社会，充分发挥协会商会的职能作用。针对未来五到十年民营企业进入交接班高峰期的实际，推进实施组织建设、教育引导、创业扶持、待遇提升工程，按照市委统战部、市工商联实施的"十名领军、百名骨干、千名创星"培养计划的要求，通过 3~5 年的努力，建设一支责任上有担当、经营上有本事、政治上有方向、文化上有内涵的年轻一代非公有制经济代表人士队伍。

（二）温州各区市县"青蓝接力"的共同做法

2018 年以来，温州针对民营企业家的代际传承问题，率先推出温商"青蓝接力"行动，取得了显著成果。2023~2024 年，温州各区市县按照《关于开展非公有制经济人士"青蓝接力"培养行动的实施意见》，因地制宜，采取了各种措施实施"青蓝接力"培养行动，主要围绕组织建设、教育引领、创业扶持、待遇提升四个方面开展新生代接班和培养工作。

1. 完善组织建设，为"青蓝接力"搭建载体

温州《关于开展非公有制经济人士"青蓝接力"培养行动的实施方案》明确指出实施组织建设工程，一是加强新生代企业家联谊会建设，二是扩大联谊组织覆盖面。在建立新生代企业家联谊会，鞋革、汽摩配、眼镜等行业协会新生代企业家分会的基础上，通过 3 年时间，逐步向条件成熟的重点行业协会商会、镇街商会延伸覆盖，形成上下联动、左右互动的良好格局。加强在外年轻一代温商联谊交流平台建设，做好北京、上海、杭州、广州、重庆、成都等重点城市年

轻一代温籍青年企业家联谊会组织建设。结合温商回归工作，建立在外年轻一代温商联系沟通机制，鼓励新生代温商回归创业发展。三是抓好会员发展。坚持先进性和代表性，坚持数量服从质量，严格标准，发展会员。四是加强制度建设。坚持规范性、联动性、灵活性、操作性的要求，建立新生代企业家联谊组织的各项规章制度，促进活动正常化。温州各区市县实施组织建设工程的具体做法可以总结为建立完善新生代企业家联谊机制、搭建常态化政企交流平台、创新新生代企业家党建载体三个方面。

第一，建立完善新生代企业家联谊会机制。温州各区市县将新生代企业家联谊会建设成年轻创一代企业家组织的总枢纽、服务年轻创一代企业家健康成长的大平台、企业创新发展的先锋队、非公有制经济代表人士队伍的后备军，充分发挥各类年轻一代非公有制经济人士联谊组织的作用，并将其打造成广大年轻一代温商强化学习、提升素质的平台，加强联系、交流沟通的平台，资源共享、合作发展的平台，展示形象、奉献社会的平台。各地具体做法如下。

（1）鹿城区一方面吸引新生代企业家进入工商联组织，另一方面不断吸引新鲜力量加入新生代企业家联谊会，主要对象是在鹿城区从事非公有制经济的新创一代企业家、参与企业管理的非公有制企业接班人以及自主创业者中的优秀年轻企业家等。此外，鹿城区与外地新生代企业家联谊会缔结友好商会，吸收借鉴外地先进的创业创新思维理念。开展联谊会会员企业的互学活动，共同探讨企业发展机遇及企业文化建设。组织新生代企业家赴杭州江干区考察交流，与江干区新生代企业家联谊会缔结友好商会，考察参观国家级科技孵化器——智新泽地创梦空间项目、利尔达科技集团、梦想小镇，吸收借鉴杭州先进的创业创新思维理念，对接科技园区和众创空间等项目，多层次宽领域开展对话交流活动。学习借鉴 G20 杭州峰会"创新、活力、联动、包容"主题精神，开展企业互学活动，走访学习调研浙江新邦建设控股集团有限公司等会员单位，共同探讨企业发展机遇及企业文化建设。

（2）瑞安市在健全联谊活动机制方面有两点做法。一是丰富本地新生代企业家组织生活。依托现有青年企业家协会等社团组织，推出非公企业青年文化节，常态化开展篮球赛、"亲青恋"交友联谊、徒步大会、山地越野赛等活动，丰富青年企业家文化生活。积极引导和鼓励企业履行社会责任，传递青年企业家青春正能量，开展"青春送温暖""爱心公益行"等大型公益活动，发动企业参与爱心牛奶、南部"筑梦行动"、希望小书房等帮扶项目。组织企业家赴杭州、上海、日本等地开展经贸考察活动，不断拓宽工作思路与国际视野。二是强化瑞安籍新生代企业家交流互动。定期或不定期与现有新生代瑞商联谊会等社团组织开展联谊交友活动，积极与重庆温州商会新生代联谊会、杭州瑞交商会青年社等社团组织开展联谊活动，大力宣传瑞安市促进企业创业创新的政策措施。建立跨区域发展青年合作共享机制，强化本地新生代瑞商和在外新生代瑞商的沟通交流，通过新生代瑞商互帮互学、互相引领，提升新生代瑞商队伍整体素质，增强在外新生代瑞商家乡认同感。此外，瑞安市为打造一支有思想、有担当、有作为的全国瑞安籍优秀青年队伍，由市投资促进服务中心积极筹备成立瑞安市在外新生代瑞商联谊会，让各位新生代瑞商在信息资源上共享共用、在市场资源上优化对接、在人脉资源上互通互助，进一步传承并弘扬瑞安人精神，当好"瑞商回归"的生力军、主力军，为高水平打造"青春都市·幸福瑞安"、争当社会主义现代化先行标兵贡献在外新生代瑞商的智慧和力量。

（3）永嘉县深化改革、凝聚合力，扎深发展"根茎"。纵深推进省级基层商会改革试点县建设，针对部分商（协）会功能雷同、会员重叠等问题，以深化"青蓝接力"工程为抓手，成功将永嘉青年企业家协会、永嘉新生代企业家协会、世界永嘉人联谊总会新生代联合会等三会合并为永嘉县新生代青年企业家协会，最大限度整合资源，助力民营企业家开展二代培养、梯队建设，实现"子承父业""棒棒交接"。积极筹备欧美同学会建设，让更多有海外留学背景的青年人回乡创业。

第二，搭建常态化政企交流平台，具体做法如下。

（1）瓯海区建立了"书记与新生代面对面"定期交流机制，区委书记亲自挂钩联系区新企联，每季集中交流一次，每周带头走访新生代企业家；借助早餐会、午后茶等轻松的形式，区委主要领导不定期与新生代企业家谈心谈话；区委、区政府重大会议和活动必定邀请新生代企业家作交流发言。瓯海区还组织了新生代行业联盟，助力企业抱团发展。以重点行业为特色，建立常态化小组交流机制，形成新生代行业联盟。通过"企业+用户""企业+品牌""企业+平台"三大战略内容，将企业与消费者、品牌、平台相连接，对同一行业企业开放全产业链。组建新生代企业家群英汇，搭建政府、专家学者、老一辈企业家与新生代企业家的沟通平台。继续开展"千企百校"人才合作对接会，组织高校、企业现场交流洽谈。

（2）鹿城区组织新生代企业家与经信、科技、金融、税务、检察等部门互动交流及学习。建立"两个健康"政企恳谈会机制；牵头组织新生代企业家与国地税领导互动交流，听取情况介绍、提出意见建议，共促发展环境健康，深化政企联动。

（3）泰顺县举办主要领导对话新生代企业家活动，建立健全党政部门与新生代企业家面对面交流的渠道，通过工商联界委员会客厅、政企恳谈会等，搭建新生代企业家反映问题、建言献策的直通车机制，面对面听取意见建议，点对点解决矛盾困难，为企业发展鼓劲、助力。组织"百会万企"评议部门活动，着力构建亲清政商关系。

第三，创新新生代企业家党建载体。瓯海区通过"共学、共建、共办"等渠道，以理论联学、项目联推、活动联办等形式打造新生代政企党建联盟；特派精干退二线领导干部担任新生代企业家联谊会党建指导员并驻会指导；推出"八走进·助共富·双传承"党建载体，通过走进入党仪式现场、走进重点科研院所、走进创业创新讲坛、走进党课宣讲、走进共同富裕场景、走进两新党建示范点、走进红色教育基地、走进职能机关部门等"八走进"，场景化实施"红色接力"。与特殊教育学校开展"彩虹公益"光明行活动，在每年的全国助残日来临之际为特殊儿童实现梦想助力。

2. 加强教育引领，助力新生代健康成长

为了贯彻落实"十名领军、百名骨干、千名创星"新生代企业家培养计划，温州各区市县主要采取了建立相对稳定的年轻一代非公有制经济代表人士培养对象数据库，建立年轻创一代企业家培养导师制并开设培训班，举办新生代理想信念教育培训班三种做法。

第一，建立相对稳定的年轻一代非公有制经济代表人士培养对象数据库。龙港市创建新生代企业家数据库。2024 年，龙港市青年科学企业家人才库入库 5 名，新生代民营企业家人才库入库 150 名（新增 50 名），打造优秀传承接班队伍。文成县建立了年轻一代非公有制经济代表人士培养对象数据库。根据市委统战部提出的实施"十名领军、百名骨干、千名创星"培养计划，建立了领军新生代企业家、骨干新生代企业家和创业新星企业家等年轻一代非公有制经济代表人士培养对象数据库。

第二，建立年轻创一代企业家培养导师制并开设培训班。近年来，温州市积极实施"青蓝接力"工程，深化"青蓝新学"模式，引导民企有序传承交接，不断擦亮新生代"双传承"品牌，增设新生代企业家培养，新生代企业家风采展示，新生代企业家与创业导师、老一辈企业家互动平台展示等服务，全面破解接班鸿沟和代际传承风险，走出一条具有温州特色的"青蓝接力"接班路径。新生代企业家反映制度变革阻力多、亲戚元老影响大、父辈干预否定多等问题，很多工作难以开展。此外，部分家族企业产业层次低、产品附加值低、转型难导致子女不愿接手。当前，温州已进入企业代际传承和转型发展的关键时期，市场的激烈竞争、转型升级的迫切要求，都需要新生代群体迅速找准定位，找到适合企业发展的新路径，这事关温州民营经济可持续发展。近年来，温州市开办以提升二代接班能力、帮助家族企业顺利完成代际传承为目标的"青蓝新学"，让更多的新生代企业家脱颖而出。

有别于传统的教育，"青蓝新学"采取师徒结对、微讲坛、双月谈、年度乐享会等多样化培养模式，为"青蓝接力"行动搭建系列共学共促平台，邀请具有丰富经济工作经历和实践经验、在经济形势把握和分析上有见解的领导、专家学者和老一辈企业家等，担任新生代企业家导师。通过经验传授、方法指导、人生引导等全方位的辅导，帮助新生代企业家进一步提高政治理论素养、增强社会责任意识、提升宏观把握能力和创业创新能力，培育一支具有战略眼光、开拓精神、创新能力和社会责任感的优秀新生代企业家队伍。各地具体做法有如下。

（1）瓯海区依托新生代企业家学院，培养企业家经营能力。成立新生代企业家学院，定制专属课程；组织成员参与经济研修班、国外游学，开拓创新思路，打开国际视野；与职能部门、行业机构、专家学者开展面对面交流，对新生代企业家在发展过程中的困难和问题进行指导，答疑解惑。具体举措包括三个方面。一是创新教学模式。开展5+3+2教学模式，即学习内容包括50%的企业家学院理论学习课、30%的座谈沙龙互动、20%的外出实践研学课，形成系统化课程模块架构聘请国内外专家学者开展系统性理论授课。外出实践研学在新生代"学创道场"的基础上，结合瓯海产业升级、智能制造等课题调研活动项目，通过实地参观考察与调查了解，研究行业发展先进经验，既为学员自身发展提供借鉴，又形成课题研究报告，为瓯海产业升级提供解决思路。座谈沙龙互动以私董会、主题沙龙交流等方式，针对企业发展中的共性和个性化问题探寻具体解决方案；充分利用瓯海华侨资源丰富优势，与港澳台及海内外温州青年组织建立友好关系；不定期组织成员参与国际性高端峰会、行业博览会，开拓创新思路，提升国际视野。二是定制专属课程。结合新生代企业家实际情况，为不同行业和层次的新生代企业家量身设置课程内容。课程内容包括思想引领、企业经营与治理、格局视野等，详细课程设置见表3。三是导师"传帮带"机制。搭建由本地老一辈企业家、中国科学院院士、跨国企业高管等组成的导师团队，邀请政府机关权威人士、优秀企业家代表、新技术新行业佼佼者等担任新生代企业家成长导师，以"传帮带"的形式，聘请对应导师，通过厘清发展思路、引导学习方法、宣讲经济政策、指导管理理念、定期交流谈心等方式，着力提升青年企业家的战略眼光、创新思维、商业智慧、人文素养。

表3　瓯海区"青蓝接力"行动专属课程模块与课程内容

课程模块	课程内容
代际传承与理想信念模块	家族传承与新生代企业家成长、温商精神与基业长青、新生代理想信念教育
数字思维与智能化模块	智能创新与数字化转型、用户思维与产品创新、智能制造与人工智能企业访学
商业变革与企业治理模块	企业战略定位与文化建设、公司核心团队打造、现代企业管理与运营突破、企业品牌战略建设
创新营销管理模块	大客户营销与客户关系管理、商业竞争策略与市场营销布局、互联网思维与创新营销、终极竞争——差异化营销战略
财务与法律风险模块	税制改革与企业应对、企业财务战略与实施、商业与法律风险防范
股权与资本运作模块	企业家的金融思维与决策力、资本运作与企业上市策略、中小企业资本战略与企业成长、股权激励与股权设计、事业合伙人与股权设计

续表

课程模块	课程内容
领导力提升模块	企业家战略决策能力、领导力与企业内部控制、传统文化经典智慧和精神、毛泽东思想与统帅之道、卓有成效的五项管理能力
视野与格局模块	经济趋势分析与市场机会、国际贸易关系分析与企业应对策略、企业家的修养、国际研学

说明:资料由瓯海区提供。

（2）鹿城区不断强化新生代企业家教育培训。首先，开办鹿商大学堂，整合优化涉企教育培训资源，先后在上海交大、中山大学、重庆大学、宁波大学等知名院校举办企业家培训班。其次，与温州肯恩大学等在温院校建立联系，探索实施"双导师"培养模式，组织新生代企业家走进温州肯恩大学，与外籍专家教授进行"零距离、面对面"沟通交流，增长国际视野，寻求合作机会。最后，聘请专家学者和老一辈企业家等担任区新生代企业家联谊会导师，开展常态化"传帮带"活动。导师通过经验传授、方法指导、人生引导等全方位的辅导，帮助新生代企业家进一步提高政治理论素养，增强社会责任意识，提升宏观把握能力、创业创新能力。

（3）瑞安市深入实施"青蓝接力"培养行动。一是建立健全"传帮带"机制，更新完善新生代企业家人才库，助力新生代企业家拿稳接力棒。将重点新生代企业家培育列入全市科级班、中青班、年轻干部培训班等培训计划，目前已累计选送45名新生代企业家参加各类主题班次。2022年以来，组织420余位企业家赴浙江大学、武汉大学、中国科学技术大学等双一流院校参加瑞安市企业家管理创新研修班（合计6期），进一步加深新生代企业家与资深企业家之间的代际交流。二是建立常态化学习研修机制。打造线下交流同线上学习相结合的活动体系，市新生代企业家联谊会每月设定一个主题，举办

19号思享沙龙活动，通过专家讲座、导师授课、互学互访等形式，扎实推动青年企业家队伍素质提升。同时，借助温州亲清政商云学堂和市企业综合服务平台等资源，向新生代企业家推送优质线上培训课程，进一步拓宽企业家学习渠道。

（4）龙港市建立导师制。为着力培养年轻企业家，举行"青蓝接力"工程启动仪式，方文彬、陈明形、易志龙等三人被聘为首任导师，分别在金田新材料公司等举办三期"青蓝接力"主题茶话会，围绕"传承+创新"主题，邀请三位导师，讲述企业改革创新及发展壮大的经验教训，分享成功创业感受，并对企业发展壮大过程中所遇到的困难与问题，予以解疑释惑，坚定改革发展的信心。同时，建立新生代企业家拜师结对"1+1""1+N"传帮带培育机制。

（5）苍南县高度重视新生代企业家培育工作，每年推荐2名新生代企业家参加县中青班学习，先后举办7期"青蓝新学"培训班，每期组织40名新生代企业家参加集中学习，通过邀请专家开班授课和走访知名企业相结合，培养新生代企业家战略眼光，提升其思维创新能力和人文素养；建立年轻创一代企业家培养导师制，聘请10多位有经验有见解的老一代民营企业家为新生代联谊会导师，让苍南的企业家精神薪火相传。加强交流互动，助推新生代企业家创业创新。为促进新生代企业家之间交流，设立"新企联文创空间"，为会员提供创新交流平台，每年定期举办"春语"茶话会，由会员进行主题分享，共谋发展。定期开展会员企业走访活动，分享企业发展历程、学习企业成功经验，共同探讨困难与机遇；定期开展会员沙龙、集体生日会活动，累计举办26期主题沙龙活动、28期集体生日会。通过各项活动的开展，促进新生代企业家交流，增强新生代企业家群体的凝聚力，在新生代企业家之间营造良好的氛围，激发新生代企业家创新活力。

（6）泰顺县加强教育培训，依托各级党校、高校，对新生代实行量身定制的"菜单式"培训，举办"青蓝新学"经济研修班、电商专题班，整合各类优质资源，以会代训开展金融、法律等多种形式的培育，不断提升新生代企业家综合素质，切实帮助新生代企业家拿稳传好"接力棒"。创新培育方式，在传统专家教授的基础上，举办各类论坛、企业考察、游学、企业家沙龙等活动近 10 场次，举办同兄弟区市县新生代企业家和杭州、义乌、福州等异地商会的联谊交流活动，通过走出去、互相学、放眼量，着力提升新生代民营企业家创业发展能力。深化"青蓝接力"，巩固 46 对师徒结对关系，组织徒弟到师傅企业观摩学习等代际交流互动活动，定期、定时、定主题地为新生代企业家进行全方位的针对性辅导，重点帮助新生代企业家提高管理企业的综合素质、抗风险能力，充分发挥师徒结对"传帮带"合力，形成教学相长、师徒共进的良好氛围，推动优秀企业家精神薪火相传。

第三，举办新生代理想信念教育培训班。择优推荐新生代企业家参加世界温州人新生代国情研修班，将年轻创一代企业家作为重点对象列入培训。通过培训，加强年轻创一代企业家对国情的了解，不断增强他们对中国特色社会主义的信念、对党和政府的信任。各地具体做法如下。

（1）鹿城区不断加强对新生代企业家的理想信念教育。首先，以市级民营经济人士理想信念教育基地——藤桥田塘头爱国主义教育基地等为依托，深入开展"两学一做""不忘初心　牢记使命"等系列主题教育，通过参观红军挺进师纪念馆、新四军浙东纵队司令部旧址、温州城区革命历史纪念馆等形式，大力开展"四信教育"，加强年轻一代对国情的了解，不断增强他们对中国特色社会主义的信念、对党和政府的信任。其次，举办新生代企业家"青蓝新学"班，召开激扬新时代温州人精神暨民营经济人士理想信念教育现场会，弘扬主旋律，激发正能量。最后，组织优秀新生代企业家参加世界温州人新生代国情研修班、浙江省新生代企业家联谊会骨干培训班等，打造新生代企业家"创享汇"论坛。

（2）龙港市举办"八八战略"寻访之路活动，引导新生代企业家努力践行社会主义核心价值观。组织新生代企业家开展"沐浴改革春风·感受领袖情怀"寻访"八八战略"浙江实践之路活动，走访嘉兴南湖、杭州万向集团、宁波舟山港、台州飞跃集团和温州正泰集团等，通过读原文、进学堂、听讲座等方式，帮助新生代企业家深入学习"八八战略"的丰富内涵和精髓，切身感受"八八战略"在浙江的生动实践和取得的伟大成就，引导他们发扬红船精神，树立正确的人生观、价值观和发展观，坚定发展信心。

（3）苍南县开展9期"关爱老兵"走访活动，共走访慰问老兵65人，与老兵共忆峥嵘岁月，继承发扬艰苦奋斗的精神。在良好的教育引领下，新生代企业家助力共同富裕的素质能力不断提升。通过强化政治引领，新生代企业家的思想政治素质明显提升，对中国共产党和中国特色社会主义的认同感不断增强。精心遴选的100名领军型新生代企业家中有20名党员，他们发展信心更加坚定，眼界更加宽阔，理念更加创新，创业创新的斗志和激情更加旺盛，助力共同富裕的责任意识和担当精神进一步增强。

截至2023年，苍南县共开展新生代企业家红色主题教育活动10次，参与人数300余人次，涌现了一批有影响力的典型代表，40余位新生代企业家被推荐为各级人大代表、政协委员、市工商联执委以上职务。

（4）泰顺县以党建引领为本。坚持党建带团建，持续深入开展理想信念教育实践活动，组织赴井冈山、杭州、宁波、洞头等红色教育基地接受革命传统教育。建成市级民营经济人士理想信念教育基地2个，开展场景式、沉浸式学习，传承红色基因。成立"8090宣讲团"，开办"泰商讲堂"，采取"企业家讲给企业家听"的方式，开展系列宣讲润心活动；组织开展工商联新老班子重走红军路、重温党的革命创业史等"五个一"活动；举办民营经济人士廉文化书画摄影作品展、泰商二代寻根之旅夏令营；举办新时代"泰商精神"研讨会。

3. 加强创业扶持，助力企业健康成长

温州各区市县举办主题论坛，发出建功行动倡议，进一步激励年轻创一代企业家强化使命担当，树立创新理念，拉高发展标杆，当好民营经济创新发展的生力军、排头兵。大力宣传年轻创一代企业家建功行动先进事迹和典型，引导他们志存高远、自立自强，争做社会主义核心价值观的践行者；坚守实业、创新发展，争做产业报国的接棒者；诚信守法、义利并举，争做社会责任的担当者。具体做法如下。

第一，组织开展"创新发展·看我担当"新生代企业家建功行动。鹿城区新生代企业家联谊会邀请北京大学教授、博士生导师岳庆平主讲"后 G20 时代的机遇洞察与把握"讲座，引导新生代企业家们准确把握政策方向，创新经济增长方式，力争在全球经济一体化的浪潮中占据一席之地。洞头区开展"大走访大调研大服务大解题"活动，走访新生代企业家，听取他们心声，了解企业发展和个人成长以及对新生代企业家培育工作的所思所想、意见建议。

第二，加大创业创新扶持服务力度。温州各区市县协同开展"五帮五助"助企服务月活动，开展"三联三促"走访帮扶活动，推进落实"降成本减负担 40 条"政策意见，领军和高成长型工业企业培育扶持、促进经济转型升级等一系列政策措施，加大对新生代企业家创业创新的扶持服务力度，支持他们做大做强传统支柱产业、培育发展新兴产业。深入挖掘年轻创一代企业家在做大做强、整合重组、制度创新、机器换人、股改上市等方面的经验做法，及时反映和帮助解决年轻创一代企业家存在的突出问题和困难。具体做法如下。

（1）瓯海区建设了新生代"青蓝家园"，推动企业家创新发展。围绕"两个健康"综合体模式，建设新生代"青蓝家园"，构建瓯海

新生代企业总部家园，促进资源优化整合与创新发展，为助力瓯海新时代促进"两个健康"创新探索注入新生代的力量。"青蓝家园"内容包括：新生代企业家学院的主要教学基地，新生代企业家、产品、企业对外宣传窗口，新生代企业家创业创新孵化园，新生代企业家的活动交流场所，新生代企业人才公寓等。充分利用龙头企业、科研院所、高校以及海内外资源，深化产学研协同发展，多方位推动新生代企业技术研发、创业孵化、创新发展。

（2）鹿城区一是加强与温州中津先进科技研究院等的合作关系，进一步拓展与其他科技部门、大专院校、科研院所的合作，推动产学研深度对接，协助企业培育高端技术人才，提升国际竞争力，实现从"制造"走向"智造"。二是协同开展"五帮五助"助企服务月活动，开展"三联三促"走访帮扶活动，及时反映和帮助解决年轻创一代企业家存在的突出问题和实际困难。三是牵线区检察院，送法律光盘进联谊会，帮助企业增强职务犯罪防范意识；牵线区司法局，利用"助企法律服务团"，帮助建立法律顾问制度及商会调解组织。

（3）瑞安市在完善创业创新扶持政策方面有如下做法。一是加强创新创业政策支撑。加大青年人才创业项目扶持力度，出台支持新生代企业家发展的保障政策，如对入选"高层次人才""云江英才"等的青年企业家给予资金奖励，对符合条件的新生代企业家创业融资给予低息贷款等，激发优秀新生代企业家创业创新激情。瑞安市江南铝业有限公司副董事长等2名新生代企业家获评"云江英才"，并获得2万元奖金。已出台科技创新扶持政策（《瑞安市支持科技创新发展加快打造"创新之城"若干政策》），对新认定（备案）的科技企业孵化器按国家级、浙江省级、温州市级分别给予运营单位500万元、250万元、30万元奖励；对新认定（备案）的众创空间按国家级、浙江省级、温州市级分别给予运营单位50万元、30万元、20万元奖励；对温州市级以上年度考核优秀的科技企业孵化器、众创空间分别给予运营单位 10 万元、5 万元奖励，多层次营造创业创新的浓厚氛围。二是完善国有孵化平台孵育企业功能。为构建良好的科创生态，支持科技型中小微企业快速成长，进一步加强瑞安市科技企业孵化器（飞云）管理，2023 年 5 月研究起草出台了《瑞安市科技企业孵化器（飞云）管理制度（试行）》，围绕科技型企业的成长需求，集聚各类要素资源，如提供创业场地、共享设施、投资融资、创业辅导、资源对接等服务，降低创业成本，提高创业存活率，促进企业成长。入驻企业最高可享受场地租金"一免两减半"的优惠政策，帮助初创企业减轻资金压力。三是举办创新创业大赛。为继续深入实施科技创新首位战略，聚力打造近悦远来的人才生态，通过以赛引才的形式吸引菁英人才来瑞安创新创业。2023 年以来，筹备"中国·瑞安第四届创新创业大赛"，加速创新要素向瑞安聚集，持续推动创新链、产业链、资金链、人才链深度融合，为各地来瑞创新创业的企业和人才提供创业辅导、资源匹配和奖金支持，加大对创客团体的扶持和服务力度，营造区域最优创业生态。

（4）泰顺县充分发挥主体作用，进一步完善政策咨询团、法律服务团、金融服务团、企检服务中心、维权中心等线上线下服务机制，创造条件支持广大企业家在推动高质量发展、建设现代化经济体系中发挥更大作用，千方百计提升助企服务能力。同时，举办企业家节运动会等企业家节系列活动，大力营造尊重企业家、爱护企业家、关心企业家、服务企业家的良好氛围。

（5）在政策资金方面，文成县按照市委、市政府统一部署，深入开展"五帮五助"助企服务月和"双十"助企活动，推进落实"降成本减负担 40 条"政策意见，领军和高成长型工业企业培育扶持、促进经济转型升级等一系列政策措施，加强对新生代企业家创业创新的扶持。如 2023 年，全县共减免企业营业税 587 万元，减免企业增值税 879 万元，减免高新企业所得税 197 万元，减免小微企业所得税 1979 万元，动用应急转贷资金 5000 万元。在服务方面，文成县工商联与县检察院建立了服务保障非公有制经济健康发展合作机制，联合开展"暖心助企"大走访活动，深入新生代企业了解企业生产经营情况，梳理企业发展中遇到的难题，解决了部分企业"插花地"等长期搁置的老大难问题，深受企业好评。在先进事迹和典型方面，文成县大力宣传年轻创一代企业家建功行动先进事迹和典型，如开展社会主义优秀建设者先进事迹宣传、"十大杰出青年"先进事迹宣传和推选等。

（6）永嘉县创新机制、优化环境，厚植发展土壤。始终把新生代企业家作为重点培养对象，严格落实民营企业家列席党委和政府重要会议机制，深化"亲清直通车"——政企恳谈会特色服务活动，2022 年以来，邀请 20 余名企业家（其中青年企业家 5 名）列席县委、县政府重要会议，帮助 70 余名企业家解决创业和二代接班发展难题。在全省率先开展人才柔性引进工程，铺开"无还本续贷""科创贷"等新举措，累计柔性引进 632 名高层次人才，其中 35 周岁以下青年人才 158 名。率全国之先开展民宿经营权抵押贷款试点工作，为岩上等特色民宿村授信 1 亿元，支持周妙珍等 8 名归国留学青年企业家创办长寿花、聚龙阁等 5 家特色民宿。

4. 提高社会地位，充分施展非公有制经济代表人士才华

温州各区市县将年轻一代非公有制经济人士优秀分子纳入非公有制经济人士综合评价体系，建立表彰激励机制，对年轻一代非公经济代表人士中政治素质强、诚信守法好、创业能力强、企业经营佳、履行社会责任多的优秀代表人士进行表彰奖励。

（1）洞头区做足"宣"字文章，展现新生代企业家向善新形象。聚焦履行社会责任，引导新生代企业家展现自身风采、热心公益慈善、做履责担当的接班人。首先，在洞头区优秀民营企业家评选中单列一项新锐企业家奖项用于挖掘树立新生代企业家典型；推荐 1 名新生代企业家作为浙江省唯一企业家代表在全国工商联"万企兴万村"东部片区座谈会上作交流发言；推荐2名新生代企业家担任区职教中心学生创业指导师；主编出版《潮声》一书，收录分享43位新生代企业家的创业创新故事。其次，疫情期间，发动新生代企业家累计捐款捐物共计173万余元，举办新生代企业家联谊会爱心公益慈善拍卖活动，募集资金近30万元，用于"爱心卡车暖百岛"等扶贫济困助学助老活动，展现新生代企业家在共同富裕海上花园建设中的责任担当。

（2）瓯海区设立新生代企业家成长基金，促进企业家成长。一是成立新生代企业家成长基金会。由区政府牵头，企业和社会机构共同参与，成立新生代企业家成长基金。由区政府出资一定金额作为种子基金，鼓励优秀企业、上市公司新生代企业家等社会力量积极赞助和捐赠。以公益基金的方式支持新生代企业家的教育成长，并组织新生代企业家积极参与各类社会公益活动，拓展"彩虹公益"行动的广度和深度；鼓励新生代企业家成立企业专属慈善基金，推动企业公益事业长远化发展，引导新生代企业家既聚焦经济效益，又关注社会效益，实现共创、共享、共成长。二是深化与金融资本机构的合作。由区金融办、区工商联协作，进一步扩大金融机构定制化"新生贷"专项金融产品基础，扩大与银行、券商等金融机构的合作范围，提高新生代企业的联合授信额度，探讨信贷、联合债券、新三板挂牌以及企业上市等措施，建立多层次金融计划，助推新生代企业对接资本市场、推动产业并购重组，实现企业挂牌上市。

（3）瑞安市积极组织新生代企业家参评"新时代青年企业家"荣誉，截至2023年已有陈维、池瑞伟等五位青年企业家获评。借助"十大杰出青年""优秀青年企业家""新锐浙商"等寻访活动，拍摄青春追梦等系列宣传片，并在天瑞地安客户端开设"新生代青年企业家风采录"专栏，整理刊发全市新生代青年企业家典型事迹，记录他们拼搏奋斗的创业故事，展示他们实干笃行的精神风貌。举办系列活动激发新生代企业家荣誉感。市委、市政府连续 3 年举办瑞安市庆祝民营企业家节大会，由民营企业家们当主角，与党政领导比肩而坐，展现党委、政府对企业家的礼遇和尊重，而新生代企业家代表也连续三年登上舞台展现风采，成为现场瞩目的主角。2023 年 1 月瑞商大会召开，近 600 名海内外杰出瑞商齐聚瑞城，共叙乡情、共商发展大计。新生代瑞商代表与异地商会会长代表、侨领代表等一同宣读"凝心聚力　共创未来"瑞商回归倡议书。

（4）苍南县注重内外兼修，展示新生代企业家风采。积极搭建信息宣传平台，深入挖掘优秀青年创业典型案例，并充分利用公众号、微博、微信等媒体，对优秀的新生代企业家代表进行宣传报道，以榜样的力量引领新生代企业家健康发展，先后有会员获得浙江省"乡村创富好青年"、温州市"经济年度人物""世界温商百名风云人物""首届世界温州十大青年商界领袖"等荣誉称号。同时倡导新生代企业家践行社会主义核心价值观和扶贫济困、感恩社会的理念，引导新生代企业家关注国计民生，积极投身光彩事业、公益事业、慈善事业。截至 2023 年，新生代企业家参与的乡村振兴活动累计投入资金近亿元，完成乡村振兴建设项目 100 多个。特别是新生代企业家李锡安成立苍南县第一只小额慈善冠名基金"熊猫扶贫助学基金"，每年为县 50 名特困大学新生发放助学基金 25 万元，展现了新生代企业家热心公益事业的美好形象。此外，新生代企业家还曾积极参与新冠肺炎疫情防控、医疗物资生产等工作，累计捐款捐物数百万元，形成了共促共荣的和谐格局。

（5）泰顺县以示范引领为重，实施"同心共富帮"专项行动，健全"六个一"工作机制，积极引导新生代企业家通过帮产业培育、项目建设、培训就业、扶危济困、奖教助学、双招双引、集体增收等

"七个帮"项目，以"小切口"寻求企业发展和社会责任的最大公约数。在抗击新冠肺炎疫情中，全县新生代企业家联谊会及其他工商联所属基层商（协）会累计捐助物资、款项近千万元，用实际行动彰显了新生代企业家的担当精神。同时，总结提炼新生代创业创新的优秀典型，在各级宣传平台宣传报道，讲好新生代企业家努力奋斗、创业创新的故事，体验式、情景式、嵌入式地凝聚广大新生代企业家听党话、跟党走的思想共识。

（三）温州"青蓝接力"成效

温州积极响应党中央促进民营企业家健康成长的号召，从组织建设、教育引领、创业扶持、待遇提升四个方面，采取了各项具体措施，帮助创一代企业家与新生代企业家顺利完成代际交接。课题组针对温州民营企业家健康成长情况以及"青蓝接力"行动实施情况进行了问卷调查，调查对象为温州市创一代企业家和新生代企业家。接受调查的企业家中，创一代企业家占86%，新生代企业家占14%。

创一代企业家关于代际传承的调查结果显示，约35%的创一代企业家面临代际传承问题，其中的问题在于子女不愿意接班。约47%的创一代企业家认为应该把企业交给自己的下一代，即将近一半的创一代企业家希望子承父业，由自己的子女接班企业。在希望子女接班的企业家中，近一半的创一代企业家认为应该提前5~10年准备接班事宜。

从图1可以看到，在接班过程中，创一代企业家认为接班人的个人能力与领导力、企业文化与价值观的传承、企业治理结构与管理制度是最重要的三个因素，分别占比32.56%，24.81%，19.38%。

从图2中可以看到，在子女接班的创一代企业家中，大部分企业家希望从家族内部培养接班人，占比为39.76%；部分企业家青睐于

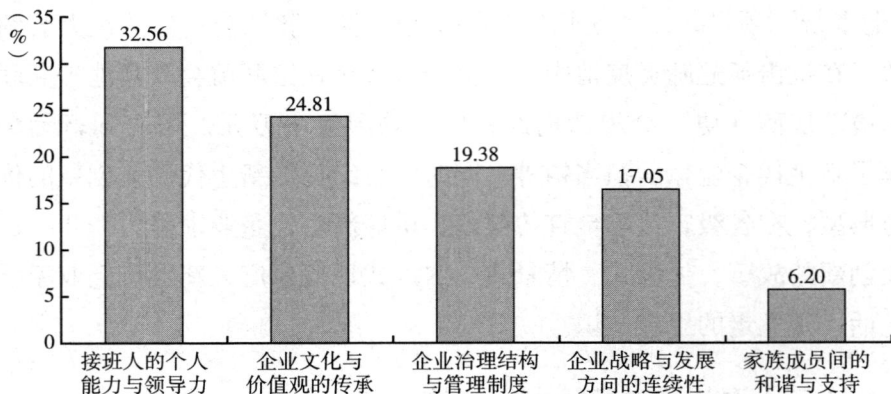

图1 创一代企业家认为接班中的重要因素

高等教育机构的专业培训，占比为25.30%；还有部分企业家青睐于外部职业经理人，占比为20.48%。

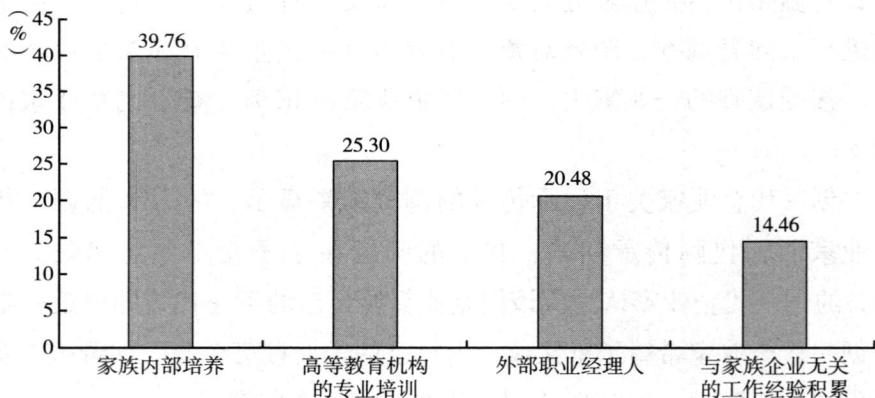

图2 创一代企业家认可的接班人培养方式

从图3中可以看到，在企业接班过程中，创一代企业家认为接班人的风险管理与决策能力、创新思维、人际沟通与协调能力是最为重要的三个因素，占比分别为23.31%、22.70%、19.63%。

从图4中可以看到，创一代企业家在接班过程中遇到的挑战主要

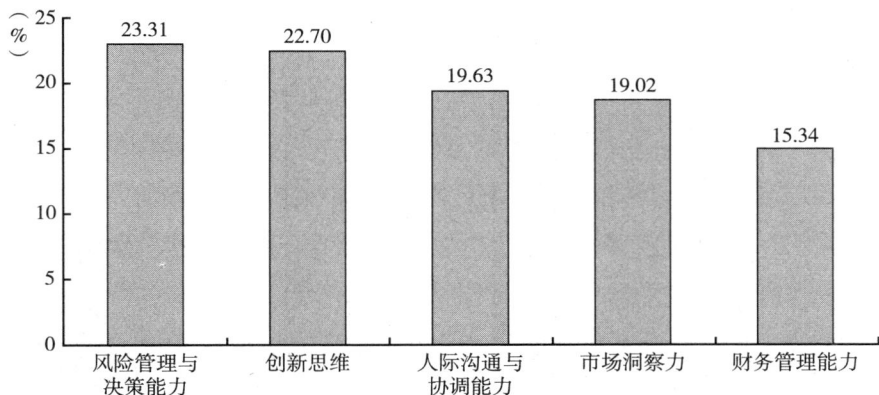

图3　创一代企业家认为接班人应该具备的素质

为寻找合适的接班人、企业经营环境的变化、接班人的意愿与动机，占比分别为 34.69%、28.57%、20.41%。

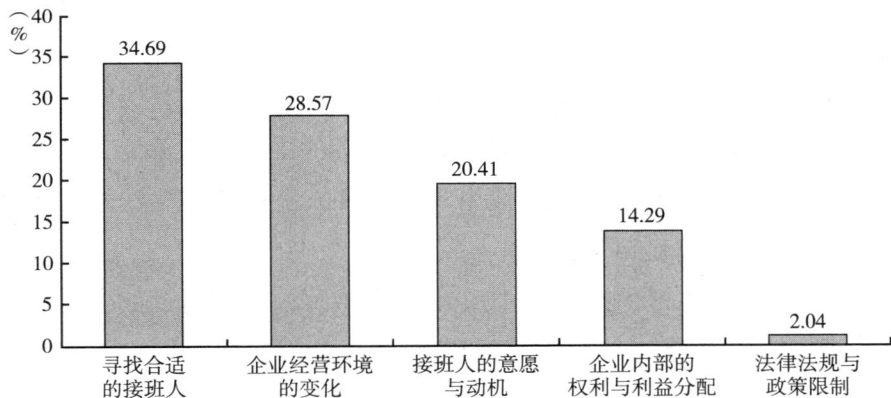

图4　创一代企业家在接班过程中遇到的挑战

从图5中可以看到，在政策支持方面，创一代企业家认为政府和社会最应该建立职业经理人培养与引进机制、提供企业接班相关培训与咨询服务，占比都为 30.61%；其后依次是优化法律法规环境，简化接班流程以及提供税收优惠和财政补贴，占比分别为 28.57%、10.20%。

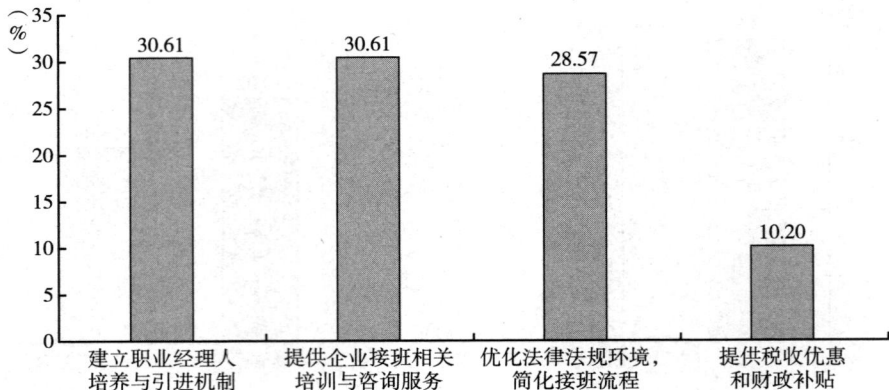

图5 创一代企业家认可的政府和社会支持接班的方式

新生代企业家关于代际传承的调查结果显示，75%的新生代企业家认为企业传承意味着责任和义务，50%的新生代企业家是自己主动提出接班家族企业的。在接班之前，63%的新生代企业家接受过相关培训或教育。

从图6中可以看到，在接班过程中，新生代企业家认为对行业和市场的了解以及企业文化和价值观两个方面的准备较为重要，占比分别为30.43%、26.09%；其后是管理知识和技能以及法律法规和政策方面，占比都为21.74%。

从图7中可以看到，新生代企业家在接班过程中遇到的主要挑战是管理团队的磨合，占比为31.25%；其次是与父辈工作方式和思维模式的差异以及企业战略的制定与执行，占比都为25.00%；最后是企业文化的传承与传新，占比为18.75%。

从图8中可以看到，在接班后，新生代企业家主要对企业的市场开拓和营销策略进行改革创新，占比为31.58%；其次是改革创新管理体制和组织结构、技术，占比都为26.32%；最后是对产品或服务进行改革创新，占比为15.79%。

关于"青蓝接力"行动的调查结果显示，将近56%的企业家了

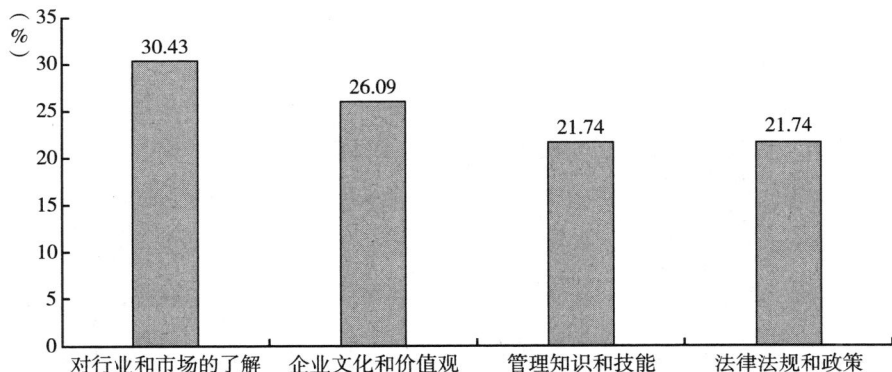

图6　新生代企业家认可的接班前的准备

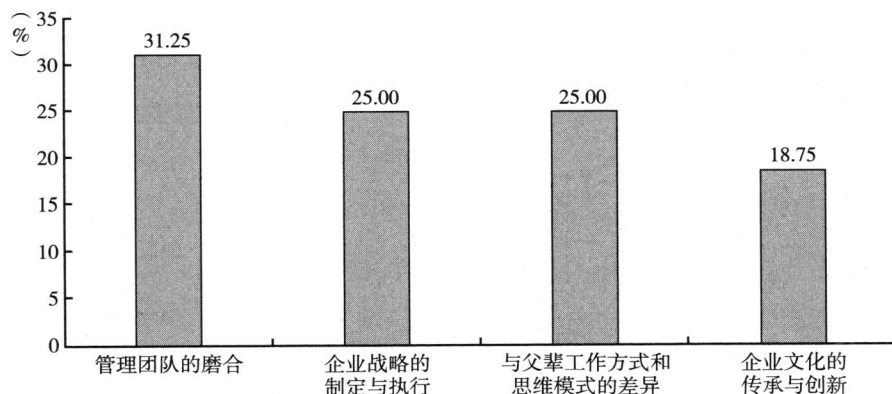

图7　新生代企业家接班过程中遇到的挑战

解"青蓝接力"行动。从图9中可以看到，企业家主要是通过商会行业协会了解"青蓝接力"行动，占比为39.80%；其次是通过政府宣传得知，占比为25.51%；最后是通过媒体报道和朋友/同行推荐才得知，占比都为17.35%。然而，在了解"青蓝接力"行动的企业家中，只有约30%参与了"青蓝接力"行动。

从图10中可以看到，参加了"青蓝接力"行动的企业家认为，"青蓝接力"行动主要增强了企业家的创新意识，占比为31.40%；

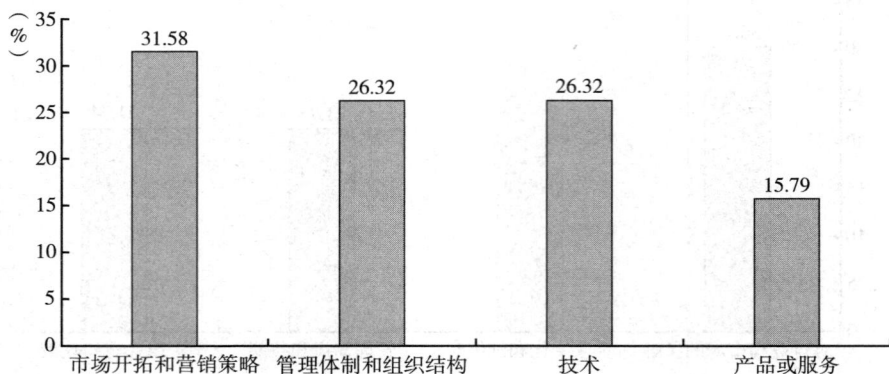

图8 新生代企业家接班后的改革创新

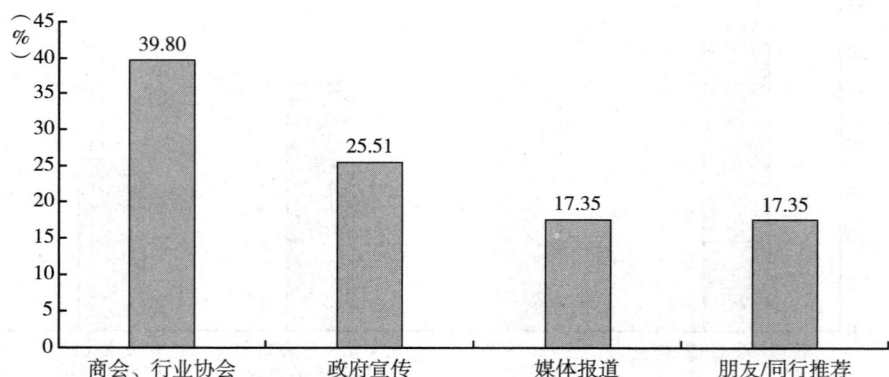

图9 企业家了解"青蓝接力"行动的渠道

其次是提升了管理能力，占比为25.62%；最后是扩大了商业网络，占比为19.83%。

通过调查问卷的结果可以看到，不管是创一代企业家还是新生代企业家，在代际传承中都面临诸多挑战和困难。温州"青蓝接力"行动旨在帮助创一代企业家与新生代企业家之间顺利实现代际交接，在帮助企业创新、提升企业家管理能力、促进企业文化建设、扩大企业商业网络方面取得了一定成效。然而，接受调查的企业家中只有不

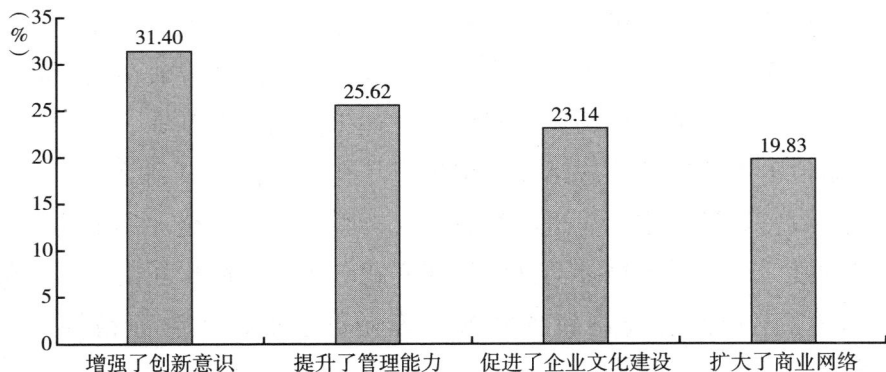

图 10　企业家认为"青蓝接力"行动对企业发展的积极影响

到六成的企业家了解"青蓝接力"行动，参加"青蓝接力"行动的企业家就更少了。企业家了解"青蓝接力"行动的渠道主要是政府宣传和商（协）会，因此，为了进一步推动"青蓝接力"行动的实施，温州需要加大宣传力度，让更多企业家了解"青蓝接力"行动，帮助温商顺利实现代际传承，促进民营企业家健康成长，促进民营企业健康发展。

三　温州"青蓝接力"行动的经验启示和未来方向

当前，温州已进入企业代际传承和转型发展的关键时期，市场的激烈竞争、转型升级的迫切要求，都需要新生代群体迅速找准定位，找到适合企业发展的新路径，这事关温州民营经济的可持续发展。近年来，温州市开展以提升二代接班能力、帮助家族企业顺利完成代际传承为目标的"青蓝新学"行动，让更多的新生代企业家脱颖而出。在政府的引导下，温州市新生代企业家群体迈入了有序发展、规范提升的健康成长时期。一支有理想、有本领、有担当的年轻一代民营企业家队伍正在茁壮成长。

新生代企业家的健康成长，既表现在经营上有本事、事业上有发展，更表现在政治上有方向、责任上有担当。为此，温州市工商联多次组织新生代企业家前往民营经济人士理想信念教育基地，通过开展特色鲜明的光彩事业主题活动，引导青年企业家树立义利兼顾、以义为先、致富思源、富而思进的光彩理念，引导新生代企业家主动履行自己的社会责任，积极参与共同富裕实践、东西部协作和山海结对帮扶，积极投身社会公益和乡村振兴等光彩事业，让温商精神薪火相传。

此外，温州"青蓝接力"行动不局限于温州市的创一代企业家与新生代的传承，还涵盖了全国的一代温州籍企业家与新生代之间的传承，甚至是全球的一代温州籍企业家与新生代之间的传承。温州是全国重点侨乡，有近 70 万华侨华人分布在全球 130 余个国家和地区。如今，侨界青年接过前辈们手中的接力棒，肩负起新时代的职责使命，成为推动国际经贸往来、促进海内外创新合作、扩大对外友好交流的一支重要力量。就在 2024 年 5 月 23 日，温州举行"青蓝接力·侨界青年故乡行"活动，侨界青年代表、在温海外高层次人才、温籍侨领和各界嘉宾齐聚一堂，共话"青蓝接力，侨创未来"。活动期间，海外侨团、侨界青年社团与温州市侨界青年联合会结对签约，通过要素聚合、资源整合、价值融合，为侨界青年提供国际资源，也为区域高质量发展不断注入新生力量。为了更好地帮助侨界青年成长，发挥优秀侨界青年的榜样力量，温州还举行了侨界青年导师和侨青"领头雁"聘任仪式。事实上，越来越多的侨界青年汇聚温州，得益于温州市一直以来多措并举凝聚侨心、依托侨力、发挥侨智、打好侨牌，为侨界青年成长成才创造了优质的条件。例如，近年来，温州先后获批中国（温州）华商华侨综合发展先行区，首创举办世界华侨华人新生代创新创业大会，打造全国首个"侨创小镇"实践基地，大力推动海外"双招双引"。同时，温州市以全国青年发展型城市建设试点为契机，系统打造了青年科创、青年创业、青年文化、青年健康、青年幸福"五大高地"，吸引全球侨商回归，极大地促进了民营企业家健康成长、民营企业健康发展、民营经济发展壮大。

（一）经验启示

温州"青蓝接力"行动促进企业交接、代际传承的主要经验启示如下。

1. 导师制、培训班是促进代际传承的有效措施

首先，温州各区市县均开展了师徒结对活动，邀请老一代有经验的企业家担任新生代企业家的导师，促进新老企业家之间的代际传承。

瓯海区建立由本地老一辈企业家、中国科学院院士、跨国企业高管等专业人士组成的导师团队，邀请政府机关权威人士、优秀企业家代表、新技术新行业佼佼者等担任新生代企业家成长导师，通过帮助新生代企业家厘清发展思路、引导学习方法、宣讲经济政策、指导管理理念、定期交流谈心等方式，提升青年企业家的战略眼光、创新思维、商业智慧、人文素养。鹿城区在聘请专家学者和老一辈企业家等担任区新生代企业家联谊会导师，开展常态化传帮带活动的基础上，与温州肯恩大学等在温院校建立联系，实施"双导师"培养模式，组织新生代企业家走进温州肯恩大学，与外籍专家教授进行"零距离　面对面"沟通交流，增长国际视野，寻求合作机会。"双导师"制度通过经验传授、方法指导、人生引导等全方位的辅导，帮助新生代企业家进一步提高政治理论素养、增强社会责任意识，提升宏观把握能力、创业创新能力。

其次，温州各区市县都组织了大量的培训班和联谊会，对新生代企业家进行国情和企业经营培训，提高新生代企业家的自身修养和专业能力。

瓯海区成立了新生代企业家学院，并对教学模式进行创新，开展"50%企业家学院理论学习课+30%座谈沙龙互动+20%外出实践研学课"的教学模式，从理论学习、交流讨论、实践研学三个方面，扩大新生代企业家的专业知识储备，开拓新生代企业家的创新思维，加强新生代企业家的落地实践能力。在具体的课程设置上，根据新生代企业家情况设置课程模块和内容，包括但不仅限于：理想信念、数字化与智能化技术、企业治理、企业营销、企业财务与法律、金融知识、宏观经济分析等模块。从思想教育、技术发展、专业知识和能力、形势变化等方面进行全面培训，发挥新生代企业家自身优势，补齐短板，助力新生代企业家全面健康成长。

从培训内容上可以将温州"青蓝接力"培训班分为两类：一是理论研修班，组织新生代企业家参加科研机构和高校的研修班，与行业科研人员实地交流，加强校企对接，促进科研项目落地，推动新生代企业创业创新；二是国情研修班，加强新生代企业家对国情的了解，增强其对中国特色社会主义的信念、对党和政府的信任。

2. 创业扶持政策是新生代企业家创业创新的重要制度保障

新生代企业家的创业创新需要政策的大力扶持。温州开展了"五帮五助"助企服务月活动、"三联三促"走访帮扶活动，推进落实"降成本减负担40条"政策意见，领军和高成长型工业企业培育扶持、促进经济转型升级等一系列政策措施，支持新生代企业家做大做强传统支柱产业、培育发展新兴产业。深入挖掘年轻创一代企业家在做大做强、整合重组、制度创新、机器换人、股改上市等方面的经验做法，及时反映和帮助解决年轻创一代企业家存在的突出问题和困难。

瑞安市出台了大量创业扶持政策，包括《瑞安市支持科技创新发展加快打造"创新之城"若干政策》《瑞安市科技企业孵化器（飞云）管理制度（试行）》等，对入选"高层次人才""云江英才"

的新生代企业家进行资金奖励，对符合条件的新生代企业家创业融资给予低息贷款；对新认定（备案）的科技企业孵化器按国家级、省级、市级分别给予运营单位500万元、250万元、30万元奖励，对新认定（备案）的众创空间按国家级、省级、市级分别给予运营单位50万元、30万元、20万元奖励；对温州市级以上年度考核优秀的科技企业孵化器、众创空间分别给予运营单位10万元、5万元奖励。

文成县则在税收减免方向发力，如2023年，全县共减免企业营业税587万元，减免企业增值税879万元，减免高新企业所得税197万元，减免小微企业所得税1979万元，动用应急转贷资金5000万元。

3. 整合资源、吸引人才是代际传承的主要思路

习近平总书记在2005年召开的"浙商论坛"上首次将外向型经济比喻为"地瓜经济"，指出"地瓜的藤蔓伸向四面八方，但根茎还是在这块土壤上，藤蔓是为了汲取更多的阳光、雨露，发挥更多的光合作用"。习总书记提出的"地瓜经济"理论生动地阐述了"站稳脚跟"与"扩大开放"之间的辩证关系。"地瓜经济"正确地阐释了"浙江经济"与"浙江人经济"之间的关系，把在外浙商与浙江经济更近紧密地联结起来，促进在外浙商为发展浙江更好地服务。

温州是中国民营经济最为发达的城市之一，其经济总量常年居于浙江省第三位。自改革开放以来，"温州模式"取得了卓越成效。"温州模式"的成功，离不开温州浙商的辛苦打拼。走出浙江、踏足全国乃至海外的温州浙商，犹如地瓜生长的藤蔓一般，将浙江的产业推向了全世界，在更为广阔的环境下发展壮大，形成了所谓的"地瓜经济"。温商是古时浙江最为著名的商人群体之一。新时代的温商早已是我国经济发展的重要动力之一，其足迹遍布全国乃至全球。根据有关机构的测算，2018年温州人的经济总量约为1.23万亿元，其中包括6006亿元温州本地GDP和在外温州人创造的6300亿元产值。

温州市的"青蓝接力"行动并不局限于温州本土，还放眼全国乃至全世界。组织新生代企业家前往北京、上海等地进行实地考察交流，与温州本土之外的温州企业家加强交流，整合资源，引导延伸在温州本土之外的"藤蔓"反哺自己的根茎。此外，温州还整合全球温商资源，就在 2024 年 5 月 23 日，温州举行"青蓝接力·侨界青年故乡行"活动，侨界青年代表、在温海外高层次人才、温籍侨领和各界嘉宾齐聚一堂，共话"青蓝接力，侨创未来"。温州是全国重点侨乡，有近 70 万华侨华人分布在全球 130 余个国家和地区。如今，温商代际传承要求侨界青年接过前辈们的接力棒，肩负起新时代的职责使命，成为推动国际经贸往来、促进海内外创新合作、扩大对外友好交流的一支重要力量。活动期间，海外侨团、侨界青年社团与温州市侨界青年联合会结对签约，通过要素聚合、资源整合、价值融合，为侨界青年提供国际资源，也为区域高质量发展不断注入新生力量。为了更好地帮助侨界青年成长，发挥优秀侨界青年的榜样力量，温州还举行了侨界青年导师和侨青"领头雁"聘任仪式。为了吸引温州本土之外的温商回归温州，温州建设了大量的基地，先后获批中国（温州）华商华侨综合发展先行区，首创举办世界华侨华人新生代创新创业大会，打造全国首个"侨创小镇"实践基地，大力推动海外"双招双引"。同时，温州以全国青年发展型城市建设试点为契机，系统打造了青年科创、青年创业、青年文化、青年健康、青年幸福"五大高地"。温州"青蓝接力"行动的行动思路也不局限于温州本土温商，而是着眼于全世界的温商，如此具有远见的整合资源、吸引人才的思路是非常值得其他"两个健康"试点地区学习的，这也是温州"青蓝接力"行动的重要经验启示。

（二）未来方向

针对温州民营企业家的成长情况，本报告认为温州"青蓝接力"

行动未来可以在加强政策稳定性、完善职业经理人接班机制、提供接班支持服务方面继续发力。

1. 加强政策稳定性

党和国家高度重视和肯定民营企业和民营企业家对我国经济发展和推动中国式现代化进程的重要作用，即使如此，社会中仍然充斥着质疑污名化民营企业家群体的声音。为了促进民营企业家健康成长，促进新老企业家代际传承，促进企业高质量发展，仍然需要进一步降低政策不确定性，稳定企业家预期，降低风险。温州举办国情研修班，鼓励新生代企业家参政议政，助力新生代企业家解读政策文件，分析国情，领会党和国家的方针政策，有效地降低了政策不确定性的风险。然而，当前国际局势纷繁复杂，仍然需要进一步降低政策不确定性，为新生代企业家健康成长保驾护航。民营企业家面临的政策不确定性主要为地方政府政策的不连续不稳定，解决地方政府层面的政策不稳定性问题对于稳定新生代企业家预期、提高新生代企业家发展信心至关重要。加强政策稳定性也有助于稳定在外温商对温州的预期，回归温州建立子企业。政策稳定不仅给温商带来良好的环境和支持，也对温州吸引外地上人投资建厂、发展本地经济有巨大好处。

2. 完善职业经理人接班机制

针对创一代和新生代代际传承的调查结果表明，只有约一半的创一代企业家希望由自己的子女接班企业，同时也只一半的新生代企业家主动接班父辈企业，这说明新生代接班父辈企业的比例不高，创一代企业家对非家族传承企业有较大的需求。针对这个情况，一个思路是引导新生代企业家接班父辈企业，制定相关行动方案，为新生代企业家接班父辈企业营造良好的环境，提供相应的支持。另一个思路为企业引进职业经理人，不强制要求子女继承父辈企业。创一代企业家已经明确了这个需求，但是缺乏职业经理人培训渠道，如果政府在政策上完善职业经理人培训制度，并且提供专业的培训渠道，可以很好地解决创一代企业家子女不愿意接班父辈企业的问题。

温州本土之外的温商面临更为严峻的接班形势。温州之外的温商散布于全球各地，外地温商回归温州建立企业，免不了需要职业经理人管理企业。因此，在接班培训方面，细化职业经理人咨询、培训制度安排，可以很好地缓解温州本土温商以及在外温商代际传承的问题。

3. 提供企业接班支持服务

针对创一代和新生代代际传承的调查结果还表明，即使子女愿意接班父辈企业，在接班过程中，新生代企业家还是会面临诸多困难和挑战，例如管理团队的磨合、与父辈工作方式和思维模式的差异、企业战略的制定与执行、企业文化的传承与传新等。对于这个问题，一方面，相关部门可以在"青蓝新学"课程内容中适当增加关于企业接班的内容，包括但不限于通过理论学习、交流讨论、实践研学等方式。另一方面，相关部门可在创业扶持政策中加入接班支持相关政策，为新生代企业家顺利接班父辈企业提供基础保障。

不仅本土温商在接班过程中会遇到各种困难和挑战，回归温州的在外温商也会面临一系列的接班问题。第一，在外温商对温州接班相关政策制度不了解，为在外温商在温州建立的企业提供政策解读、政策扶持等接班支持服务，可以帮助在外温商更快适应温州环境；第二，在外温商与企业管理团队也需要磨合，为在外温商提供更多接班培训相关内容，可以加速团队磨合，提高生产力，促进企业健康发展。

皮 书

智库成果出版与传播平台

❖ 皮书定义 ❖

皮书是对中国与世界发展状况和热点问题进行年度监测，以专业的角度、专家的视野和实证研究方法，针对某一领域或区域现状与发展态势展开分析和预测，具备前沿性、原创性、实证性、连续性、时效性等特点的公开出版物，由一系列权威研究报告组成。

❖ 皮书作者 ❖

皮书系列报告作者以国内外一流研究机构、知名高校等重点智库的研究人员为主，多为相关领域一流专家学者，他们的观点代表了当下学界对中国与世界的现实和未来最高水平的解读与分析。

❖ 皮书荣誉 ❖

皮书作为中国社会科学院基础理论研究与应用对策研究融合发展的代表性成果，不仅是哲学社会科学工作者服务中国特色社会主义现代化建设的重要成果，更是助力中国特色新型智库建设、构建中国特色哲学社会科学"三大体系"的重要平台。皮书系列先后被列入"十二五""十三五""十四五"时期国家重点出版物出版专项规划项目；自2013年起，重点皮书被列入中国社会科学院国家哲学社会科学创新工程项目。

皮书网

（网址：www.pishu.cn）

发布皮书研创资讯，传播皮书精彩内容
引领皮书出版潮流，打造皮书服务平台

栏目设置

◆ 关于皮书

何谓皮书、皮书分类、皮书大事记、
皮书荣誉、皮书出版第一人、皮书编辑部

◆ 最新资讯

通知公告、新闻动态、媒体聚焦、
网站专题、视频直播、下载专区

◆ 皮书研创

皮书规范、皮书出版、
皮书研究、研创团队

◆ 皮书评奖评价

指标体系、皮书评价、皮书评奖

所获荣誉

◆ 2008 年、2011 年、2014 年，皮书网均
在全国新闻出版业网站荣誉评选中获得
"最具商业价值网站"称号；

◆ 2012 年，获得"出版业网站百强"称号。

网库合一

2014年，皮书网与皮书数据库端口合
一，实现资源共享，搭建智库成果融合创
新平台。

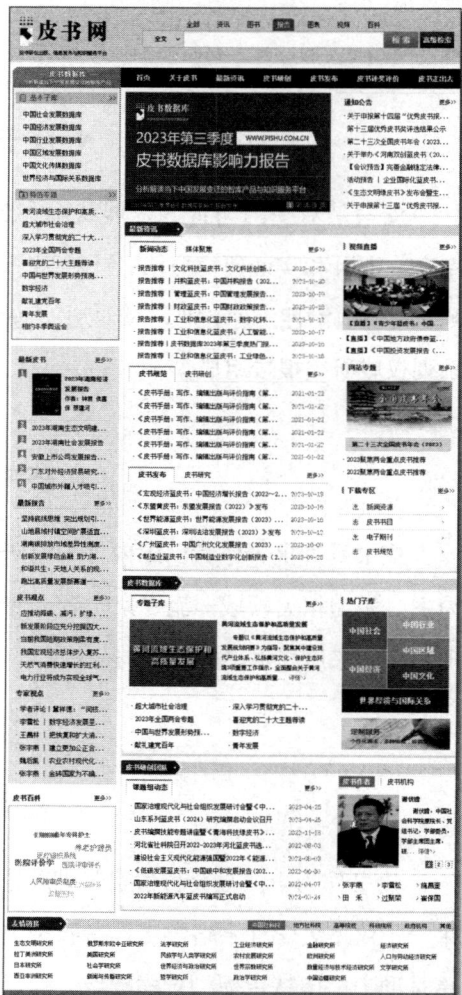

皮书网

"皮书说"
微信公众号

权威报告·连续出版·独家资源

皮书数据库
ANNUAL REPORT(YEARBOOK)
DATABASE

分析解读当下中国发展变迁的高端智库平台

所获荣誉

- 2022年，入选技术赋能"新闻+"推荐案例
- 2020年，入选全国新闻出版深度融合发展创新案例
- 2019年，入选国家新闻出版署数字出版精品遴选推荐计划
- 2016年，入选"十三五"国家重点电子出版物出版规划骨干工程
- 2013年，荣获"中国出版政府奖·网络出版物奖"提名奖

皮书数据库　　"社科数托邦"
微信公众号

成为用户

　　登录网址www.pishu.com.cn访问皮书数据库网站或下载皮书数据库APP，通过手机号码验证或邮箱验证即可成为皮书数据库用户。

用户福利

- 已注册用户购书后可免费获赠100元皮书数据库充值卡。刮开充值卡涂层获取充值密码，登录并进入"会员中心"—"在线充值"—"充值卡充值"，充值成功即可购买和查看数据库内容。
- 用户福利最终解释权归社会科学文献出版社所有。

数据库服务热线：010-59367265
数据库服务QQ：2475522410
数据库服务邮箱：database@ssap.cn
图书销售热线：010-59367070/7028
图书服务QQ：1265056568
图书服务邮箱：duzhe@ssap.cn

社会科学文献出版社 皮书系列
SOCIAL SCIENCES ACADEMIC PRESS (CHINA)
卡号：258559462499
密码：

S 基本子库
SUB DATABASE

中国社会发展数据库（下设 12 个专题子库）

紧扣人口、政治、外交、法律、教育、医疗卫生、资源环境等 12 个社会发展领域的前沿和热点，全面整合专业著作、智库报告、学术资讯、调研数据等类型资源，帮助用户追踪中国社会发展动态、研究社会发展战略与政策、了解社会热点问题、分析社会发展趋势。

中国经济发展数据库（下设 12 专题子库）

内容涵盖宏观经济、产业经济、工业经济、农业经济、财政金融、房地产经济、城市经济、商业贸易等 12 个重点经济领域，为把握经济运行态势、洞察经济发展规律、研判经济发展趋势、进行经济调控决策提供参考和依据。

中国行业发展数据库（下设 17 个专题子库）

以中国国民经济行业分类为依据，覆盖金融业、旅游业、交通运输业、能源矿产业、制造业等 100 多个行业，跟踪分析国民经济相关行业市场运行状况和政策导向，汇集行业发展前沿资讯，为投资、从业及各种经济决策提供理论支撑和实践指导。

中国区域发展数据库（下设 4 个专题子库）

对中国特定区域内的经济、社会、文化等领域现状与发展情况进行深度分析和预测，涉及省级行政区、城市群、城市、农村等不同维度，研究层级至县及县以下行政区，为学者研究地方经济社会宏观态势、经验模式、发展案例提供支撑，为地方政府决策提供参考。

中国文化传媒数据库（下设 18 个专题子库）

内容覆盖文化产业、新闻传播、电影娱乐、文学艺术、群众文化、图书情报等 18 个重点研究领域，聚焦文化传媒领域发展前沿、热点话题、行业实践，服务用户的教学科研、文化投资、企业规划等需要。

世界经济与国际关系数据库（下设 6 个专题子库）

整合世界经济、国际政治、世界文化与科技、全球性问题、国际组织与国际法、区域研究 6 大领域研究成果，对世界经济形势、国际形势进行连续性深度分析，对年度热点问题进行专题解读，为研判全球发展趋势提供事实和数据支持。

法律声明

"皮书系列"（含蓝皮书、绿皮书、黄皮书）之品牌由社会科学文献出版社最早使用并持续至今，现已被中国图书行业所熟知。"皮书系列"的相关商标已在国家商标管理部门商标局注册，包括但不限于LOGO（▒）、皮书、Pishu、经济蓝皮书、社会蓝皮书等。"皮书系列"图书的注册商标专用权及封面设计、版式设计的著作权均为社会科学文献出版社所有。未经社会科学文献出版社书面授权许可，任何使用与"皮书系列"图书注册商标、封面设计、版式设计相同或者近似的文字、图形或其组合的行为均系侵权行为。

经作者授权，本书的专有出版权及信息网络传播权等为社会科学文献出版社享有。未经社会科学文献出版社书面授权许可，任何就本书内容的复制、发行或以数字形式进行网络传播的行为均系侵权行为。

社会科学文献出版社将通过法律途径追究上述侵权行为的法律责任，维护自身合法权益。

欢迎社会各界人士对侵犯社会科学文献出版社上述权利的侵权行为进行举报。电话：010-59367121，电子邮箱：fawubu@ssap.cn。

社会科学文献出版社